Perspektiven der Arbeitsmarktpolitik

Internationaler Vergleich und Empfehlungen für Deutschland

Springer-Verlag Berlin Heidelberg GmbH

C.M. Schmidt · K.F. Zimmermann
M. Fertig · J. Kluve

Perspektiven
der Arbeitsmarktpolitik

Internationaler Vergleich
und Empfehlungen für Deutschland

Mit 23 Abbildungen
und 2 Tabellen

 Springer

Professor Dr. Christoph M. Schmidt, Ph.D.
Diplom-Volkswirt Michael Fertig
Diplom-Volkswirt Jochen Kluve

Universität Heidelberg
Alfred-Weber-Institut
Grabengasse 14
D-69117 Heidelberg

Professor Dr. Klaus F. Zimmermann
Forschungsinstitut zur Zukunft der Arbeit (IZA)
Schaumburg-Lippe-Straße 7–9
D-53113 Bonn

ISBN 978-3-642-62663-0

Die Deutsche Bibliothek – CIP-Einheitsaufnahme

ISBN 978-3-642-62663-0   ISBN 978-3-642-56464-2 (eBook)
DOI 10.1007/978-3-642-56464-2

http://www.springer.de

© Springer-Verlag Berlin Heidelberg 2001
Ursprünglich erschienen bei Springer-Verlag Berlin Heidelberg New York 2001
Softcover reprint of the hardcover 1st edition 2001

Einband: Erich Kirchner, Heidelberg

SPIN 10841377   42/2202-5 4 3 2 1 0 – Gedruckt auf säurefreiem Papier

Vorwort

Die vorliegende Monographie basiert auf der Stellungnahme „Arbeitsmarktpolitik im internationalen Vergleich – Empfehlungen für eine effektivere und effizientere aktive Arbeitsmarktpolitik in der Bundesrepublik Deutschland", die von den Autoren im Auftrag des Bundesministeriums der Finanzen angefertigt wurde. Unser Auftrag war die Ermittlung gesicherter internationaler Befunde und ihre Umsetzung zur Bewertung der deutschen Arbeitsmarktpolitik. Naturgemäß müssen die Auswahl der Befunde und ihre Anwendung selektiv bleiben. Wir freuen uns, daß die Arbeitsmarktpolitik einige der von uns vorgeschlagenen Ansätze aufzugreifen beginnt.

In Deutschland werden jährlich beträchtliche Ressourcen für Maßnahmen der aktiven Arbeitsmarktpolitik aufgewendet. Dennoch gibt es keine ausreichende wissenschaftliche Fundierung der Wirksamkeit und der Kosteneffizienz der einzelnen ergriffenen Maßnahmen. Daraus ergibt sich, daß stärkere Bemühungen um eine solide wissenschaftlichen Evaluierung aktiver Arbeitsmarktmaßnahmen in Deutschland notwendig sind. Beginnen muß dies mit einer Bestandsaufnahme der bislang vorhandenen nationalen und vornehmlich internationalen empirischen Evidenz. Abgesichertes Wissen hinsichtlich der Effektivität und Effizienz solcher Maßnahmen existieren in reichhaltiger Form vor allem für die USA.

Ziel dieses Buches ist es deshalb, die wichtigsten Botschaften der internationalen Erfahrungen mit aktiven Arbeitsmarktmaßnahmen zu identifizieren und die vorhandenen Maßnahmen in Deutschland im Rahmen dieser Erfahrungen zu analysieren. Hierdurch soll ein maßgeblicher Beitrag für eine effektivere und effizientere Arbeitsmarktpolitik in Deutschland geleistet werden. Es kann gleichwohl nicht genug betont werden, daß der Prozeß hin zu einer rationaleren und fundierteren Gestaltung, Durchführung und Bewertung arbeitsmarktpolitischer Eingriffe erst am Anfang steht. Weitergehendere Bemühungen in Politik und Wissenschaft sind erforderlich.

Die Autoren haben im Laufe der Anfertigung dieses Buches Unterstützung von vielen Seiten erfahren. Besonderer Dank gilt Boris Augurzky, Felicitas Bundschuh -Schmidt und David Card für ihre ausgezeichneten Kommentare sowie Hertha Schwarz für ihre sorgfältige Arbeit bei der Fertigstellung des Manuskripts. Dank schulden wir auch den Mitarbeitern des Springer-Verlags für ihre umfassende Betreuung und exzellente editoriale Arbeit im Zuge der Erstellung dieses Buches.

Heidelberg/Bonn im Mai 2001

Christoph M. Schmidt, Klaus F. Zimmermann, Michael Fertig und Jochen Kluve

Inhaltsverzeichnis

Zusammenfassung

Im Jahr nach der Verleihung des Nobelpreises für Wirtschaftswissenschaften für die methodischen Fortschritte bei der Evaluation von Arbeitsmarktpolitik hat die Diskussion über die adäquaten Konsequenzen in Deutschland erst begonnen. Das große Spannungsverhältnis zwischen den erheblichen Aufwendungen für aktive Arbeitsmarktpolitik in der Größenordnung von mehr als 30 Mrd. DM jährlich und der ungewissen Kenntnis über die damit verbundene Wirksamkeit und Effizienz zwingt zum Handeln. Diese Studie soll aufzeigen, welche internationalen Erfahrungen vorliegen und was für die deutsche Situation zu lernen ist.

Zunächst einmal muß festgestellt werden, daß eine tragfähige, strengen wissenschaftlichen Ansprüchen genügende Evaluierung nicht mit Hilfe arbeitsamtsinterner buchhalterischer Ansätze, wie zum Beispiel der Eingliederungsbilanz der Arbeitsämter, erreicht werden kann. Die Evaluation jeder arbeitsmarktpolitischen Maßnahme bedarf eines speziellen Konzeptes, universelle Checklisten sind ungeeignet. Schon deshalb ist es erforderlich, durch die Bereitstellung von für die Forschung frei zugänglichen Daten das Potential für Erkenntnisgewinn erst zu eröffnen. Ferner ist bei der Bewertung einer Maßnahme zu beachten, was die eingesetzten Mittel in einer besten alternativen Verwendung zur Zielerreichung beigetragen hätten – ein Prüfansatz, der in der Praxis selten Beachtung findet.

Die vorliegende Studie identifiziert drei zentrale Botschaften der internationalen methodischen Debatte: (i) Jede seriöse Evaluationsstudie muß eine glaubwürdige kontrafaktische Situation konstruieren, die die Frage beantwortet, was passiert wäre, hätte es die arbeitsmarktpolitische Maßnahme nicht gegeben. Die Feststellung von Ergebnissen lediglich für Maßnahmeteilnehmer allein sind wertlos, auch wenn dies der geregelten Praxis zumindest in Deutschland entspricht. (ii) Jede empirische Strategie der Bewertung erfordert für die Einzelsituation spezifische Annahmen, die offengelegt werden müssen. Zusammen mit einer Freigabe der Daten für andere Forscher ermöglicht dies eine zumindest potentielle Kontrolle und sichert so die nötigen Qualitätsstandards. (iii) Im allgemeinen sind experimentelle Studien am besten geeignet, die kontrafaktische Analyse durchzuführen. Die Konstruktion nicht-experimenteller Kontrollgruppen ist möglich, aber die gewonnenen Ergebnisse sind typischerweise durch eine hohe Variabilität gekennzeichnet. Auch hier sind die getroffenen Annahmen für die Analyse genau darzulegen. Trotz der methodischen Fortschritte im nicht-experimentellen Ansatz wird eine überzeugende Evaluationsforschung auch in absehbarer Zukunft nicht ohne Experimente auskommen.

Nach Art des Eingriffs kann die deutsche aktive Arbeitsmarktpolitik in die Gruppen (i) Maßnahmen zur Verbesserung des Humankapitals, (ii) monetäre und nicht-monetäre Anreizschemata, (iii) Arbeitsbeschaffungs- und Strukturanpassungsmaßnahmen und (iv) sonstige Maßnahmen aktiver Arbeitsmarktpolitik eingeteilt werden. Als Ziel dieser Eingriffe kann die Arbeitsmarktintegration mit den Komponenten Beschäftigung und Entlohnung gesehen werden. Erfahrungen zu allen Bereichen liegen systematisch nur für die nordamerikanischen Länder vor, die bei der Analyse deshalb eine besondere Rolle spielen. Aber auch die europäischen Befunde sind in vielen Facetten mit diesen Ergebnissen konsistent. Dennoch muß vor einer einfachen Übertragung der amerikanischen Resultate in den europäischen bzw. deutschen Kontext gewarnt werden. Während der amerikanische Arbeitsmarkt vom Wettbewerbsmodell geprägt ist und folglich die Entlohnungseffekte im Vordergrund stehen, ist der europäische, insbesondere der deutsche Arbeitsmarkt durch Lohnrigiditäten und kollektive Lohnverhandlungen geprägt. Folglich sind hier die Beschäftigungseffekte von entscheidender Bedeutung.

Nach dem internationalen Stand der Literatur erweisen sich Arbeitsbeschaffungsmaßnahmen klar als problematisch. Sie sind konzeptionell schwer zu begründen, sie sind in der Umsetzung überwiegend administrativ komplex, bergen die Gefahr von Verdrängungseffekten und sind normalerweise ungeeignet zur Arbeitsmarktintegration. Daß dieses Instrumentarium im deutschen und europäischen Kontext so häufig und so dauerhaft eingesetzt wird, liegt möglicherweise an der fehlenden Programmevaluation oder daran, daß tatsächlich andere (politökonomische) Ziele verfolgt werden.

Ausbildungs- und Weiterbildungsmaßnahmen haben ein Wirkungspotential. Jedes staatliche Programm wirkt aber im allgemeinen sehr verschieden auf diverse Bevölkerungsgruppen. So stellte sich im amerikanischen Kontext heraus, daß für benachteiligte erwachsene Frauen sehr gute, für Jugendliche beiden Geschlechts aber keine Wirkungen erzielt werden konnten. Auch waren für die Weiterbildung von Schulabbrechern keine Erfolge zu verzeichnen, dagegen erbrachten einige Modelle Erfolge bei der Vermeidung von Abbrüchen der Ausbildung. Auch im europäischen und deutschen Kontext liegen in der Literatur keine eindeutigen Ergebnisse vor, obwohl für einige Maßnahmen ein beschäftigungsfördernder Effekt festgestellt werden konnte.

Als insgesamt wirksamster Ansatzpunkt haben sich Lohnsubventionen und andere Anreizmechanismen erwiesen. Besonders erfolgreich und kostengünstig scheinen solche Anreizprogramme zu sein, die Ausbildungskomponenten und die Ausprägung beruflicher Fertigkeiten mit Lohnsubventionen an Arbeitgeber kombinieren. Im deutschen Kontext, in dem eine geringe Arbeitsangebotselastizität und hohe Arbeitslosigkeit vorherrschen, gilt es um so mehr, den Ansatzpunkt bei der Förderung der Arbeitsaufnahme über die Subvention der unternehmerischen Lohnkosten zu suchen.

In dieser Hinsicht scheint es nahezu fatal, daß der Ansatz der Lohnsubvention bisher in Deutschland wenig Interesse findet. Die zur Zeit laufenden Evaluierungsbemühungen zu Modellversuchen in verschiedenen Bundesländern zur

Wirksamkeit diverser Ansätze der Subvention des Niedriglohnsektors zielen bereits durch ihre Konstruktion darauf ab, dieses Instrument zu diskreditieren.

Wenn man auf die Anwendbarkeit der bisherigen, im internationalen Kontext erarbeiteten Befunde auf Deutschland vertraut, so muß als zentrale Politikempfehlung gelten, Arbeitsbeschaffungsmaßnahmen zugunsten von Beschäftigungssubventionen abzubauen und mit geeigneten Ausbildungsmaßnahmen zu flankieren. Es ist zweckmäßig, die Gültigkeitsdauer des bisherigen Systems der Arbeitslosenunterstützung zu verkürzen und danach die frei werdenden Mittel nur in Verbindung mit einer Arbeitsaufnahme als Subvention an die Unternehmen freizugeben. Andernfalls fällt der Arbeitnehmer auf ein festes, niedrigeres Unterstützungsniveau zurück.

Das vorliegende Gutachten entwickelt ferner einen Aktionsplan für eine effektivere und effizientere neue deutsche Arbeitsmarktpolitik, in dem eine enge Zusammenarbeit von Politik, Arbeitsverwaltung und Wissenschaft als notwendig angesehen wird. Diese Vision eines partnerschaftlichen Aktionsplans beschreitet in konzeptioneller und methodischer Hinsicht, insbesondere aber im Hinblick auf die vorgeschlagene Einbindung wissenschaftlicher Erkenntnisse in Planung, Durchführung und Evaluation arbeitsmarktpolitischer Maßnahmen Neuland. Dieser Weg ist innovativ und unbequem zugleich, erscheint jedoch als der einzig denkbare zu einer nachweisbar erfolgreichen aktiven Arbeitsmarktpolitik.

I. Grundlagen

1. Einleitung und Bestandsaufnahme

1.1. Einleitung

In Deutschland werden derzeit für die aktive Arbeitsmarktpolitik beträchtliche Ressourcen verwendet. So wurden im Jahre 1998 mehr als 30 Mrd. DM aufgebracht, was beinahe dem gesamten Aufkommen aus der Körperschaftssteuer dieses Jahres entspricht. Gleichzeitig besteht kein ausreichendes Wissen über die Effektivität (Wirksamkeit) und die (Kosten-) Effizienz der einzelnen ergriffenen Maßnahmen. Vielmehr wird seitens der Administratoren aktiver Arbeitsmarktmaßnahmen die Beurteilung der Effektivität solcher Maßnahmen häufig mit vollständig unzureichenden Methoden unternommen und auf der Basis hieraus gewonnener unzureichender Informationen werden Schlußfolgerungen gezogen, deren Haltbarkeit weit mehr als nur zweifelhaft ist. Beispielhaft dokumentiert sei dies anhand der Pressemitteilung des nordrhein-westfälischen Ministeriums für Arbeit und Soziales, Qualifikation und Technologie vom 07. März dieses Jahres zur geplanten Einführung des Job Rotation Programmes. Darin heißt es unter der Überschrift „Erfolgreicher Test" unter anderem:

> „Wir haben von 1996 bis Ende 2000 Job Rotation in 280 Betrieben im Ruhrgebiet, im Bergischen Land und im Münsterland ausprobiert. Dabei wurden 980 Beschäftigte qualifiziert und 370 Arbeitslose als Stellvertreter eingesetzt. 57 Prozent von ihnen haben im Anschluß einen neuen festen Arbeitsplatz bekommen, die meisten von ihnen direkt in dem Betrieb, in dem sie eingesetzt waren. Besonders erfreulich: 40 Prozent der Stellvertreter und Stellvertreterinnen waren bereits länger als ein Jahr arbeitslos."

Die aus den im Text aufgeführten Zahlen zu den Übertritten aus der Arbeitslosigkeit in eine Beschäftigung abgeleitete Schlußfolgerung hinsichtlich des „Erfolges" dieser neuen Maßnahme offenbart ein fundamentales Mißverständnis des zugrundeliegenden Evaluationproblems. Das entscheidende Problem im Zusammenhang mit der Beurteilung der Effektivität von Maßnahmen aktiver Arbeitsmarktpolitik jeglicher Art besteht nämlich verkürzt ausgedrückt (für eine detaillierter Darstellung siehe Kapitel I.2) darin, herauszufinden, wie sich die individuelle Beschäftigungssituation der Teilnehmer an dieser Maßnahme entwickelt hätte, wenn diese Personen an der Maßnahme nicht teilgenommen hätten (sog. kontrafaktische Situation). Es ist nämlich beispielsweise a priori keineswegs ausgeschlossen, daß ein nicht unerheblicher Prozentsatz der Teilnehmer auch ohne die Maßnahme wieder eine Beschäftigung gefunden hätte und die Maßnahme an sich somit keinen kausalen Effekt auf die neue Beschäftigungssituation der Teilnehmer ausgeübt hat. Erst wenn sich bei einem Vergleich der tatsächlichen Beschäftigungssituation der Maßnahmeteilnehmer mit einer angemessenen kontrafaktischen Vergleichssituation eine signifikante Verbesserung erkennen läßt, kann diese Verbesserung ursächlich der durchgeführten Maßnahme zugeschrieben und die Maßnahme als effektiv bezeichnet werden.

Wir möchten im Zusammenhang mit diesem Beispiel, das im Übrigen keineswegs einen Einzelfall darstellt, deutlich hervorheben, daß wir die Idee der Job Rotation keineswegs von vornherein als aussichtslos ablehnen. Ganz im Gegenteil sind wir davon überzeugt, daß jede neue Idee, die auf eine Verbesserung oder Erweiterung des bestehenden Maßnahmenkatalogs abzielt, willkommen sein sollte. Dies ändert allerdings nichts an unserer zentralen Forderung, daß alle, alte wie neue, Maßnahmen aktiver Arbeitsmarktpolitik hinsichtlich ihrer Wirksamkeit und Kosteneffizienz einer wissenschaftlichen Standards genügenden Evaluation bedürfen, um zu empirischer Evidenz auch für die Arbeitsmarktpolitik in Deutschland zu gelangen.

Empirische Evidenz hinsichtlich der Effektivität und Effizienz solcher Maßnahmen existiert in reichhaltiger Form vor allem für die USA und mit Abstrichen auch für Kanada. Weit weniger reichhaltig ist diese für viele europäischen Staaten und für Deutschland liegen nur vereinzelt Studien vor.

Dies wäre solange kein ernsthaftes Problem, wenn eine Übertragung der Erkenntnisse, die man beispielsweise in den USA gewonnen hat, auf die bundesdeutschen Arbeitsmärkte leicht möglich wäre. Allerdings ist eine solche Übertragung mit enormen Problemen verbunden, denn sowohl die institutionellen Rahmenbedingungen als auch die primären Ziele aktiver Arbeitsmarktpolitik sind in beiden Volkswirtschaften sehr unterschiedlich. Besonders deutlich lassen sich diese Unterschiede daran erkennen, daß das vorrangige Ziel aktiver Arbeitsmarktpolitik in Deutschland eine möglichst dauerhafte Wiedereingliederung arbeitsloser Arbeitnehmer in den Arbeitsmarkt ist und weniger die Bekämpfung schlecht bezahlter Beschäftigungsverhältnisse, die bestimmten Arbeitnehmern kein existenzsicherndes Einkommen gewährleisten können.

Der Grund für diese unterschiedlichen Zielsetzungen wiederum dürften vor allem in der unterschiedlichen institutionellen Ausgestaltung der sozialen Sicherungssysteme beider Länder zu finden sein. Die vorhandenen Unterschiede zwischen beiden Volkswirtschaften schließen zwar nicht aus, daß man aus der nordamerikanischen Evidenz etwas für die Ausgestaltung der aktiven Arbeitsmarktpolitik in Deutschland lernen kann, eine einfache Übertragung der Erkenntnisse über die Wirksamkeit oder Effizienz einzelner Maßnahmen ist jedoch nicht möglich.

Dabei soll nicht verkannt werden, daß die sehr umfangreiche aktive Arbeitsmarktpolitik in Ostdeutschland auch sozialpolitischen Zielen diente und dient.

Doch auch für diese Art der Sozialpolitik ist Amerika kein Vorbild und die Effizienz und Wirksamkeit im Kontext alternativen sozialpolitischen Instrumenteneinsatzes ungeprüft.

Darüber hinaus besteht das Problem der Arbeitslosigkeit in Deutschland nicht allein und noch nicht einmal hauptsächlich in der bloßen Größenordnung von derzeit knapp 4 Mio. arbeitslos gemeldeten Menschen. Wäre deren einziges Hindernis auf dem Weg zu einer erfolgreichen Wiedereingliederung auf dem Arbeitsmarkt beispielsweise nur das Fehlen einer zeitgerechten Ausbildung, dann könnte man verhältnismäßig optimistisch sein, was die Möglichkeit betrifft, einen beträchtlichen Teil dieser Menschen durch staatliche Eingriffe, z.B. in Form von aktiven Arbeitsmarktmaßnahmen, wieder in ein dauerhaftes Beschäftigungsverhältnis einzugliedern. Allerdings sind die Ursachen der Arbeitslosigkeit vieler Menschen nicht nur einfach monokausal durch das Fehlen von adäquaten Qualifikationen erklärbar. Vielmehr offenbart ein genauerer Blick sowohl auf die Struktur der Arbeitslosigkeit als auch auf die im Laufe eines Jahres auf dem Arbeitsmarkt stattfindenden Prozesse, daß das Problem der Wiedereingliederung arbeitsloser Arbeitnehmer durch ein komplexes Zusammenspiel mehrerer unterschiedlicher Wiedereingliederungshemmnisse bedingt wird.

1.2. Beschäftigungslosigkeit und ihre Dynamik – Ein Überblick

Die Strukturprobleme werden deutlich, wenn man einen genaueren Blick auf die Arbeitslosigkeit in Deutschland und die Veränderung ihrer Determinanten im Zeitablauf wirft. Hierzu wurden Informationen aus einem groß angelegten Individualdatensatz für Deutschland (German Socio-Economic Panel, GSOEP) herangezogen, um mit deren Hilfe zumindest einen ersten Eindruck über die Komplexität des Problems Arbeitslosigkeit zu erhalten (vgl. Schmidt (1998-Ees)). Als ein erster illustrativer Schritt hierzu mag eine Dekomposition der Arbeitslosenraten in Westdeutschland über einen verhältnismäßig langfristigen Zeitraum (1983-1994) dienen.

Diese Diskussion dient hier wohlgemerkt lediglich der Illustration der Heterogenität der Arbeitslosigkeit und der Vielschichtigkeit jener zugrundeliegenden Prozesse, die zu Arbeitslosigkeit führen. Sie soll in keiner Weise die hohe Arbeitslosigkeit in den neuen Bundesländern als weniger vordringlich charakterisieren oder diese gar in Abrede stellen. Im Gegenteil, die nachfolgende Diskussion wird zeigen, daß die sich hinter einer Arbeitslosenrate verbergende Heterogenität bemerkenswert ist, selbst ohne einschneidende Veränderungen der gesellschaftlichen und ökonomischen Rahmenbedingungen. Aus diesem Grund würde eine einseitige Konzentration auf einen bloßen Ost-West-Vergleich ebenso zu kurz greifen wie ein alleiniger Vergleich zwischen jüngeren und älteren oder niedrig- und hochqualifizierten Arbeitnehmern.

In dieser Dekomposition wurden die Arbeitslosenraten für Männer und Frauen, sowie unterschiedliche demographische Zellen und verschiedene Qualifikationsniveaus (niedrig, mittel und hoch) berechnet. Die demographischen Zellen sind hierbei die Altersgruppen 16-24 Jahre, 25-49 Jahre und 50-64 Jahre. Arbeitnehmer, die keinen Schulabschluß beziehungsweise nur einen Hauptschul- oder Realschulabschluß ohne weiterführende Ausbildung aufweisen, wurden zur Gruppe der niedrig Qualifizierten gezählt. Zur Gruppe der mittel qualifizierten Arbeitnehmer zählen alle, die Abitur oder einen anerkannten beruflichen Ausbildungsabschluß haben und zu den hoch qualifizierten Arbeitnehmern alle mit Hochschul- bzw. Fachhochschulabschluß.

In Übersicht 1.1 sind die durchschnittlichen Arbeitslosigkeitsraten im betrachteten Zeitraum für männliche Arbeitnehmer der jeweiligen Personengruppe als Abweichungen (in Prozentpunkten) von der entsprechenden Arbeitslosigkeitsrate einer Referenzgruppe dargestellt. Die Gruppe der hochqualifizierten Arbeitnehmer in der Altersgruppe zwischen 25 und 49 Jahren stellt dabei die Referenzgruppe dar, da diese im betrachteten Zeitraum von Arbeitslosigkeit am wenigsten stark betroffen war und mithin die niedrigste Arbeitslosenquote aufwies.

Übersicht 1.1: Abweichungen (in Prozentpunkten) der Arbeitslosenraten von denen der mittleren demographischen Zelle (24-49) und hohem Qualifikationsniveau bei Männern, Westdeutschland 1983-1994

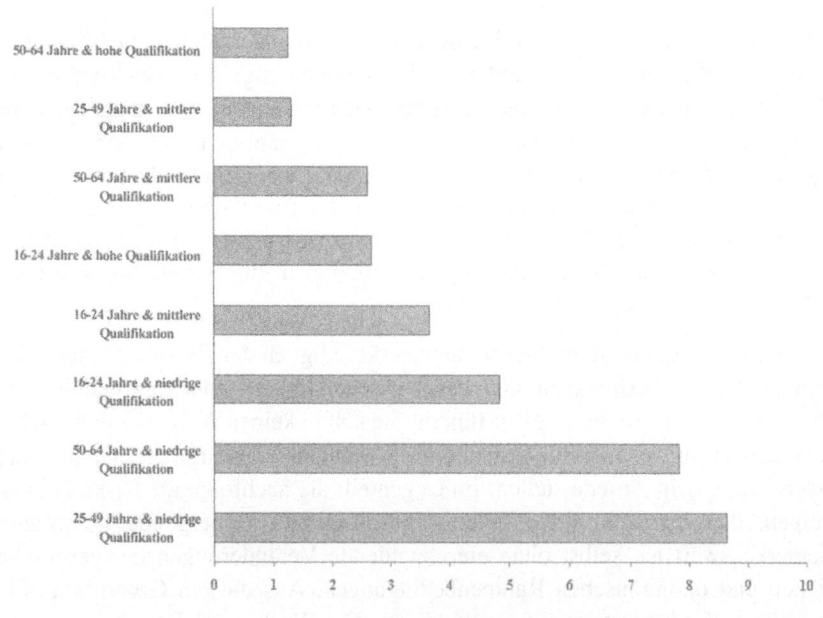

Aus dieser Übersicht wird deutlich, daß vor allem niedrig qualifizierte Arbeitnehmer, gleich welcher Altersgruppe, sehr viel stärker von Arbeitslosigkeit betroffen waren als die Referenzgruppe und somit als eine besondere Problemgruppe angesehen werden können. Die Abweichungen reichen dabei von etwa 5 Prozentpunkten bis etwa 9 Prozentpunkte, während hochqualifizierte, ältere Arbeitnehmer mit einer nur etwas mehr als einen Prozentpunkt höheren Arbeitslosenrate die geringste Abweichung zur Referenzgruppe aufweisen.

Ein ähnliches, wenn auch nicht so ausgeprägtes Bild ergibt sich, wenn man die in Übersicht 1.2 dargestellten Arbeitslosenraten für Arbeitnehmerinnen betrachtet. Die Referenzgruppe bei den Frauen stellt die Gruppe der hochqualifizierten Arbeitnehmerinnen in der Altersgruppe von 50-64 Jahren dar, da diese im betrachteten Zeitraum die niedrigsten Arbeitslosenraten aufwiesen.

Übersicht 1.2: Abweichungen (in Prozentpunkten) der Arbeitslosenraten von denen der höchsten demographischen Zelle (50-64 Jahre) und hohem Qualifikationsniveau bei Frauen, Westdeutschland 1983-1994

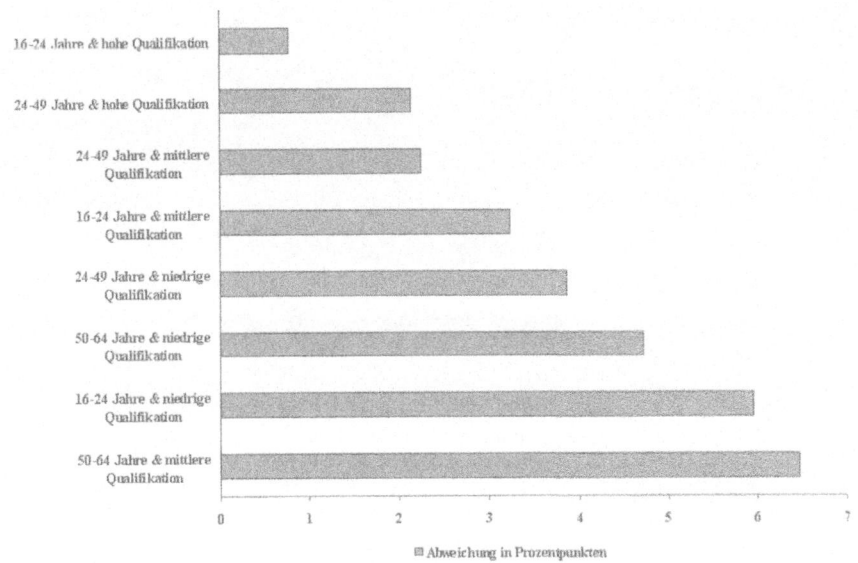

Auch die Arbeitslosigkeitsstruktur von Frauen weist ein sichtbares Ausbildungsprofil auf, wobei hochqualifizierte Arbeitnehmerinnen, gleich welchen Alters, eindeutig weniger stark von Arbeitslosigkeit betroffen sind als Arbeitnehmerinnen anderer Qualifikationsgruppen. Die stärkste Abweichung von der Referenzgruppe mit etwa 6 bzw. 6,5 Prozentpunkten weisen jedoch mittel ausgebildete, ältere und schlecht ausgebildete, jüngere Arbeitnehmerinnen auf.

Ein genaueres Bild der Heterogenität der Arbeitslosenraten erhält man, indem man die Zu- und Abgangsraten in und aus dem Zustand der Arbeitslosigkeit näher beschreibt. Hier werden zunächst die über den betrachteten Zeitraum durchschnittlichen monatlichen Übertrittsraten aus dem Arbeitsmarktzustand „Beschäftigung" in den Arbeitsmarktzustand „Arbeitslosigkeit" (kurz: Arbeitsplatzverlustrate) betrachtet. In diesen Raten sind, das sei ausdrücklich betont, nicht die Übertritte aus der Beschäftigung in die Nichterwerbsbeteiligung (z.B. Ausbildung, Rente, Kindererziehung etc.) enthalten. Übersicht 1.3 stellt für männliche Arbeitnehmer die Abweichung in Prozentpunkten der Arbeitsplatzverlustraten der jeweiligen Personengruppen wiederum von denen der Referenzgruppe dar, wobei die Reihenfolge der Gruppen aus Übersicht 1.1 übernommen wurde.

Übersicht 1.3: Abweichungen (in Prozentpunkten) der monatlichen Arbeitsplatzverlustraten von denen der mittleren demographischen Zelle (24-49) und hohem Qualifikationsniveau bei Männern, Westdeutschland 1983-1994

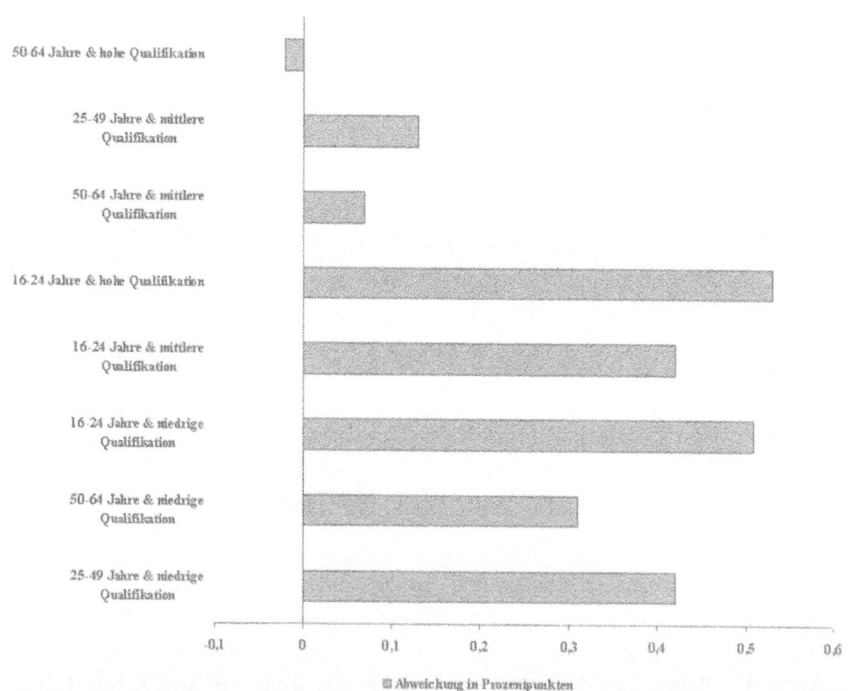

Man sieht deutlich, daß vor allem die Gruppe der jüngeren Arbeitnehmer deutlich höhere Arbeitsplatzverlustraten aufweisen als die Referenzgruppe, während dies bei den älteren Arbeitnehmern gerade umgekehrt ist. Das Qualifikationsniveau spielt hingegen keine so herausragende Rolle, wie es dies bei den Arbeitslosenraten getan hat. Übersicht 1.4 gibt die hierzu analogen Zahlen für Arbeitnehmerinnen wieder, wobei auch hier die Reihenfolge aus der ersten Übersicht für Frauen (Übersicht 1.2) übernommen wurde.

Übersicht 1.4: Abweichungen (in Prozentpunkten) der monatlichen Arbeitsplatz-verlustraten von denen der höchsten demographischen Zelle (50-64 Jahre) und hohem Qualifikationsniveau bei Frauen, Westdeutschland 1983-1994

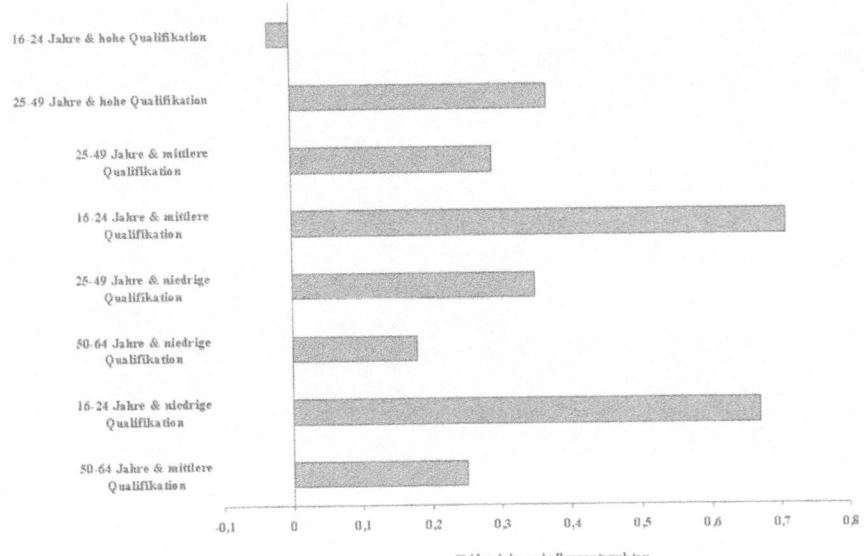

Auch bei den Frauen zeigt sich ein altersgruppenspezifisches Bild, bei dem typischerweise jüngere Arbeitnehmerinnen sehr viel stärker von Arbeitsplatzver-lusten betroffen sind als ältere, wenn man von der Gruppe der jungen, hoch ausge-bildeten Arbeitnehmerinnen absieht. Neben letzterer sind am wenigsten stark nie-drig qualifizierte Arbeitnehmerinnen aus der höchsten Altersgruppe von Arbeits-platzverlusten betroffen.

Dieses altersgruppenspezifische Bild bleibt auch erhalten, wenn man die in den Übersichten 1.5 und 1.6 dargestellten Wiederbeschäftigungsraten betrachtet, also die Übertrittsraten aus dem Arbeitsmarktzustand „Arbeitslosigkeit" in den Zustand „Beschäftigung". In der Gruppe der Männer (Übersicht 1.5) haben nur die jün-geren Arbeitnehmer, und hier vor allem die mit einer hohen Qualifikation, eine deutlich höhere Wiederbeschäftigungsrate als die Referenzgruppe. Ältere Arbeit-nehmer hingegen haben weitestgehend unabhängig von ihrer Qualifikation signifikant niedrigere Wiederbeschäftigungsaussichten, wenn sie einmal arbeitslos geworden sind.

Übersicht 1.5: Abweichungen (in Prozentpunkten) der Wiederbeschäftigungsraten
von denen der mittleren demographischen Zelle (24-49) und hohem
Qualifikationsniveau bei Männern, Westdeutschland 1983-1994

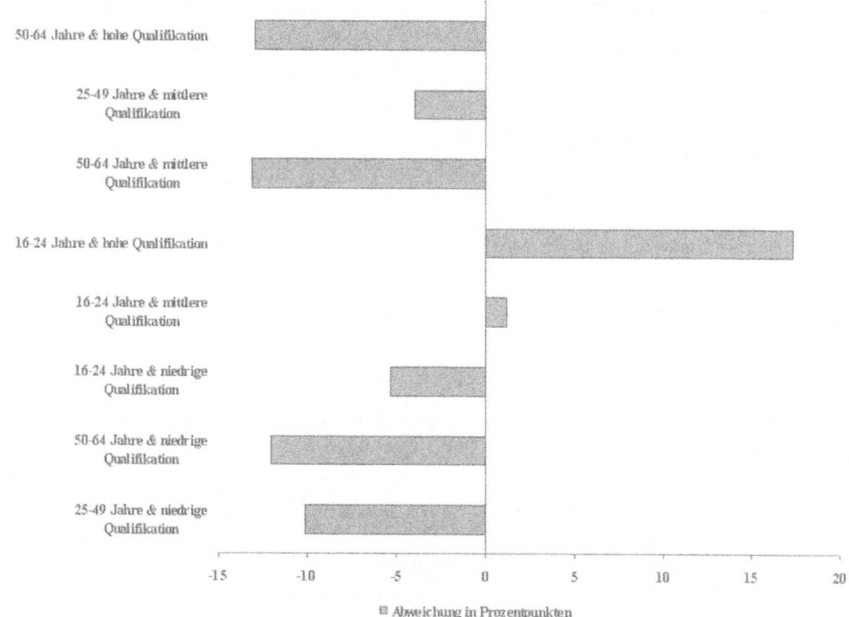

In Übersicht 1.6 sind die Abweichungen der Wiederbeschäftigunsgraten von denen der weiblichen Referenzgruppe dargestellt. Da bei den Frauen als Referenzgruppe die hochqualifizierten, älteren Arbeitnehmerinnen gewählt wurde, weisen fast alle Personengruppen zum teil erheblich höhere Wiederbeschäftigungsraten auf als diese Referenzgruppe. Die einzigen Ausnahmen bilden die gering und mittel qualifizierten Arbeitnehmerinnen aus der gleichen Altersgruppe, die verglichen mit den hochqualifizierten Arbeitnehmerinnen noch schlechter abschneiden. Verglichen mit der Referenzgruppe besitzen, wie bei den Männern, auch hier die jüngeren Altersgruppen die höchsten Wiederbeschäftigungsraten. Alles in allem ist also auch bei den Frauen ein deutlich ausgeprägtes demographisches Profil erkennbar.

Übersicht 1.6: Abweichungen (in Prozentpunkten) der Wiederbeschäftigungsraten von denen der höchsten demographischen Zelle (50-64 Jahre) und hohem Qualifikationsniveau bei Frauen, Westdeutschland 1983-1994

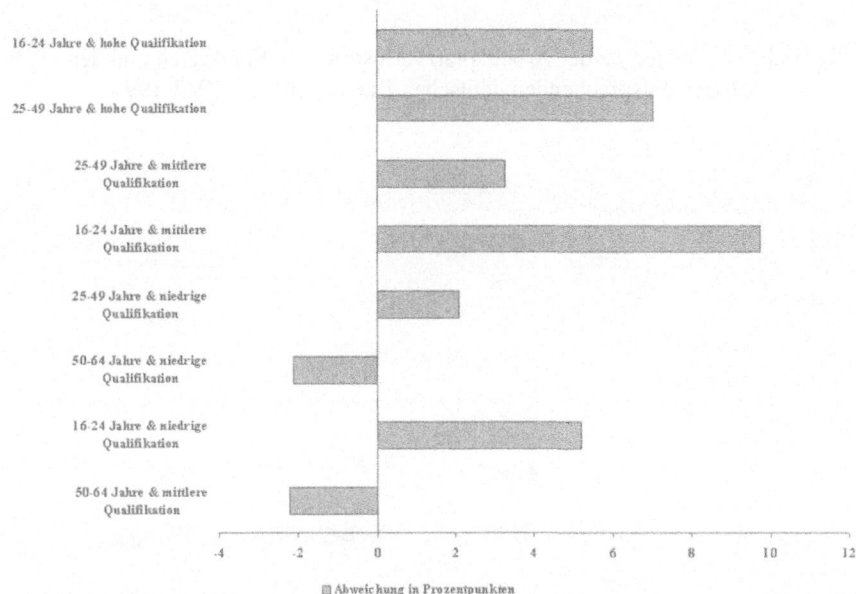

Betrachtet man die Entwicklung der Wiederbeschäftigungsrate im Zeitablauf[1], so treten deutliche Unterschiede zwischen Männern und Frauen hervor. Männliche Arbeitnehmer weisen eine verhältnismäßig stabile intertemporale Entwicklung auf, wobei junge und hochqualifizierte Arbeitnehmer zwischen 1986 und 1991 sogar einen Anstieg dieser Wiederbeschäftigungsrate erfahren haben. Bei den Frauen hingegen zeigt sich eine deutlich heterogenere Entwicklung sowohl über die verschiedenen Qualifikationsniveaus hinweg als auch zwischen den einzelnen Altersgruppen. Eine genauere Analyse offenbart darüber hinaus, daß sowohl die Wiederbeschäftigungs- als auch die Arbeitsplatzverlustraten jüngerer Arbeitnehmer und Arbeitnehmerinnen starken zyklischen Schwankungen unterworfen sind, wohingegen die Raten für ältere Arbeitnehmer und Arbeitnehmerinnen beinahe vollständig von zyklischen Schwankungen abgekoppelt sind.

Schließlich ermöglicht ein Blick auf andere Volkswirtschaften eine Einordnung dieser dynamischen Prozesse auf dem Arbeitsmarkt in einen übergeordneten Rahmen (Schmidt (1998-Ees)). Ein derartiger internationaler Vergleich von Wiederbeschäftigungs- und Arbeitsplatzverlustraten Deutschlands mit denen Frank-

---

[1]   Für eine detaillierte Analyse vgl. Schmidt (2000-Het).

reichs und der USA ist in den Übersichten 1.7 bis 1.10 graphisch dargestellt. Hierbei wurde jeweils die Differenz der französischen bzw. US-amerikanischen Werte für alle Personengruppen zu den entsprechenden Zahlen in Deutschland gebildet, d.h. eine positive Zahl bedeutet eine höhere Rate in Frankreich oder den USA.

Übersicht 1.7: Differenz der Arbeitsplatzverlustraten in Frankreich und den USA zu den entsprechenden deutschen Raten, Männer, 1983-1994

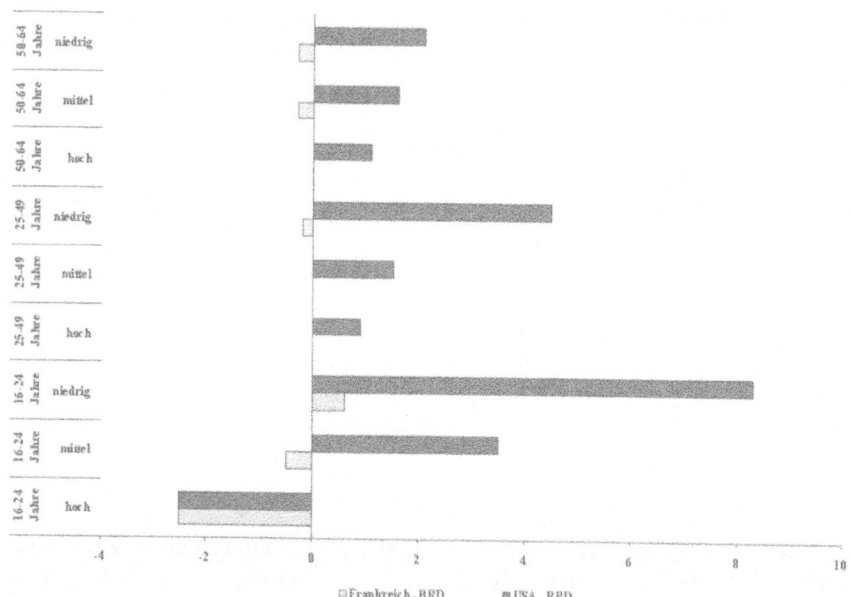

Bei Männern (Übersicht 1.7) wie auch bei Frauen (Übersicht 1.8) weisen die USA für beinahe alle Personengruppen deutlich höhere Arbeitsplatzverlustraten auf als Deutschland. Die einzigen Ausnahmen bilden die hoch qualifizierten jungen Arbeitnehmer und Arbeitnehmerinnen und die hochqualifizierten älteren Arbeitnehmerinnen. Am deutlichsten tritt der Unterschied zwischen den USA und Deutschland in der Gruppe der gering qualifizierten, jüngeren Arbeitnehmer und Arbeitnehmerinnen zutage. Diese sind in den USA überproportional stark von Arbeitsplatzverlusten betroffen. Die Zahlen für Frankreich und Deutschland hingegen ähneln sich sehr stark, wobei die Unterschiede zwischen beiden Volkswirtschaften bei den Männern noch geringer sind als bei den Frauen.

Übersicht 1.8: Differenz der Arbeitsplatzverlustraten in Frankreich und den USA
zu den entsprechenden deutschen Raten, Frauen, 1983-1994

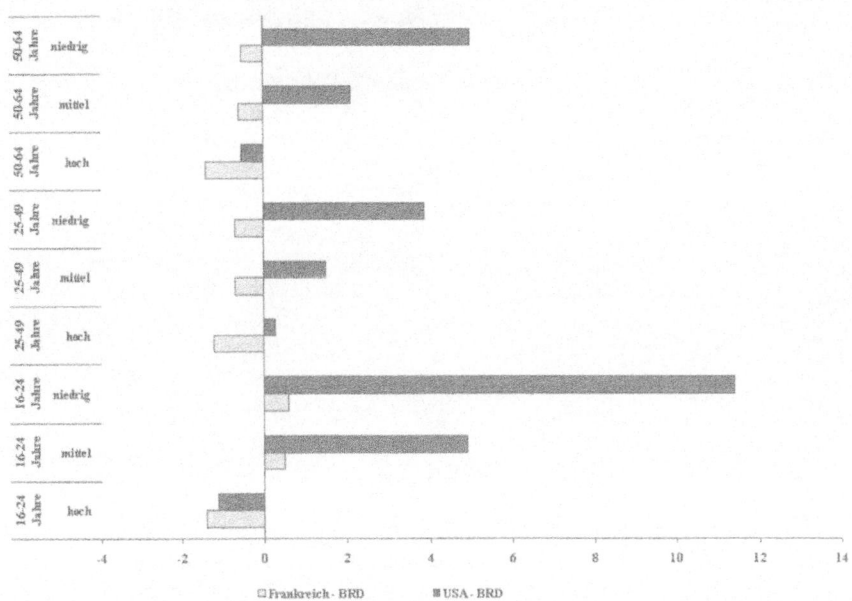

Ein spiegelverkehrtes Bild zeigt sich beim Vergleich der Wiederbeschäftigungsraten zwischen den USA und Deutschland. Die USA weisen bei den Männern (Übersicht 1.9), außer bei den hochqualifizierten Arbeitnehmern der mittleren Altersgruppe, in allen Gruppen erheblich höhere Wiederbeschäftigungsraten auf. In Frankreich hingegen sind diese Raten in allen Personengruppen zum Teil deutlich geringer als in Deutschland.

Bei den Frauen ist die Wiederbeschäftigungsrate in den USA in allen Personengruppen, für die Daten vorliegen, sehr viel höher als in Deutschland, während sich Frankreich und Deutschland bis auf die Gruppe der jüngeren, mittelqualifizierten Arbeitnehmerinnen kaum merklich voneinander unterscheiden (vgl. Übersicht 1.10).

Übersicht 1.9: Differenz der Wiederbeschäftigungsraten in Frankreich und den USA zu den entsprechenden deutschen Raten, Männer, 1983-1994

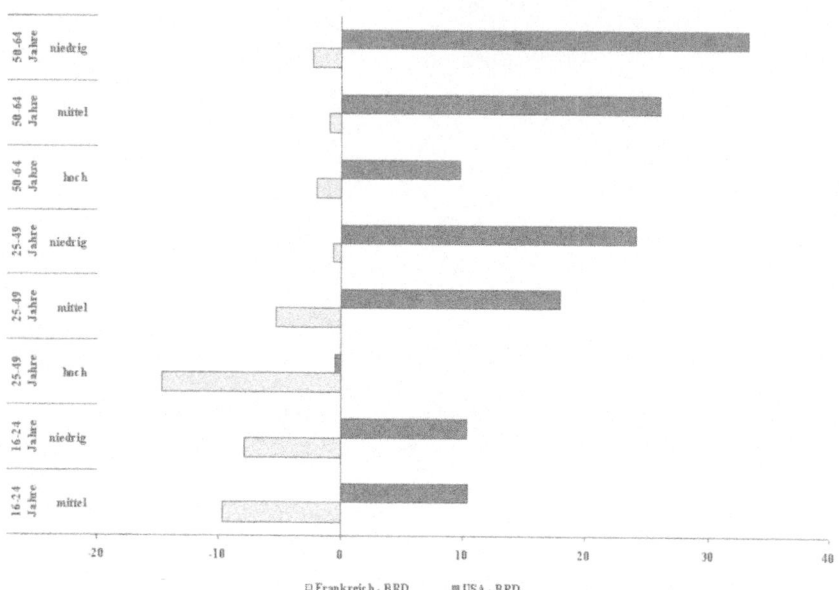

Übersicht 1.10: Differenz der Wiederbeschäftigungsraten in Frankreich und den USA zu den entsprechenden deutschen Raten, Frauen, 1983-1994

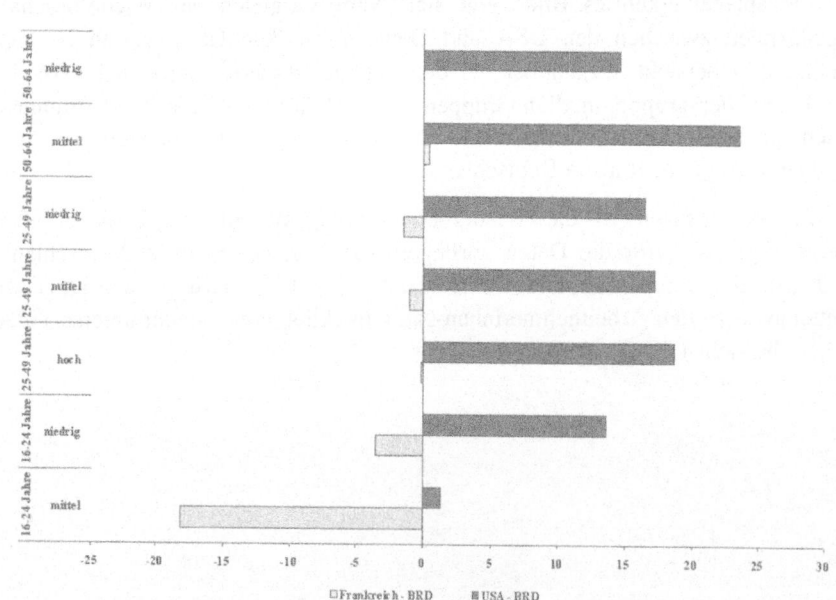

Abschließend muß noch einmal betont werden, daß die in diesem Abschnitt dargestellten Untersuchungen deskriptive Analysen sind, d.h. sie dienen lediglich einer systematischen Beschreibung beobachtbarer Prozesse auf dem Arbeitsmarkt. Die Ableitung kausaler Zusammenhänge über die Ursache und Wirkung dieser Prozesse ist mit Hilfe solcher deskriptiven Untersuchungen nicht möglich. Im allgemeinen existieren mehrere, konkurrierende hypothetische Erklärungsansätze, die mit den oben beschriebenen Prozessen kompatibel sind.

Für eine Untersuchung der Ursachen und Konsequenzen dieser Entwicklungen sind weitere Forschungsanstrengungen erforderlich. Es ist jedoch bereits in dieser Darstellung deutlich geworden, daß sich hinter aggregierten und auch disaggregierten Arbeitslosenraten sehr viele heterogene Prozesse verbergen, die eine einfache monokausale Erklärung der Ursachen von Beschäftigungslosigkeit verbieten. Somit ist auch ihre Bekämpfung durch arbeitsmarktpolitische Instrumente alles andere als eine unidimensionale Angelegenheit. Das Problem der Arbeitslosigkeit in Deutschland ist also nicht die Höhe der Arbeitslosigkeit, sondern deren komplexe Struktur, für die bis zum heutigen Tage noch keine wirklich abgesicherte Erkenntnis bezüglich Ursache und Wirkung gewonnen werden konnte.

1.3. Schlußfolgerungen und weiteres Vorgehen

Aus dem Gegensatz zwischen geringen Erkenntnissen über die Wirkungsweise und -intensität arbeitsmarktpolitischer Instrumente und dem die für aktive Arbeitsmarktpolitik aufgewendeten hohen Ressourcenaufwand ergibt sich zwingend, daß stärkere Bemühungen hinsichtlich der wissenschaftlichen Evaluierung aktiver Arbeitsmarktmaßnahmen in Deutschland notwendig sind. Beginnen muß diese Anstrengung bei einer Bestandsaufnahme der bislang vorhandenen nationalen und internationalen empirischen Evidenz. Dieses Gutachten wird dabei deutlich machen (vgl. Kapitel I.2), daß eine seriöse wissenschaftliche Evaluation nicht mit Hilfe arbeitsamtsinterner buchhalterischer Ansätze, wie z.B. der Eingliederungsbilanzen der Arbeitsämter, erreicht werden kann und auch nicht mit unterschiedlichen Formen sog. „Entlastungsrechnungen" gleichgesetzt werden darf. Darüber hinaus ist es keineswegs so, daß ernstzunehmende Evaluationsstudien anhand einer universell gültigen Checkliste durchgeführt werden können. Vielmehr muß die konzeptionelle Ausgestaltung jeder einzelnen Studie – natürlich unter Beachtung zentraler konstituierender Prinzipien – immer wieder von Grund auf neu erstellt und durchdacht werden.

In Kapitel I.2 dieses Gutachtens wird zunächst herausgearbeitet, daß für die Qualität der Ergebnisse einer Evaluationsstudie das vorhandene, öffentlich zugängliche Datenmaterial eine entscheidende Determinante ist. Die Erhebung, Aufbereitung und Pflege dieses Datenmaterials setzt eine partnerschaftliche Kooperation zwischen Wissenschaft und Praxis voraus, die angesichts der Komplexität der Evaluierungsaufgabe schon in einem möglichst frühen Stadium, also etwa beim Entwurf der spezifischen Maßnahmen, ansetzen sollte. Die derzeit stattfindende Diskussion um die Effektivität und Effizienz aktiver Arbeitsmarktmaßnahmen bildet eine vielversprechende Ausgangsbasis für das Zustandekommen einer derartigen zukünftigen Zusammenarbeit.

In den weiteren Kapiteln des Gutachtens werden schließlich die einzelnen Maßnahmen aktiver Arbeitsmarktpolitik in Deutschland anhand ökonomischer Kriterien geordnet und in ihrer institutionellen Ausgestaltung analysiert (Kapitel II). In diesem Kapitel wird darüber hinaus die vorhandene empirische Evidenz internationaler Evaluationsstudien für vergleichbare Maßnahmen – aufgrund der in Nordamerika deutlich weiter fortgeschrittenen Evaluationskultur vor allem Studien aus den USA und Kanada – detailliert beschrieben und ein Versuch unternommen, aus den Lehren dieser Studien Erkenntnisse für Arbeitsmarktpolitik in Deutschland zu gewinnen.

In Kapitel III werden schließlich jüngere Evaluationsstudien aus Europa diskutiert und die wichtigsten wirtschaftspolitischen Implikationen dieses Gutachtens noch einmal zusammengefaßt. Darüber hinaus wird in diesem abschließenden Kapitel ebenso ein Versuch unternommen, möglichst konkrete und einfach umsetzbare Handlungsempfehlungen für die praktische Implementierung der Maßnahmen zu geben. Es kann jedoch nicht genügend betont werden, daß der Prozeß hin zu einer rationaleren und informierteren Gestaltung, Durchführung und Bewertung arbeitsmarktpolitischer Eingriffe erst am Anfang steht.

2. Die Evaluation arbeitsmarktpolitischer Maßnahmen

2.1. Vorbemerkungen

Staatliche Interventionen aller Art, wie z.B. die in Deutschland eingesetzten Maßnahmen Aktiver und Passiver Arbeitsmarktpolitik, binden in bedeutendem Umfang gesellschaftliche Ressourcen und belasten die öffentlichen Haushalte mit
hohen Kosten. Was für arbeitsmarktpolitische Maßnahmen verausgabt wird, steht
bei gegebenem Budget nicht mehr für andere staatliche Aktivitäten zu Verfügung
– die Interventionen stehen somit grundsätzlich in direkter Konkurrenz zueinander
und zu anderen staatlichen Aktivitäten. Auch die Größe dieses Budgets selbst ist
in Zeiten moderaten Wirtschaftswachstums grundsätzlich Gegenstand öffentlicher
Diskussionen. Kritiker hoher Ausgaben führen zu Recht ins Feld, daß geringere
Ausgaben des Staates auch ein geringeres Einnahmevolumen verlangen würden,
sprich geringere Steuern und Abgaben. Das hieße natürlich, daß ein größerer
Anteil des erwirtschafteten Einkommens bei den privaten Haushalten verbleiben
und somit möglicherweise ein eigener, wichtiger Wachstumsmotor werden
könnte. Insgesamt besteht somit mehr und mehr für Politik und Verwaltung die
Verpflichtung, gegenüber der Öffentlichkeit Rechenschaft über die Verwendung
finanzieller Ressourcen abzulegen.

Die Höhe der in Deutschland aufgewendeten Mittel zur Bekämpfung des
Problems der Arbeitslosigkeit im Rahmen aktiver Arbeitsmarktpolitik ist erheblich[2]. Angesichts der intensiven Diskussion um jeden einzelnen Ausgabenbestand-
teil der öffentlichen Haushalte kann diese Entscheidung zum substantiellen Mitteleinsatz nur dadurch gerechtfertigt werden, daß an die Leistungsfähigkeit der eingesetzten arbeitsmarktpolitischen Programme hohe Erwartungen gestellt werden
können. Zum gegenwärtigen Zeitpunkt ist jedoch keineswegs gesichert, daß die
unterschiedlichen Eingriffe in den Arbeitsmarkt, die bereits implementiert wurden
oder sich in Planung befinden, überhaupt in der Lage sind, die Probleme des
Arbeitsmarktes zu mindern oder gar zu lösen. Noch besteht keinerlei Klarheit
darüber, welche Maßnahmen in einem direkten Vergleich untereinander wirk-
samer bzw. weniger wirksam sind. Aspekte der Kosteneffizienz der diversen
Maßnahmen, die als Richtschnur für eine Auswahl unter konkurrierenden Vor-
schlägen dienen sollten, können zum gegenwärtigen Zeitpunkt daher erst gar nicht
diskutiert werden.

---

[2]   Einen Überblick über Höhe und Zusammensetzung der Ausgaben für aktive Arbeitsmarktpolitik geben Fertig und Schmidt (2000).

Diese Unsicherheit über die Wirksamkeit oder gar Kosteneffizienz der einge-
setzten Maßnahmen nährt sich aus mehreren Defiziten[3]. Grundlegende Voraus-
setzung einer jeden arbeitsmarktpolitischen Maßnahme sollte eine klare Vor-
stellung über die Natur des Problems sein, das es zu mindern oder lösen gilt.
Leider ist die Frage nach den Ursachen der beobachteten Arbeitslosigkeit bzw.
Langzeitarbeitslosigkeit keineswegs auch nur im Ansatz überzeugend gelöst. Im
Gegenteil, mehrere wohldurchdachte Argumente konkurrieren darum, als primäre
Erklärung des bestehenden Arbeitslosigkeitsproblems zu dienen, u.a. Defizite in
Arbeitsmarktfertigkeiten und –fähigkeiten, mangelnde Anreize zur Arbeitsplatz-
suche aufgrund eines zu großzügigen sozialen Netzes, zu hohe Einstellungs- und
Lohnnebenkosten auf der Seite potentieller Arbeitgeber sowie allgemeine In-
formationsdefizite über sowohl die Fertigkeiten der arbeitslosen Arbeitnehmer als
auch über die von Arbeitgebern gesuchten Kenntnisse bzw. die von ihnen angebotenen offenen Stellen.

So ist beispielsweise in Deutschland der durchschnittliche Stand schulischer
und beruflicher Bildung, also zumindest der anhand beurkundeter Ausbildungs-
gänge zu messende Bestand an produktiver Kapazität oder „Humankapital", bei
den Arbeitslosen, insbesondere jedoch bei den Langzeitarbeitslosen, recht gering.
Dies legt die Schlußfolgerung nahe, daß eine Verbesserung ihres Humankapital-
bestands arbeitslosen Arbeitnehmern den Weg in den ersten Arbeitsmarkt ebnen
könnte. Andererseits gilt für viele dieser Langzeitarbeitslosen auch, daß die bestehenden Regelungen von Arbeitslosenhilfe und Sozialhilfe die Anreize vermindern, verstärkt einen Arbeitsplatz zu suchen. Da ein geringes Arbeitseinkommen
gegen die ansonsten zu gewährenden Unterstützungszahlungen aufgerechnet wird,
werden für diese Individuen ihr Einkommen und offenbar somit ihre Anreize zur
Arbeitsaufnahme implizit wegbesteuert. Möglicherweise könnten hier geeignete
Anreizschemata – die Subventionierung von Löhnen – einen Weg aus dem Problem eröffnen.

Wiederum andererseits mag ein mangelndes Beschäftigungswachstum aber
auch daran liegen, daß die potentiellen Arbeitgeber sich bei bestehender Lohnstruktur nicht in der Lage sehen, die Arbeitslosen einzustellen. Dies kann direkt an
einem zu hohen Lohnniveau aufgrund der angesprochenen Sozialhilfeschwelle
oder aufgrund tarifvertraglicher Bindungen, aber auch an den hohen Lohnnebenkosten liegen, deren Last die Arbeitgeber zusätzlich zu den direkten Lohnzahlungen zu leisten haben. Im erweiterten Sinne zählen zu diesen hohen Lohnnebenkosten auch die Kosten der Einstellung und der Freisetzung – wenn unklar
ist, ob man den einzustellenden Arbeitnehmer in Zeiten konjunkturellen
Niedergangs nicht ohne größere Kosten wieder freisetzen kann, dann wird
möglicherweise von einer Neueinstellung in einer Aufschwungphase abgesehen.
Der hohe Bestand an Überstunden, der in Deutschland jährlich geleistet wird, ist

---

[3] Überblicksartikel zur Evaluation arbeitsmarktpolitischer Maßnahmen sind u.a. Heckmann et al. (1999), Schmidt (1999 – KWW) und Schmidt (2000 – DIW).

mit einer solchen Betrachtungsweise zumindest konsistent. Auch hier wäre es denkbar, geeignete Anreizprogramme zu entwerfen, um die Einstellung der arbeitslosen Arbeitnehmer für die potentiellen Arbeitgeber attraktiver zu gestalten.

Eine weitere mögliche Erklärung dauerhafter Arbeitslosigkeit könnte sein, daß langzeitarbeitslose Arbeitnehmer lediglich gewissermaßen den Anschluß verpaßt haben, und nach einer gewissen Dauer schlichtweg nicht mehr die Möglichkeit erhalten, in einem Bewerbungsgespräch oder einer zeitlich begrenzten Probeanstellung ihre Kenntnisse, Erfahrung und Einsatzbereitschaft unter Beweis zu stellen. Potentielle Arbeitgeber hingegen haben selten die Möglichkeit, ein zeitlich befristetes Screening unter tatsächlichen Arbeitsbedingungen durchzuführen, sondern müssen lediglich anhand eines kurzen Einstellungsgesprächs ihre Entscheidung zur Einstellung oder Nichteinstellung treffen. Daher dürften sie oft vor dem Risiko eines Fehlgriffs zurückschrecken, was Langzeitarbeitslosen eine sich stetig verschlechternde Ausgangslage bescheren würde. Wären diese Argumente tatsächlich stichhaltig, dann käme es vor allem darauf an zu verhindern, daß Arbeitslose die Anbindung an den Arbeitsmarkt verpassen, und möglicherweise sollte man sogar die Einrichtung eines Beschäftigungsprogramms in Erwägung ziehen.

Unglücklicherweise fällt es dem Betrachter äußerst schwer, diese Ursachen in ihrer Wirkung zu isolieren. Langzeitarbeitslose sind in der Regel schlecht ausgebildet, ihr potentieller Arbeitslohn übersteigt den entsprechenden Sozialhilfesatz nur geringfügig, die an ihnen möglicherweise interessierten Arbeitgeber sehen sich vergleichsweise hohen Lohnnebenkosten gegenüber und den besonders leistungswilligen unter diesen Arbeitslosen wird es sehr schwer fallen, diese Leistungsbereitschaft unter Beweis zu stellen. Aber welches dieser Probleme vordringlich eliminiert werden sollte, liegt keineswegs auf der Hand, sondern müßte anhand empirischer Studien ermittelt werden. Zudem gilt zweifellos, daß die am Arbeitsmarkt teilnehmenden Akteure keineswegs eine homogene Masse darstellen, die durch einfache Modelle hinreichend abgebildet werden kann. Jene Ursache der Arbeitslosigkeit, die für eine bestimmte Problemgruppe des Arbeitsmarkts am gravierendsten ist, mag für eine andere Problemgruppe wiederum nur eine untergeordnete Rolle spielen.

Daß ein arbeitsmarktpolitisches Programm, das sich an eine dieser Problemgruppen – beispielsweise benachteiligte Jugendliche – richtet, nur dann wirksam die Arbeitsmarktprobleme der Zielgruppe mindern kann, wenn es die Ursache der Eingliederungshemmnisse angreift, läßt sich leicht anhand eines Beispiels illustrieren. Häufig finden arbeitslose Schul- oder Ausbildungsabbrecher nur schwer in den Arbeitsmarkt zurück, da sie die für die Aufnahme einer neuen Stelle erforderlichen Ausbildungsinhalte nicht kennen, bzw. deren Kenntnis nicht formal nachweisen können. Zu versuchen, diese Zielgruppe im Rahmen einer Arbeitsbeschaffungsmaßnahme – beispielsweise mit dem Inhalt der Pflege eines öffentlichen Parks – wieder in den ersten Arbeitsmarkt zurückzuführen, ist höchstwahrscheinlich ein aussichtsloses Unterfangen.

Statt dessen wäre es eine offensichtlich sinnvollere Strategie, solche jungen Arbeitslosen so rasch wie möglich mit der Gelegenheit zu versehen, bei einem privatwirtschaftlichen Unternehmen ihre Motivation und Leistungsbereitschaft unter Beweis zu stellen, möglichst anhand einer Verknüpfung von Arbeit und Bildungsinhalten. In diesem Beispiel ist es einfach, eine adäquate Strategie zu entwerfen, da die Ursachen der Vermittlungsdefizite auf der Hand liegen – dies ist aber im allgemeinen nicht der Fall. Dieser Einwand wird somit gelten, so lange man die Funktionsweise gerade des Arbeitsmarktes für Arbeitnehmer mit unterdurchschnittlicher produktiver Kapazität, d. h. ohne abgeschlossene Berufs- oder gar Schulbildung, nicht besser kennt. Dazu sind aber konzentrierte Forschungsanstrengungen vonnöten, die nicht zuletzt ein weit detaillierteres Datenmaterial benötigen würden als derzeit verfügbar ist.

Neben dieses Defizit der Unklarheit über die Ursachen von Arbeitslosigkeit, das das Vorhaben, arbeitsmarktpolitische Maßnahmen zielgerichtet und erfolgsorientiert durchzuführen, erheblich erschwert, treten weitere konzeptionelle Defizite. Ein Satz von Minimalanforderungen an zielgerichtetes und erfolgsorientiertes Handeln wäre die Vorgabe eines angemessenen Ziels, das erreicht werden soll (hier z.B. Verbesserung der Arbeitsmarktsituation niedrig ausgebildeter Arbeitnehmer), die Definition eines entsprechenden Erfolgskriteriums (hier z.B. eine kurze durchschnittliche Verweildauer der Arbeitslosen in der Beschäftigungslosigkeit), die Erfassung aller relevanten Kosten und, was besonders wichtig ist, die Konstruktion einer Vergleichssituation, die hinreichend genau beschreibt, was sich ohne den in Frage gestellten Eingriff entwickelt hätte.

Häufig besteht jedoch bereits bei der Formulierung der Ziele einer Maßnahme erhebliche Unsicherheit: Ist vielleicht beispielsweise nur eine geschönte Arbeitslosigkeitsstatistik beabsichtigt, wie viele Kritiker es etwa beim Einsatz von Frühverrentungs- und Arbeitsbeschaffungsmaßnahmen vermuten würden, oder doch die Rückführung von Arbeitslosen mit Vermittlungshemmnissen in den ersten Arbeitsmarkt? Die genauen Ziele bleiben häufig diffus, wie etwa die Bedeutung des „Erfolgskriteriums"„Entlastung des Arbeitsmarktes". Eine Definition von Erfolgskriterien, die sich allein an den offiziell verlautbarten Zielen zu orientieren versucht, muß angesichts der wenig konkreten Formulierung derselben häufig scheitern.

Letztendlich muß beim Einsatz arbeitsmarktpolitischer Instrumente jedoch ohnehin gefragt werden, ob er zu einer Veränderung solcher Kriterien geführt hat, die bei vernünftiger Zielsetzung relevant gewesen wären, wie etwa eine erhöhte Vermittlung von Arbeitslosen in neue Arbeitsstellen. Dies gilt unabhängig von offiziellen Verlautbarungen über die Zielsetzung eines Programms. So ließe sich eine optimistischer wirkende Arbeitslosenstatistik sicherlich auch auf kostengünstigere Weise erstellen als durch den Einsatz teurer, als arbeitsmarktpolitische Instrumente zum Erhalt des Humankapitals der Teilnehmer getarnte Arbeitsbeschaffungsmaßnahmen. Es ist daher z. B. unerheblich, ob die gemessene Arbeitslosenquote bei umfangreichem Einsatz von Frühverrentungsprogrammen niedrig gehalten werden konnte. Entscheidend ist statt dessen die Erwerbsquote älterer Arbeitnehmer. Daher sollten beim Einsatz von Maßnahmen aktiver Arbeitsmarkt-politik Erfolgskriterien herangezogen werden, die nach dem Stand der Erkennt-nisse der Arbeitsmarktforschung für dieses Anwendungsgebiet relevant sind, wie etwa die Beschäftigtenquote in einer Alters- und Qualifikationsgruppe in einer Region.

Im folgenden Abschnitt werden zunächst die zentralen methodischen Elemente der Evaluation staatlicher Interventionen – die konkrete Wahl der Erhebungs-einheiten und der Erfolgskriterien, die Erfassung aller relevanter Kosten und die Konstruktion einer angemessenen Vergleichssituation – diskutiert und das zur Lösung der entstehenden Probleme verfügbare wissenschaftliche Instrumentarium dargestellt. In technischen Termini ist diese angemessene Vergleichssituation die kontrafaktische Situation. Wie im darauffolgenden Abschnitt ausgeführt werden wird, ist die Konstruktion des Kontrafaktischen in der Regel eine hohe in-tellektuelle Herausforderung; unglücklicherweise sind verwaltungstechnische und betriebswirtschaftliche Steuerungsinstrumente dazu in der Regel gänzlich unge-eignet.

2.2. Grundsätzliche methodische Aspekte der Evaluation staat-licher Eingriffe

Unabhängig von der konkreten Natur der arbeitsmarktpolitischen Maßnahme er-fordert jeglicher Versuch einer Evaluation, daß für wohldefinierte Beobachtungs-einheiten – je nach Art der Intervention z.B. Arbeitnehmer, Betriebe oder Re-gionen – die zu beobachtenden relevanten Zielgrößen nach der Durchführung der Maßnahme, beispielsweise Beschäftigungserfolg oder Löhne, mit den Ergebnissen einer Vergleichssituation konfrontiert werden (siehe z.B. Heckman et al. (1999), Manski (1995), Schmidt (1999 – KWW) oder Schmidt (2000 – DIW)). Welche Beobachtungseinheiten und Zielgrößen in einer solchen Analyse relevant sind, wird maßgeblich durch die Art der Maßnahme und der Daten bestimmt, die für die Analyse zur Verfügung stehen.

So wird ein Ausbildungsprogramm, das darauf abzielt, die Arbeitsmarkt-situation einer wohldefinierten Zielgruppe von Arbeitnehmern zu verbessern, vorzugsweise mittels einer Analyse des Arbeitsmarktverhaltens und des -erfolgs individueller Arbeitnehmer untersucht. In diesem Kontext ist es wahrscheinlich, daß der Zugang zu diesem Programm nur einem Ausschnitt der Zielgruppe in einer Region zugänglich ist, so daß man in dieser Region zu Analysezwecken Zugang zu Daten von Programmteilnehmern und Nicht-Teilnehmern finden wird. Sowohl die Programmteilnahme (ja/nein) als auch der Arbeitsmarkterfolg (z.B. Vermittlung ja/nein) schwanken somit von Individuum zu Individuum, was natürlich auch eine Analyse auf der individuellen Ebene nahelegt.

Völlig anders sieht es hingegen bei der Durchführung einer umfassenden Reform auf Regionenebene aus. Entscheiden sich beispielsweise einige Arbeitsamtsbezirke dazu, im Rahmen eines systematischen Programms eine stärkere Kooperation mit den jeweiligen Arbeitgebervertretern vor Ort zu suchen, so ist in indirekter Weise jeder Arbeitslose der betreffenden Region Teilnehmer dieses Programms, keiner ist ausgeschlossen. Somit kann man nicht davon ausgehen, daß man in einer am Programm teilnehmenden Region zu Analysezwecken Zugang zu Daten von Programmteilnehmern und Nicht-Teilnehmern finden wird. Es liegt daher nahe, die Maßnahme anhand von aggregierten Daten auf Regionenebene zu evaluieren – die relevanten Beobachtungseinheiten sind somit die Regionen. An dieser Diskussion wird bereits klar, daß eine Reform, die alle Regionen in gleicher Weise betrifft, in ihrer Wirkung nur äußerst schwer zu bewerten sein wird[4].

Häufig liegt jedoch eine Hybridsituation vor, eine Mischung aus individueller und aggregierter Variation der relevanten Größen und Informationsbestandteile. Ein Beispiel könnte die Einrichtung eines Lohnsubventionsprogramms sein, das Arbeitslosen in einer Zielgruppe bei Arbeitsaufnahme einen Zuschuß zu ihrem Lohn in der neuen Arbeitsstelle verspricht. Steht dieses Programm innerhalb einer Region allen Mitgliedern dieser Zielgruppe im Prinzip zur Verfügung, so ist jeder dieser Arbeitslosen Teilnehmer dieses Programms, keiner ist ausgeschlossen. Ausgeschlossen sind dagegen Arbeitnehmer außerhalb der Zielgruppe, die sich in der gleichen Region aufhalten. Die Maßnahme, die es zu bewerten gilt, ist somit das Angebot einer bestimmten Leistung, hier der Lohnsubvention, in einer Region und nicht ihr Vollzug (Näheres dazu siehe auch unten).

Wiederum müssen in diesem Falle Daten zu mehreren Regionen erhoben werden, die Daten einer Region können aufgrund der Notwendigkeit eines Vergleichs zu Bewertungszwecken ausreichen. Allerdings bietet es sich häufig an, die Erhebung der Arbeitsmarktergebnisse auf Individualebene zu vollziehen, um einerseits die unterschiedliche Struktur des Arbeitsangebots in den verschiedenen Regionen hinreichend zu erfassen und andererseits die Regionen anhand des Verhaltens der Arbeitslosen außerhalb der Zielgruppe besser zu beschreiben. Aus dieser Diskussion wird bereits offensichtlich, daß es kein Patentrezept zur Auswahl der geeigneten Beobachtungseinheiten geben kann, sondern daß sich diese Wahl eng an der zu untersuchenden Maßnahme zu orientieren hat.

In ähnlicher Form verläuft die Suche nach einem angemessenen Erfolgskriterium. Ist beispielsweise die Bereitstellung einer Lohnsubvention an Arbeitnehmer oder eine Fortbildungsmaßnahme erfolgreich, so sollte sie bei den Betroffenen zu einer Verbesserung der Arbeitsmarktsituation führen. Die Wahl des geeigneten Erfolgskriteriums ist jedoch keineswegs trivial, denn häufig werden mehrere, möglicherweise miteinander konkurrierende Ziele gleichzeitig betroffen.

---

[4]   Zur Reform der Beschäftigungsforschung im Rahmen des SGB III beispielsweise siehe Fertig und Schmidt (2000).

So mag eine Maßnahme beispielsweise bei den Betroffenen die Löhne steigern, sofern sie beschäftigt bleiben, jedoch die individuelle Beschäftigungswahrscheinlichkeit vermindern (man denke z.B. an die Einführung eines Mindestlohns im Niedriglohnsektor). Oder im Vergleich zweier Maßnahmen mag die eine (z.B. eine Qualifizierungsmaßnahme) die Löhne der Beschäftigten sehr stark anheben, während die andere (z.B. eine Lohnsubvention) eher auf die Beschäftigungswahrscheinlichkeit wirkt. In jedem dieser Fälle müßten demnach Ziele gegeneinander abgewogen werden.

Sollte sich anhand des Vergleichs der tatsächlichen und der als Vergleichssituation konstruierten (siehe unten) kontrafaktischen Situation ein merklicher Effekt der Maßnahme feststellen lassen, so ist damit lediglich eine erste Voraussetzung für das Vorliegen eines erfolgreichen Programms erfüllt. Ein Programm, das nur sehr bescheidene Änderungen der Situation hervorrufen kann, darf nicht sehr kostenintensiv sein, wenn es ein ernsthafter Kandidat für eine dauerhaft implementierte Maßnahme sein soll. Um herauszufinden, inwieweit sich die Durchführung des Programms tatsächlich lohnt, ist daher ein weiterer Vergleich erforderlich, der diesen ermittelten Effekt mit den entstehenden Kosten – direkten wie indirekten – konfrontiert. Typischerweise erfordern die hohen Kosten arbeitsmarktpolitischer Eingriffe auch Wirkungen beträchtlichen Ausmaßes, soll ihr Einsatz gesellschaftlich gerechtfertigt sein.

Diese Frage nach der Kosteneffizienz wirft ebenfalls methodische Probleme auf, da die direkt entstehenden Kosten, z.B. die gezahlten Lohnsubventionen, nur einen Teil der Kosten umfassen. Je nach Maßnahme fallen darüber hinaus Opportunitätskosten bei den Arbeitnehmern und Betrieben an – so kann ein Teilnehmer einer Vollzeit-Fortbildungsmaßnahme in dieser Zeit keiner anderen Tätigkeit nachgehen, einem Betrieb mögen durch die verwaltungstechnischen Aspekte einer Lohnkostensubventionierung, wie etwa der Kommunikation mit der Arbeitsverwaltung und der finanziellen Abwicklung der lohnbezogenen Leistungen zusätzliche Verwaltungskosten entstehen. Darüber hinaus ist der staatliche Verwaltungsapparat ja keineswegs kostenlos. Insbesondere konkurrieren mehr (z.B. Beratung) oder weniger (z.B. Verwaltung von Arbeitsbeschaffungsmaßnahmen, siehe Kap. III. 3) um die Arbeitszeit der Mitarbeiter der Arbeitsverwaltung. Eine Vernachlässigung gerade der Kosten der Implementierung und Begleitung arbeitsmarktpolitischer Programme würde daher einen Weg in die wirtschaftspolitische Fehlsteuerung eröffnen.

Der methodologisch herausforderndste Aspekt in diesem Forderungskatalog an eine problemgerechte Evaluationsstrategie ist jedoch die Konstruktion einer angemessenen kontrafaktischen Vergleichssituation[5]. Die entscheidende Frage bei der Bewertung eines arbeitsmarktpolitischen Programms ist, ob die durch die

---

[5] Eine intuitive Einführung in das Problem der Konstruktion kontrafaktischer Vergleichssituationen geben Schmidt und Kluve (2000).

Maßnahme betroffenen Arbeitnehmer im Durchschnitt aufgrund der Maßnahme Arbeitsmarktergebnisse erzielt haben, die sie ansonsten nicht erreicht hätten. In einer modernen Wirtschaft, mit ihren stetig wachsenden realen Produktionsmöglichkeiten und ihren schwer zu erkennenden und zu prognostizierenden konjunkturellen Schwankungen um diesen Wachstumspfad, aber auch mit ihrer heterogenen Struktur über Individuen, Regionen und Sektoren hinweg, ist es häufig äußerst schwer anzugeben, wann eine Zielgröße in der Tat einen „vergleichsweise hohen" Wert realisiert und wann nicht.

Ein wohlbekanntes Phänomen, das diesen Punkt zu illustrieren vermag, ist die saisonale Entwicklung der Arbeitslosigkeitsrate im Jahresverlauf. Findet man bei einer arbeitsmarktpolitischen Maßnahme, beispielsweise einem Lohnsubventionierungsprogramm für Langzeitarbeitslose, die im Frühjahr eingesetzt wird, unter den Betroffenen eine auf den ersten Blick ansprechende Zahl von Arbeitnehmern, die eine neue Arbeitsstelle antreten, so ist grundsätzlich zu fragen, ob es nicht der übliche saisonale Aufschwung gewesen ist, der zumindest einem Teil von ihnen diesen Erfolg ermöglichte. Im Gegensatz dazu mag ein zahlenmäßig relativ moderater Effekt einer solchen Maßnahme zum Jahresende hin auf den ersten Blick desillusionierend wirken, aber unter Berücksichtigung des saisonalen Musters der Abgangsraten aus der Arbeitslosigkeit in der Tat einen starken Effekt des Eingriffs andeuten. Es ist also die Konstruktion einer angemessenen Vergleichssituation, mit der eine überzeugende Evaluation der Maßnahme steht und fällt.

Ein weiteres Beispiel, das der Illustration der Komplexität dieser Aufgabe dienen mag, ist ein innerhalb einer Region für eine bestimmte Zielgruppe uneingeschränkt gültiges Lohnsubventionierungsprogramm, das per finanziellem Anreiz eine Arbeitsaufnahme durch Arbeitslose mittels einer Bezuschussung der in der neuen Stelle erzielten Löhne unterstützt. Oben wurde bereits ausgeführt, daß es das Angebot der Subvention, nicht die Auszahlung des Zuschusses an erfolgreich Vermittelte ist, das als die zu bewertende Maßnahme betrachtet werden muß. Dies wird besonders deutlich, wenn nach der geeigneten Vergleichssituation gesucht wird: Natürlich sind diejenigen Mitglieder der Zielgruppe, die im Rahmen des genannten Programms Zuschüsse beziehen, auf dem Arbeitsmarkt erfolgreicher als Mitglieder der Zielgruppe, die keine Leistung durch das Subventionierungsprogramm in Anspruch nehmen. Die erfolgreiche Arbeitsaufnahme ist ja gerade die Voraussetzung für den Leistungsbezug.

Ein Vergleich der Beschäftigungszahlen von bezuschußten Mitgliedern der Zielgruppe mit solchen, die keinen Zuschuß erhalten, ließe die Maßnahme als enorm erfolgreich erscheinen. Allerdings gibt er keinerlei Aufschluß über die eigentlich relevante Frage, nämlich: Wieviele der neu vermittelten Arbeitslosen in der Region hätten auch ohne die Möglichkeit zum Leistungsbezug, also ohne das Angebot der Lohnsubventionierung, eine Arbeit aufgenommen? Nur wenn diese Zahl niedriger läge als nach Einführung des Programms beobachtet, dann wäre dieses Subventionierungsprogramm wirksam.

Als ein abschließendes und besonders plastisches Beispiel für das Argument, daß nur ein angemessener Vergleich bei der Bewertung von arbeitsmarktpolitischen Programmen aufschlußreich sein kann, sollen die sog. Wiedereingliederungsquoten dienen. Vordergründig mag es plausibel erscheinen, den Erfolg eines arbeitsmarktpolitischen Eingriffs – beispielsweise einer Fortbildungsmaßnahme – zu überprüfen, indem man den Anteil der nach Ablauf des Programms erfolgreich in den ersten Arbeitsmarkt integrierten Teilnehmer in der Zielgruppe berechnet und diese Größe mit einer gleichermaßen ermittelten Wiedereingliederungsquote unter den Nicht-Teilnehmern in der Zielgruppe vergleicht.

Wäre dies der geeignete Vergleichsmaßstab für Erfolg, dann könnte man den Administratoren der Programme nur raten, lediglich solche Arbeitslose in die Maßnahme zuzulassen, deren Leistungsfähigkeit und Motivation in einem Bewerbungsgespräch überdurchschnittlich erscheint. Nicht nur würde dann der Vergleich der beiden Wiedereingliederungsquoten die vorab vorhandenen Fähigkeiten der Teilnehmer eher widerspiegeln als die Effekte des Programms, sondern diese Auserwählten sind gerade nicht jene Mitglieder der Zielgruppe, die bei der Rückkehr in den ersten Arbeitsmarkt Unterstützung benötigen. Der Zwang zum Ziehen eines angemessenen Vergleichs eliminiert dagegen sämtliche Anreize zur „Gestaltung" der Erfolgskriterien.

Um bei dieser Konfrontation mit der tatsächlichen Situation den Effekt der Maßnahme überzeugend abschätzen zu können, sollte sich die zur Analyse herangezogene Vergleichssituation somit idealerweise lediglich in genau einem Umstand von der tatsächlich beobachteten Situation unterscheiden, nämlich dem, daß die Maßnahme nicht durchgeführt wurde. Im angeführten Beispiel der saisonalen Schwankungen liegt es nahe, daß, wollte man mit der Wirksamkeit eines arbeitsmarktpolitischen Programms glänzen, man dieses Programm dann wohl in Zeiten konjunkturellen bzw. saisonalen Aufschwungs durchführen sollte. Der vermeintliche Erfolg wäre dann auch scheinbar anhand aller buchhalterischen Größen wie beispielsweise der Wiedereingliederungsquote der Betroffenen eindeutig zu belegen. Eine erfolgreiche Evaluation des Eingriffs würde eine solche Motivation jedoch aufdecken, indem der angemessene Vergleich mit einer Situation gesucht wird, welche die gleiche saisonale Komponente bzw. den gleichen Stand des Konjunkturzyklus widerspiegelt.

Es ist offensichtlich, daß die Konstruktion einer solchen Vergleichssituation typischerweise ein komplexes Unterfangen darstellt, müssen doch viele Einflußgrößen gleichzeitig Berücksichtigung finden. Hierbei ist die zentrale Erkenntnis, der sich die Evaluation von arbeitsmarktpolitischen Eingriffen stellen muß, nicht der Umstand, daß solche Vergleichssituationen durch eine große Zahl von zu berücksichtigenden Aspekten gekennzeichnet sind – so sehr sich dadurch auch praktische Probleme ergeben – sondern vielmehr die Tatsache, daß diese kontrafaktische Situation konstruiert werden muß. Sie kann, wie im nächsten Abschnitt formal dargestellt wird, schlichtweg nicht beobachtet werden und kann somit auch nicht durch rein betriebswirtschaftliche Erhebungstechniken nachgestellt werden. Dieses Problem wird daher in der Literatur auch als das fundamentale Evaluationsproblem bezeichnet.

Die Wahl einer geeigneten empirischen Strategie zur Lösung dieses fundamentalen Evaluationsproblems ist somit grundsätzlich der zentrale methodische Schritt, nachdem die relevanten Beobachtungseinheiten, Zielgrößen und Kostenelemente festgelegt wurden. In der modernen Ökonometrie und Statistik hat sich bei diesem Gestaltungs- und Entscheidungsproblem eine Vorgehensweise entwickelt, die strikt zwischen den hypothetischen Möglichkeiten eines Ansatzes und seiner Leistungsfähigkeit in der empirischen Praxis trennt. So wird in der Regel eine mögliche Vorgehensweise nur dann als geeignete Kandidatin angesehen, wenn sie zumindest unter hypothetischen idealen Bedingungen – insbesondere einer unendlichen Stichprobengröße – die richtige Antwort liefern würde. Dann spricht man in technischen Termini davon, daß diese Strategie dazu in der Lage ist, die gesuchte Größe zu identifizieren. Die gewählte Strategie wird daher auch häufig als Identifikationsstrategie bezeichnet.

In der Praxis sind ideale Studienbedingungen natürlich nie gegeben. Auch wenn aufgrund einer geschickt gewählten Identifikationsstrategie zu erwarten ist, daß die in der Analyse ermittelte Antwort lediglich unsystematisch um den theoretisch „wahren" Wert schwankt, so verbleibt allein schon aufgrund der Endlichkeit der untersuchten Stichprobe ein gewisses Zufallselement. Die Abschätzung seiner Größenordnung ist eine weitere Herausforderung an die empirische Arbeit – sie kann jedoch nie losgelöst von der Identifikationsstrategie gesehen werden und ist dieser Entscheidung nachgeordnet. Aufgrund der zentralen Rolle der Konstruktion des Kontrafaktischen wird diesem Punkt in den nun folgenden Abschnitten eine erhöhte Aufmerksamkeit geschenkt. Dabei werden der formale Rahmen und die Umsetzung dieses methodischen Gerüsts in der Evaluationspraxis getrennt berücksichtigt.

2.3. Die kontrafaktische Situation

In diesem Abschnitt wird in kompakter Form der formale Rahmen eingeführt, der sich in jüngster Zeit in der statistischen und ökonometrischen Literatur zur Evaluation staatlicher Eingriffe als einheitliches Denkgerüst herausgebildet hat. Die relevanten Untersuchungseinheiten (im folgenden konzentrieren sich der Einfachheit halber alle Beispiele auf Arbeitnehmer, die Übertragung der Argumentation auf Betriebe oder andere Untersuchungseinheiten ist jedoch problemlos möglich) werden dabei auf ihre zentralen Charakteristika reduziert; der Zustand, von einer Maßnahme betroffen zu sein wird mit „1", der, von ihr unberührt zu bleiben, mit „0" angezeigt, wobei die entsprechende Indikatorvariable mit D_i bezeichnet wird.

Somit wird für einen Arbeitnehmer i, der an einer Fortbildungsmaßnahme teilnimmt oder der bei Antritt einer neuen Arbeitsstelle Zugang zu einer Bezuschussung seiner Sozialversicherungsbeiträge genießt, dieser Umstand durch $D_i = 1$ angezeigt. Zur Bewertung der Wirkung dieses Programms würde man nun für dieses Individuum i gerne einen Vergleich zwischen dem relevanten beobachteten Arbeitsmarktergebnis, z.B. Beschäftigungserfolg ein Jahr nach der Maßnahme ($D_i = 1$), mit dem hypothetischen Arbeitsmarkterfolg, der sich ohne dieses Programm (also für $D_i = 0$) ergeben hätte, durchführen. Dies ist ohne weiteres nicht möglich, da letztere Situation für den Maßnahmeteilnehmer nicht beobachtbar ist. Es wird sich in dieser formalen Darstellung weiterhin zeigen, daß eine Bewertung auf individueller Ebene sogar in keinem Falle möglich ist.

Die relevante Zielgröße nach dem Eingriff soll hier als $Y_i + \Delta_i$ bezeichnet werden, falls Arbeitnehmer i Teilnehmer am Programm ist, und als Y_i, wenn nicht. Der kausale Effekt der Maßnahme auf den Arbeitsmarkterfolg von Arbeitnehmer i wird somit durch die Größe Δ_i reflektiert. Was im vorangegangenen Unterabschnitt als das fundamentale Evaluationsproblem bezeichnet wurde, läßt sich nun auch formal charakterisieren: Es ist schlichtweg unmöglich, für einen gegebenen Arbeitnehmer sowohl Y_i als auch $Y_i + \Delta_i$ gleichzeitig zu beobachten, sondern lediglich eines der beiden Ergebnisse, da ein und derselbe Arbeitnehmer nur entweder an einem Arbeitsmarktprogramm teilnehmen kann, oder nicht. Die Zielgröße, die sich ohne das Angebot der Förderung des Arbeitnehmers durch das entsprechende Arbeitsamt ergeben hätte, Y_i, ist somit das kontrafaktische – und folglich nicht beobachtbare – Ergebnis für Individuen im Programm, also für solche, für die $D_i = 1$ gilt (und umgekehrt).

Man kann aufgrund der individuellen Heterogenität der Effekte eines Programms nicht hoffen, daß man jemals in der Lage sein wird, individuenspezifische Wirkungen einer arbeitsmarktpolitischen Maßnahme auch nur annähernd zu ermitteln (ist ein zu schätzender Parameter für alle Personen identisch, dann ist der Stichprobendurchschnitt nicht nur ein guter Schätzer für den Populationsmittelwert, sondern somit auch für den Wert, der jedes einzelne Mitglied der Population charakterisiert – bei Heterogenität verliert sich diese Eigenschaft bedauerlicherweise). Daher wird sich, im völligen Bewußtsein der möglichen Schwankungen der individuellen Effekte zwischen den geförderten Arbeitnehmern, das Interesse jeder Evaluationsstudie auf zusammenfassende Größen, sog. Evaluationsparameter, konzentrieren.

Diese anhand der vorliegenden Daten zu schätzenden Parameter unterscheiden sich untereinander vor allem dadurch, daß sie die Maßnahmeneffekte unterschiedlich zusammengesetzter Gruppen von Individuen zusammenfassen. Der prominenteste, jedoch keineswegs ausschließlich interessante Evaluationsparameter ist der Populationsdurchschnitt (die mathematische Erwartung $E(.)$) aller individuenspezifischen Effekte für solche Arbeitnehmer, die die Förderung auch tatsächlich erfahren haben, der sog. mean effect of treatment on the treated,

$$E(\Delta \mid D=1) = E(Y+\Delta \mid D=1) - E(Y \mid D=1). \tag{1}$$

Es handelt sich dabei um den bedingten Erwartungswert des individuenspezifischen Effekts Δ der am Programm teilnehmenden Individuen, d.h. für $D = 1$. Dieser Erwartungswert ist gleich der Differenz aus dem Erwartungswert der Zielvariablen im Falle der Teilnahme für Teilnehmer und dem Erwartungswert im Falle der Nicht-Teilnahme für Teilnehmer.

Ein alternativer Evaluationsparameter wäre beispielsweise der Erwartungswert der Effekte für einen zufällig aus der Population herausgegriffenen Arbeitnehmer, d.h. die Bedingung $D = 1$,

$$E(\Delta) = E(Y+\Delta) - E(Y). \tag{2}$$

Da die am arbeitsmarktpolitischen Programm teilnehmenden Arbeitnehmer in der Regel keine repräsentative Stichprobe der Zielgruppe darstellen, ist die Beschränkung der Betrachtung auf die tatsächlichen Teilnehmer in Gleichung (1) eine wichtige Bedingung, die die Aussagekraft der Analyse entscheidend beeinflußt. Sind es vor allem hoch motivierte Arbeitnehmer, die an einem Programm, z.B. einem Einführungskurs in die elektronische Datenverarbeitung, teilnehmen, so ist es durchaus möglich, daß der positive Durchschnittseffekt des Programms für diese Teilnehmer erheblich ist. Dagegen ist der durchschnittliche Arbeitslose eventuell an den Inhalten dieser Fortbildungsmaßnahme nicht sonderlich interessiert und kann auch wenig aus ihr gewinnen. Dann würde gelten, daß der Effekt für Teilnehmer, $E(\Delta \mid D = 1)$, den Effekt für ein zufällig ausgewähltes Individuum, $E(\Delta)$, übersteigt.

In vielen Fällen ist aus ökonomischer Sicht der Erfolg der Maßnahme für Teilnehmer die entscheidende Frage, denn schließlich ist die Teilnahme an Programmen in der Regel vollkommen freiwilliger Natur. Dieser Evaluationsparameter wird daher auch in den folgenden Kapiteln ausschließlich weiter verfolgt. Festzuhalten bleibt zweierlei. Erstens der Effekt der Maßnahme anhand eines derart gewählten Evaluationsparameters reflektiert nur den typischen Effekt des Programms auf eine ausgewählte Gruppe von Arbeitnehmern (hier: Teilnehmer am Programm). Zweitens kann sich der gleiche Durchschnittseffekt in Situationen einstellen, in denen die individuellen Schwankungen um den Durchschnitt gering oder aber in denen sie erheblich sind. Negative Abweichungen mögen zwar in einer übergreifenden ökonomischen Wohlfahrtsbetrachtung stärker ins Gewicht fallen als positive – die Möglichkeit einer Abwägung von positiven und negativen Abweichungen geht jedoch zwangsläufig durch die notwendige Konzentration auf solche Evaluationsparameter verloren.

Eine Quantifizierung des ersten Terms auf der rechten Seite der Gleichung (1), $E(Y+\Delta \mid D = 1)$, läßt sich ohne weiteres in einer gegebenen Stichprobensituation realisieren, schließlich werden die Arbeitsmarktergebnisse der geförderten Arbeitnehmer ja beobachtet. Somit kann man darauf vertrauen, daß die Annäherung der stichprobenbasierten Schätzung an den wahren Wert bei steigender Stichprobengröße tendenziell immer genauer wird. Dahingegen kann ein Schätzer für den kontrafaktischen Erwartungswert $E(Y \mid D = 1)$ nicht ohne weitere Annahmen gefunden werden, denn für keinen der Arbeitnehmer, die unter die Maßnahme fallen ($D_i = 1$) werden die entsprechenden kontrafaktischen Arbeitsmarktergebnisse Y_i beobachtet.

Somit muß ein Ersatz für $E(Y \mid D = 1)$ gefunden werden, welcher den gleichen Wert wie der kontrafaktische Erwartungswert annimmt, für den jedoch auf der Basis der beobachtbaren Stichprobenelemente (d.h. aus einer geeigneten Teilmenge der Beobachtungen von Nicht-Teilnehmern mit $D_i = 0$ heraus) eine Schätzung konstruiert werden kann. Naturgemäß läßt sich eine solche Ersatzgröße nur unter Annahmen finden, die über die Informationen des bisher skizzierten formalen Rahmens hinausgehen. So würde beispielsweise die (sehr starke) Annahme $E(Y \mid D = 1) = E(Y \mid D = 0)$ die Schätzung der gesuchten Größe aus einer einfachen Stichprobe von Nicht-Teilnehmern ($D_i = 0$) erlauben. Diese Annahme bedeutet, daß der durchschnittliche Erfolg der Teilnehmer, hätten sie an der Maßnahme nicht teilgenommen, gleich dem der Nicht-Teilnehmer ist. Sind die Teilnehmer beispielsweise disproportional motiviert, so mag diese Annahme falsch sein. Ebenso wie für $E(Y + \Delta \mid D = 1)$ bei den Teilnehmern wird die Annäherung der Schätzungen an den wahren Wert dann mit steigender Stichprobengröße tendenziell immer genauer ausfallen.

Ein derartige Annahme erlaubt somit die Konstruktion des Kontrafaktischen, sie ist eine sog. Identifikationsannahme, sie folgt jedoch keineswegs direkt aus den obigen formalen Ausführungen – dies gilt ebenso wenig für alle denkbaren alternativen Identifikationsannahmen. Darüber hinaus läßt sie sich nicht statistisch testen: ein Vergleich der Mittelwerte der Y_i zwischen Teilnehmern und Nicht-Teilnehmern an der Maßnahme läßt sich nicht durchführen, denn für Teilnehmer werden die entsprechenden Werte ja gerade nicht beobachtet (sonst gäbe es das Evaluationsproblem erst gar nicht).

Ein wichtiges Element bei der Suche nach geeigneten Identifikationsannahmen ist die statistische Kontrolle für beobachtbare Heterogenität, d.h. die Berücksichtigung solcher beobachtbarer Einflußgrößen, welche die Untersuchungseinheiten vor Beginn der Maßnahme charakterisieren und sowohl einen Einfluß auf die Teilnahme an der Maßnahme als auch auf deren Effekt ausüben. Zu diesen Einflußgrößen gehören beispielsweise demographische Größen wie Alter und Geschlecht und arbeitsmarktrelevante persönliche Eigenschaften wie der Ausbildungsstand, aber auch der Arbeitsmarkterfolg vor Beginn der Maßnahme. Auch wenn zwischen den Stichproben von Teilnehmern und Nicht-Teilnehmern keine direkte Vergleichbarkeit herrscht (beispielsweise mögen die Teilnehmer im Durchschnitt schlechter ausgebildet sein), läßt sich dann durch eine geeignete Gewichtung der Stichprobe der Nicht-Teilnehmer eine solche Vergleichbarkeit herstellen.

Typischerweise unbeobachtet bleiben Eigenschaften wie Fleiß, Motivation oder Durchhaltevermögen. Üben diese Größen jedoch einen fühlbaren Einfluß sowohl auf die Neigung, an der Maßnahme teilzunehmen als auch auf die Arbeitsmarktergebnisse aus, so führt dies zum sog. Selektionsproblem – die statistische Kontrolle für beobachtbare Variablen ist dann nicht mehr hinreichend. Die überzeugende Behandlung dieses Problems ist das Kernstück der ökonometrischen und statistischen Forschungsbemühungen im Bereich der Evaluationsliteratur.

Wie im nächsten Abschnitt diskutiert werden wird, ist es eine zentrale Aufgabe bei der Suche nach einer geeigneten Evaluationsstrategie, weitere Informationen heranzuziehen, die die Rechtfertigung für die benötigten zusätzlichen Identifikationsannahmen liefern. Es kann sich bei diesen Informationen um solche zum Design der Studie handeln – experimentelle Evaluationsstudien sind beispielsweise häufig konzeptionell überzeugende Ansätze – oder um Erkenntnisse zum Verhalten der Arbeitnehmer, z.B. im Hinblick auf die Determinanten der Neigung, an der Maßnahme teilzunehmen oder nicht. Was jedoch in jeder endlichen Stichprobensituation verbleiben wird, sind unsystematische Schwankungen um den tatsächlichen Evaluationsparameter, eine Tatsache, mit deren Existenz wissenschaftliches Arbeiten leben muß.

2.4. Grundsätzliche Konzepte einer empirischen Umsetzung

Wie bereits im vergangenen Abschnitt angedeutet wurde, ist grundsätzlich keine empirische Strategie in der Lage, die Unsicherheit über die theoretisch „wahre" Antwort völlig aufzulösen. Statt dessen ist jede Schätzung des Programmeffekts lediglich eine Annäherung an den tatsächlichen Evaluationsparameter in der Gesamtbevölkerung auf der Basis einer Stichprobe von Teilnehmern und Nicht-Teilnehmern, selbst wenn diese Stichprobe sehr groß sein sollte. Nichtsdestoweniger kann diese Annäherung mehr oder weniger gut erfolgen, die verbleibende Unsicherheit in ihrer Größenordnung größer oder kleiner sein. Die Güte der Resultate einer Evaluationsstudie hängt somit im entscheidenden Maße von der gewählten empirischen Strategie ab.

Bereits in der Phase des Studiendesigns lassen sich zwei grundlegende Ansätze unterscheiden[6]. Die experimentelle Analyse stellt in den Naturwissenschaften den dominanten Ansatz dar und erfreut sich auch im sozialwissenschaftlichen Kontext breiter Zustimmung. Kernstück jedes Experiments ist die zufallsgesteuerte Auswahl von Untersuchungseinheiten (hier weiterhin Arbeitnehmer) in eine Teilstichprobe von Teilnehmern an der Maßnahme, die sog. treatment group, und eine

---

[6] Eine ausführliche Abwägung der Stärken und Schwächen dieser beiden Ansätze erfolgt in Schmidt (2000 – EXP).

Teilstichprobe solcher Arbeitnehmer, die gerne an der Maßnahme teilgenommen hätten, denen jedoch der Zugang aufgrund der Zufallsauswahl verwehrt bleibt.

Diese sog. Kontrollgruppe (control group) unterscheidet sich also – wie bei der Charakterisierung der idealen kontrafaktischen Vergleichssituation gewünscht – lediglich in der Komponente „Teilnahme ja/nein" an der Maßnahme, aber in keiner anderen Komponente, beobachtbar wie unbeobachtbar, systematisch von den Mitgliedern der treatment group. Aufgrund der Randomisierung ergibt sich – zumindest in hinreichend dimensionierten Stichproben und bei Aufrechterhaltung der kontrollierten Studienbedingungen – eine Balance aller relevanten Größen zwischen den beiden Teilstichproben. So gibt es beispielsweise bei einer randomisierten Zuweisung von Antragstellern zu einem Fortbildungsprogramm keinerlei Anlaß, in der experimentellen Kontrollgruppe eine überproportionale Ansammlung von Arbeitslosen mit unterdurchschnittlichen kognitiven Fähigkeiten zu vermuten – diese Fähigkeiten sind ausdrücklich nicht Bestandteil der Zuordnung zu Teilnehmer oder Kontrollgruppe.

Die Berechnung der geschätzten Effekte ist dann alles andere als eine komplizierte Übung, simple Durchschnittsbildung reicht in der Regel aus. Diese Befreiung von sämtlichem technischen Ballast, der ernsthaften nicht-experimentellen Ansätzen (siehe unten) nahezu unabdingbar innewohnt, erlaubt wiederum (i) die eindeutige und glaubwürdige Kommunikation der Ergebnisse an Entscheidungsträger und Akteure „im Feld" und (ii) die Konzentration auf inhaltliche Aspekte: wer sich nicht über die Glaubwürdigkeit von Identifikationsannahmen („sind die Teilnehmer und die im vorliegenden nicht-experimentellen Ansatz gewählte Stichprobe von Nicht-Teilnehmern wirklich vergleichbar"?) und somit die Gültigkeit der Resultate streiten muß, kann den entscheidenden nächsten Schritt gehen und sich fragen, warum denn nun das eine Programm so erfolgreich war, während das andere (vielleicht ähnliche) Programm gescheitert ist.

Andererseits ist auch experimentelle Evaluation nicht gänzlich unproblematisch. Das Wissen um die Effekte einer Maßnahme mit bestimmten Ausprägungen in einem bestimmten Kontext und für eine bestimmte Zielgruppe reicht häufig nicht aus. Statt dessen hat der Analytiker in vielen Fällen die Aufgabe, aus dem Erfahrungsschatz bisheriger Programme herauszutreten, um Vorhersagen über die zu erwartenden Effekte bereits bestehender und (geringfügig) variierter Maßnahmen zu bilden. Die angesprochenen Variationen können dabei die Maßnahmen selbst betreffen, wie z.B. die Mischung von Lehreinheiten (im Klassenzimmer) und Arbeitspraxis (in subventionierten Jobs) in einem Programm, das beide Elemente verbindet, oder aber ihre Implementierung, beispielsweise eine Vereinfachung der Zugangsvoraussetzungen.

Sie können aber auch eine Veränderung der Zielgruppe beinhalten, z.B. eine Ausweitung der Altersbeschränkungen, oder zu einem anderen Zeitpunkt im saisonalen oder konjunkturellen Zyklus eingesetzt werden. In all diesen Umständen ist die ursprüngliche Aussage eines Experiments – das Programm, in der getesteten Form, hatte einen positiven oder negativen Effekt – nicht mehr uneingeschränkt gültig. Daher ist es auch bei der Analyse sozialwissenschaftlicher Experimente wichtig, das Verhalten der Akteure zu modellieren, um dem Experiment auch außerhalb des engen Rahmens, in dem es durchgeführt wurde, eine gewisse Aussagekraft zu verleihen. Experimentelle Evaluationsforschung erleichtert somit die sozialwissenschaftliche Arbeit, kann sie jedoch nicht ersetzen.

Auf der anderen Seite werden Befürworter sozialwissenschaftlicher Experimente bei der Arbeit „im Feld" häufig mit politischen, ethischen und praktischen Restriktionen konfrontiert. Oft kann für ein sozialwissenschaftliches Experiment nicht die notwendige politische Unterstützung erreicht werden. Der Widerstand in Politik und Arbeitsverwaltung mag dabei aus vielen Quellen gespeist sein, u.a. einem Unverständnis der Natur des Problems der Konstruktion kontrafaktischer Situationen, was aber durch eine etwas tiefere Auseinandersetzung mit dem Thema angesichts des einmütigen Bilds der Wissenschaft zu diesem Themenkreis äußerst einfach zu überwinden wäre. Einführende Literatur in diese Problematik ist mittlerweile hinreichend vorhanden[7].

Eine weitere Quelle der Ablehnung mag ein grundsätzliches Mißtrauen gegenüber dem Einbringen von Zufallselementen in einen Ablauf sein, der ansonsten von rationaler Planung geprägt ist. Dieses Mißgefühl ließe sich ebenfalls leicht ausräumen, wenn verstanden würde, daß die zufallsgesteuerte Auswahl genau dort zum Einsatz kommt, wo die Wahlhandlungen der Administratoren – wen nehmen sie ins Programm auf und wen nicht – und der potentiellen Teilnehmer – unterscheiden sich Teilnahmewillige z.B. hinsichtlich ihrer Motivation und Leistungsbereitschaft von anderen Arbeitslosen – für die Analyse entscheidende Probleme bereiten, nicht jedoch bei den Aspekten, über die man Erkenntnisse gewinnen will.

Natürlich mag auch die Angst seitens der Verantwortlichen mitspielen, letztendlich bei einer Durchführung eines sozialwissenschaftlichen Experiments jegliche Gestaltungsmöglichkeit der Ergebnisse zu verlieren. Experimentelle Untersuchungen erfordern von vornherein, also bereits während der Planungsphase und sicherlich über den gesamten Programmablauf hinweg, eine enge Kooperation mit den die Evaluation durchführenden Wissenschaftlern, was für die Qualität der resultierenden Aussagen wie auch für die Programme selbst nur von Vorteil sein kann. Nichtsdestoweniger entfällt dadurch weitgehend die Möglichkeit, durch eine geschickte Präsentation der buchhalterischen Größen, beispielsweise der Berechnung einer – inhaltlich fragwürdigen – Wiedereingliederungsquote (siehe oben: wie viele der Teilnehmer werden zu einem gegebenen Zeitpunkt nach der Maßnahme erfolgreich in neue Stellen vermittelt), ein fehlgeschlagenes Programm (die Teilnehmer sind möglicherweise so positiv ausgesucht,

---

[7]   Für eine Einführung in die Problematik siehe u.a. Schmidt und Kluve (2000) und Schmidt (2000 – DIW).

daß sie es auch ohne das Programm „geschafft" hätten) in einem positiven Licht zu präsentieren.

Häufig wird argumentiert, daß man aus ethischen Gründen von vornherein niemanden von den vermeintlich offensichtlichen Vorzügen einer dringend benötigten Intervention – schließlich leiden die Mitglieder der Zielgruppe unter einer schlechten Arbeitsmarktsituation – ausschließen sollte. Daher sei es zunächst wichtig, den Zugang zum Programm in „gerechter" Weise zu regeln, um dann nachgeschaltet die Möglichkeiten zu einer Evaluation zu überdenken. Diese ethischen Bedenken sind aus mehreren Gründen im Kontext arbeitsmarktpolitischer Programme nicht stichhaltig. Zum einen ist die Idee des Ausschlusses von einem vielversprechenden Eingriff in der Regel unhaltbar, da sich in der Evidenz deutlich zeigt, daß die positive Wirkung dieser Maßnahmen keineswegs eine ausgemachte Sache ist. Zum anderen ist der Ausschluß von einem eventuell wirksamen Programm im Kontext lebensbedrohender Krankheiten, z.B. beim Test eines HIV-Medikaments, zweifelsohne ethisch problematisch, die Parallele zu einem (schließlich auch nur für die Dauer der Analyse gültigen) Ausschluß von einem arbeitsmarktpolitischen Programm kann angesichts des vorhandenen sozialen Netzes wohl kaum überzeugend gezogen werden.

Es bestehen jedoch weitere starke Bedenken gegenüber der vermeintlich ethisch motivierten Kritik an sozialwissenschaftlichen Experimenten, Bedenken, die gerade das übliche Vorgehen einer allgemeingültigen, nicht-experimentellen Zugangsregelung aus ethischer Sicht in Frage stellen. Erstens ist es offensichtlich, daß der Erkenntnisgegenstand – wirkt ein bestimmtes Programm positiv oder nicht – Variation verlangt: Werden alle Arbeitslosen einer Zielgruppe in die Aktivitäten des Programms einbezogen, so kann man nie herausfinden, ob die Maßnahme ihren Zustand entscheidend beeinflußt hat oder nicht – es fehlt die Vergleichssituation bzw. –gruppe.

Legt man beispielsweise gesetzlich fest, daß alle Langzeitarbeitslosen einer Region bei Arbeitsaufnahme eine Lohnsubvention erhalten können, so wird eine Betrachtung des Arbeitsmarkterfolgs der Langzeitarbeitslosen nach Beginn der Maßnahme keine Erkenntnisse bieten, nur ein entsprechender Vergleich mit anderen Regionen. Der ist aber wiederum problematisch, da viele andere Einflüsse, z.B. andere wirtschaftliche Strukturen und konjunkturelle Entwicklungen, diesen Vergleich in Frage stellen können. Ein Vergleich von Teilnehmern (Arbeitslose mit Zugang zur Lohnsubvention) und Nicht-Teilnehmern (ansonsten vergleichbare Arbeitslose, denen der Zugang zu dieser Subvention im Augenblick verwehrt bleibt) innerhalb der Programm-Region wäre konzeptionell weit überlegen und würde damit auch verläßlichere Resultate liefern.

Somit befinden sich die Kritiker sozialwissenschaftlicher Experimente in einem Dilemma: Die Verbesserung der Situation der Problemgruppen des Arbeitsmarkts (mit vertretbarem Mitteleinsatz) ist das übergreifende Ziel. Diese Situation kann nur durch einen Teil aller möglichen Programme verbessert werden, so daß es unabdingbar ist, alle Kandidaten für arbeitsmarktpolitische Eingriffe möglichst glaubwürdigen Tests zu unterziehen. Will man aber bereits vor der Evaluation niemanden von den Programmen ausschließen, so kann diese Evaluation in der Regel nicht wirklich überzeugend gelingen. Damit bleibt unklar, welche Programme wirksam sind, welche nicht, was wiederum eine schlechte Basis für das Erreichen des übergreifenden Ziels ist. Somit muß man sich schon fragen, ob nicht gerade die Ablehnung sozialwissenschaftlicher Experimente ethisch fragwürdig ist.

Zweitens ist der Einsatz von Zufallselementen bei der Auswahl von potentiellen Teilnehmern alles andere als ungerecht – es spielt ja gerade hier keine Rolle, ob zwischen dem Administrator eines Programms und dem zur Auswahl stehenden Kandidaten eine verständnisvolle Atmosphäre herrscht, ob der Arbeitslose erfolgreich darstellen kann, in der Vergangenheit besonders harte Umstände vorgefunden zu haben, oder ob der Kandidat den Eindruck vermittelt, für die Bilanz der Maßnahme ein vielversprechender Kandidat zu sein. All diese Elemente sind – bei aller unbestrittener Menschenkenntnis und allem Fingerspitzengefühl der Mitarbeiter der Arbeitsverwaltung – weitgehend subjektiver Natur und bevorteilen potentiell diejenigen Arbeitnehmer beim Zugang zum Programm, die sich in den genannten Aspekten besser darstellen können als ihre „Konkurrenten".

Im Ausbildungssektor wird man bewußt nicht auf schriftliche Klausuren verzichten wollen, die oft sogar einer anonymen Bewertung unterzogen werden, gerade um diese Aspekte weitgehend auszuschließen. Vielleicht das drastischste Beispiel der jüngeren Geschichte für die Implementierung einer gerechten Zuweisung von Individuen zu verschiedenen „Zuständen" ist die Lotterie, die während der Zeit des Vietnam-Kriegs zumindest zeitweise den Einzug junger Männer in die US-Armee reguliert hat. Die Zuweisung der entsprechenden Nummer, die über Einzug und Nicht-Einzug entschied, erfolgte lediglich auf Basis des exakten Geburtsdatums, so daß a priori keinerlei Bevorzugung von Individuen möglich war.

Als letztes potentiell stichhaltiges Argument gegen die experimentelle Analyse arbeitsmarktpolitischer Programme lassen sich die Kosten der Durchführung sozialwissenschaftlicher Experimente ins Feld führen. Experimente sind in der Regel teuer, insbesondere die Kontrolle der Einhaltung des vereinbarten Regelwerks und die analytische Nachbereitung. Schließlich scheint es zunehmend Belege dafür zu geben, daß nicht-experimentelle Evaluationsstrategien eine Stufe konzeptioneller Reife erreicht haben, die ihre Ergebnisse ähnlich überzeugend werden läßt wie die von sauber durchgeführten sozialwissenschaftlichen Experimenten. Nicht-experimentelle Studien sind in der Regel weit kostengünstiger durchzuführen als Experimente, so daß Kostenaspekte ein starkes Argument für die Durchführung nicht-experimenteller Evaluationsstudien sind.

Da trotz ihres konzeptionell überlegenen Designs sozialwissenschaftliche Experimente häufig nicht durchgeführt werden (können), bleibt somit in der Regel nichts anderes als eine ansprechende nicht-experimentelle Evaluationsstrategie zu suchen. Geschickterweise sollte diese Strategie so beschaffen sein (siehe z.B. Rosenbaum (1995)), daß die konzeptionellen Vorteile eines Experiments so gut wie möglich nachgeahmt werden. Insbesondere erfordert die angestrebte Balance aller relevanten Einflußgrößen zwischen den Stichproben der Teilnehmer und der Nicht-Teilnehmer, daß eine solche Stichprobe von Nicht-Teilnehmern zusätzlich erhoben werden muß.

Sie kann nicht durch eine tiefergehende deskriptive Analyse der Teilnehmer in irgendeiner Weise ersetzt werden – schon gar nicht dadurch, daß man die Teilnehmer befragt, was sie denn getan hätten, wären sie Nicht-Teilnehmer gewesen. Beim Experiment war die Erhebung einer Kontrollgruppe Nebenprodukt des randomisierten Ausschlusses eines Teils der Teilnahmewilligen von der Maßnahme. Ein Gegenstück hierzu gibt es bei nicht-experimentellen Situationen nicht automatisch. Es bedarf daher der getrennten Erhebung einer Vergleichsgruppe. Kein Kostenargument darf jemals dazu führen, die Konstruktion einer solchen Vergleichsgruppe zu unterlassen – ansonsten ist jede Evaluationsbemühung vollkommen wertlos.

Diese Erhebung von Vergleichsbeobachtungen kann im Prinzip im Rahmen einer eigens implementierten (und somit kostenintensiven) Befragung ebenso erfolgen, wie durch Auswertung bestehender amtlicher Statistiken, in Deutschland z.B. der Beschäftigtenstatistik der Bundesanstalt für Arbeit, oder die Verwendung für allgemeine Analysezwecke erhobener sozialwissenschaftlicher Befragungsstudien, z.B. des Mikrozensus (wohlgemerkt der Individualdaten, nicht etwa der publizierten aggregierten Statistiken) oder des Deutschen Sozio-Ökonomischen Panels GSOEP. Die Schwächen der Nutzung bestehender Datensätze liegen dabei auf der Hand, da die Informationen in diesen Studien zu anderen Zwecken erhoben und daher nicht eng auf das vorliegende Evaluationsproblem zugeschnitten wurden, so daß Aspekte, die in einer eigenen Datenerhebung im Mittelpunkt stehen würden (und die man in einem sozialwissenschaftlichen Experiment erst gar nicht zu bedenken bräuchte, lösen sie doch das Problem der Vergleichbarkeit per Design), häufig fehlen.

Zusammenfassend muß man sich daher fragen, ob es sich denn in der Tat lohnen würde, auch für Deutschland die Durchführung sozialwissenschaftlicher Experimente ernsthaft in Erwägung zu ziehen. Augenblicklich sind erste Ansätze zu erkennen, die auf amtlicher Seite bislang vorhandene völlige Ablehnung jeglicher ernsthafter Evaluationsbemühungen aufzugeben – „Evaluation" hieß bislang tiefe deskriptive Analyse der Teilnehmer eines Programms, gekoppelt mit buchhalterischen „Erfolgskriterien", beides aus der Sicht moderner Evaluationsforschung weitgehend unerheblich. Primäres Vehikel zur Konstruktion nicht-experimenteller Vergleichsgruppen könnte dabei bestehendes Datenmaterial sein, die oben angesprochenen Daten der amtlichen Statistik oder beispielsweise die Daten des GSOEP, jeweils gekoppelt mit einer „Förderstatistik" der Maßnahmenteilnehmer.

Es steht zu hoffen, daß angesichts der modernen Möglichkeiten der Anonymisierung von Individualdaten jegliche vorgeschobenen Argumente des Datenschutzes in naher Zukunft den Zugang der Wissenschaft zu amtlichen Statistiken und vor allem zu Daten auf Individualebene nicht weiter be- bzw. verhindern. Daß diesen Anonymisierungs- und Datenbereitstellungsaktivitäten seitens des staatlichen Verwaltungsapparats erhebliche Aufmerksamkeit geschenkt werden sollte, ist beispielsweise in den USA völlig unkontrovers: Amtliche Daten- erhebung erfolgt mit Steuergeldern und soll nicht der Verwaltung als Selbstzweck, sondern der Verbesserung der staatlichen Leistungen an den Steuerzahler dienen. Da die Wissenschaft dieser Verbesserung dienlich sein kann, sollte sie auch den Zugang uneingeschränkt erhalten – amtliche Daten sollten kein Machtinstrument des Verwaltungsapparates bleiben.

Jedoch auch wenn dieser Weg in vielversprechender Weise weiter beschritten werden wird, insbesondere durch eine Öffnung des Zugangs der Wissenschaft zu amtlichen Individualdaten – und zwar ohne willkürlichen Ausschluß kritischer Wissenschaftler von diesem Zugang (denn auch auf dieser Ebene kann ein Zuordnungsproblem die Evaluationsanalysen beeinflussen), so werden dadurch sozialwissenschaftliche Experimente nicht ersetzt. Wiederum erhellt ein Vergleich mit den USA die Stichhaltigkeit dieses Arguments. Im Kern ist die sich augen- blicklich als Silberstreif am Horizont abbildende Datensituation mit einem ver- besserten Zugang zu amtlichen Individualdaten sehr ähnlich jener Datensituation, die es bereits vor mehreren Jahrzehnten in den USA gegeben hat (wir sind also konzeptionell gesehen in diesem Bereich in Deutschland mehr als eine Generation im Rückstand) – und über die man angesichts der Analyseerkenntnisse mittler- weile noch deutlich hinausgewachsen ist: sozialwissenschaftliche Experimente einerseits sowie umfangreiches nicht-experimentelles Datenmaterial andererseits erlauben in den USA gemeinsam eine ebenso sinnvolle wie aussagekräftige Evaluation von arbeitsmarktpolitischen Eingriffen.

Insbesondere hat die gegenwärtige wissenschaftliche Kontroverse in Nord- amerika – keiner, weder Wissenschaftler noch Politik oder Arbeitsverwaltung würde dort ernsthaft die Notwendigkeit zur Evaluation und vor allem die Not- wendigkeit zur Konstruktion einer ansprechenden Vergleichssituation in Frage stellen – zu Potential und Grenzen von nicht-experimentellen Ansätzen, und die häufig gestellte Forderung nach mehr sozialwissenschaftlichen Experimenten, ihre Wurzeln in den Erfahrungen mit der Evaluation der wichtigsten nordameri- kanischen Ausbildungsprogramme. Es steht zu vermuten, daß sich eine ähnliche Entwicklung in Deutschland ergeben würde, wenn sich die Hoffnung nach einem verbesserten Zugang zu nicht-experimentellem amtlichen Datenmaterial erfüllen würde – warum dieser Entwicklung nicht geschickt vorgreifen, wenn dies doch möglich ist?

Am Anfang dieses Prozesses stand die umfangreiche nicht-experimentelle Evidenz, die zu den zwei größten während der sechziger und siebziger Jahre des vergangenen Jahrhunderts bundesweit implementierten Ausbildungsprogrammen der USA, dem Manpower Development and Training Act (MDTA) und dem Comprehensive Employment and Training Act (CETA), gesammelt wurde. Es wurde im Laufe dieser Analysen schnell offenbar, daß die spezifische Modellierungsstrategie zur Berücksichtigung individueller Einkommensdynamik und der Determinanten der Entscheidung, in eine Ausbildungsmaßnahme einzutreten, die Ergebnisse jeder Evaluationsstudie entscheidend mitprägte. Dabei führten unterschiedliche, aber unter Verhaltensgesichtspunkten gleichermaßen ansprechende Identifikationsannahmen (siehe oben) oft zu weit auseinanderliegenden Ergebnissen. Im Laufe der achtziger Jahre verfestigte sich der Eindruck, daß auch eine weitere Verfeinerung der statistischen und ökonometrischen Methoden an dieser Variabilität nichts mehr ändern könnte, da sie weitgehend auf die Natur nicht-experimenteller Evaluationsstrategien zurückzuführen sei.

Unter diesem Eindruck entschloß man sich, das wichtigste Ausbildungsprogramm der achtziger Jahre, den Job Training Partnership Act (JTPA) mit einem großangelegten sozialwissenschaftlichen Experiment zu evaluieren. Nichtsdestoweniger wurden parallel die nicht-experimentellen Techniken weiterentwickelt. Bereits Ende der achtziger Jahre wurden nicht-experimentelle Analysen durchgeführt, die mit ihrer Betrachtung detaillierter Arbeitsmarktbiographien der Teilnehmer und der Nicht-Teilnehmer bereits viele Erkenntnisse der heutigen sog. Matching-Literatur vorwegnahmen. Mittlerweile hat sich das statistisch-methodische Verständnis dahingehend weiterentwickelt, daß diese frühe Literatur bereits die zentrale Rolle des sog. propensity score, der Neigung eines Individuums, an der Maßnahme teilzunehmen, implizit erkannt hatte.

In der jüngeren Literatur zu nicht-experimentellen Evaluationsstudien finden sich diese Ideen in verfeinerter Form wieder. Insbesondere zeigen heutige Analysen des JTPA-Programms, daß viele der Probleme, die die Ergebnisse der älteren Generation nicht-experimenteller Studien noch unvermeidlich verzerrt hatten, mittlerweile weitgehend gelöst sind. Diese Entwicklung wird allerdings nicht nur durch verbesserte statistische Methoden, sondern auch durch ein verbessertes Datenmaterial erzielt. In jedem Falle behalten sozialwissenschaftliche Experimente ihre dominante konzeptionelle Rolle als diejenige Evaluationsstrategie, die letztlich die glaubwürdigsten und stabilsten Ergebnisse zu erzielen in der Lage ist. Nicht umsonst werden experimentell erzielte Resultate häufig als Maßstab für die Güte nicht-experimenteller Ergebnisse verwendet.

2.5. Zentrale Botschaften der methodischen Debatte

Die moderne Evaluationsforschung liefert eine Reihe zentraler Ansatzpunkte für die Evaluation arbeitsmarktpolitischer Eingriffe, die in diesem Abschnitt noch einmal in komprimierter Form aufbereitet werden.

• Die Notwendigkeit zur wissenschaftlichen Evaluation: Erstens, wann immer eine arbeitsmarktpolitische Intervention durchgeführt wird, muß man sich um eine wissenschaftliche Evaluation bemühen. Die wichtigste Aufgabe bei jeder Evaluationsstudie ist die Konstruktion einer glaubwürdigen kontrafaktischen Situation – eine möglichst genaue Aussage darüber, was geschehen wäre, wenn die staatliche Intervention nicht stattgefunden hätte. Diese Aufgabe wird in der statistischen und ökonometrischen Theorie als Identifikationsproblem bezeichnet. Sie ist zu komplex, als daß sie durch reine Introspektion oder einen flüchtigen Blick auf die wirtschaftlichen Ergebnisse der Programmteilnehmer gelöst werden könnte. Kostenrechnung und Controlling sind kein auch nur annähernder Ersatz.

• Qualitätsstandards wissenschaftlicher Forschung: Zweitens, damit Evaluationen eine sinnvolle Hilfe für politische Entscheidungen sein können, müssen sie anerkannten Standards wissenschaftlicher Forschung genügen. Das beinhaltet, daß über die Antwort auf eine Forschungsfrage letztlich nur das Gewicht der empirischen Evidenz entscheiden kann, denn selbst die fundierte theoretische Abhandlung wird lediglich in der Lage sein, Hypothesen zu liefern, keine empirischen Erkenntnisse. Darüber hinaus sollten sich alle vorgelegten Analysen klar dazu bekennen, welche empirische Strategie bei der Ermittlung der Resultate herangezogen wurde, da die Konstruktion der angemessenen Vergleichssituation (der kontrafaktischen Situation) nicht ein Meßproblem darstellt, sondern unabdingbar untestbare Annahmen erforderlich macht. Diese Identifikationsannahmen sollten ebenso offengelegt werden, wie auch das Ausmaß der bei jeder Schätzung verbleibenden Unsicherheit. Schließlich sollten das Datenmaterial, die Methoden und die empirische Evidenz veröffentlicht werden, damit andere Forscher die Ergebnisse nachvollziehen können.

• Erfolgsgrößen, Kosten und Kausalanalyse: Drittens beinhaltet Programmevaluation mehr als die bloße Zuordnung von Folgen zu den zugrundeliegenden Ursachen, obwohl auch dies bereits intellektuell ein äußerst herausforderndes Problem darstellt. Bevor jedoch dieses Problem zufriedenstellend angegangen werden kann, muß klargestellt werden, auf welche Ergebnisbewertungen man sich konzentrieren will und welche direkten und indirekten Kosten die Programmimplementierung, -verwaltung und -teilnahme aufwerfen.

• Lösungsansätze des Evaluationsproblems: Die theoretische und angewandte Literatur zur Programmevaluation, die sich in der Ökonometrie, der Statistik und in anderen wissenschaftlichen Disziplinen entwickelt hat, bietet viertens einen wissenschaftlichen Rahmen zur Unterstützung der Bewertung staatlicher Eingriffe in den Arbeitsmarkt. Da das fundamentale Evaluationsproblem ein Problem der grundsätzlichen Beobachtbarkeit ist, reicht es nicht aus, wenn man größere Mengen an unbefriedigendem Datenmaterial zusammenstellt, wie etwa noch detaillierteres Informationsmaterial, das sich nur auf die Programmteilnehmer, nicht jedoch auf Vergleichsindividuen bezieht. Unzureichendes

Datenmaterial wird weder durch verfeinerte statistische Methoden, noch durch eine Erhöhung der Anstrengungen bei der Analyse der Daten wettgemacht.

Da die angemessene Frage bei der Bewertung einer Maßnahme immer lautet, wieviel das Programm zu den Ergebnissen der Teilnehmer mehr beigetragen hat als diese in der hypothetischen Situation der Nicht-Teilnahme erreicht hätten, ist der zentrale Aspekt der Analyse eine überzeugende Konstruktion dieser kontrafaktischen Situation. Zwei grundsätzliche Vorgehensweisen werden in der Literatur angeboten, sozialwissenschaftliche Experimente und nicht-experimentelle Analysen, jedoch ist keine von beiden unter allen Umständen zu bevorzugen.

Aufgrund ihrer überzeugenden Annäherung an das Identifikationsproblem sollte, wenn immer möglich, eine experimentelle Studie durchgeführt werden, d.h. eine Studie, bei der die Programmteilnahme und Nicht-Teilnahme durch einen Zufallsmechanismus, nicht durch die Teilnehmer oder die Administratoren des Programms entschieden wird. Ein experimentelles Vorgehen erfordert die Planung der Evaluationsstudie bereits während der Ausarbeitung des Programms und kann daher nur in der kooperativen Zusammenarbeit von Wissenschaftlern und Arbeitsverwaltung durchgeführt werden. Gerade dieser Umstand trägt jedoch erst recht zu Leistungsfähigkeit und Attraktivität dieser Strategie bei.

• Hohe Variabilität nicht-experimenteller Ergebnisse: Angemessen durchgeführt sind nicht-experimentelle Vorgehensweisen ernsthafte Konkurrenten experimenteller Studien. Um Nicht-Teilnehmer so in die Vergleichsgruppe zu wählen, daß sie im Hinblick auf alle relevanten Faktoren tatsächlich mit den Programmteilnehmern vergleichbar sind, ganz so, wie es in einem idealen Experiment der Fall sein würde, benötigen nicht-experimentelle Analysen notwendigerweise nicht-testbare Identifikationsannahmen – solche Annahmen, die für die Ermittlung der Ergebnisse unabdingbar sind und deren Gültigkeit im Rahmen der Analyse nicht weiter in Frage gestellt wird.

Nicht-experimentelle Evaluationsstudien der wichtigsten nordamerikanischen Ausbildungsprogramme zeichnen sich durch eine hohe Variabilität der Ergebnisse aus. Dies ist vor allem das Resultat der Wahl unterschiedlicher, jedoch gleichermaßen plausibler Identifikationsannahmen. Es gibt für diese Schlußfolgerung wohl kaum ein geeigneteres Beispiel als die Evaluation des CETA-Programms während der achtziger Jahre des vergangenen Jahrhunderts. Die Erfahrungen mit der Evaluation dieses Programms bildeten daher die intellektuelle Basis für eine breit angelegte experimentelle Evaluation des nachfolgenden JTPA-Programms.

• Das Potential nicht-experimenteller Ansätze: In jüngerer Zeit wurden einige anspruchsvolle nicht-experimentelle Ansätze entwickelt, die in ihrer Leistungsfähigkeit durchaus an die konzeptionell überlegenen sozialwissenschaftlichen Experimente heranreichen. Nichtsdestoweniger darf man getrost bezweifeln, daß solche nicht-experimentellen Ansätze in näherer Zukunft experimentelle Ansätze konzeptionell ablösen können. Im Gegenteil, obwohl nicht-experimentelle Techniken immer eine bedeutende Rolle spielen werden, beispielsweise bei einer Extrapolation bestehender Ergebnisse aus dem Erfahrungsschatz eines spezifischen Programms heraus in eine Situation, die durch andere Zielgruppen, andere Maßnahmenbündel oder unterschiedliche konjunkturelle Zustände charakterisiert ist, so bleiben sozialwissenschaftliche Experimente dennoch der verläßlichste und konzeptionell überzeugendste Ansatz zur Programmevaluation.

Sollen Entscheidungsträger und die breite Öffentlichkeit über die Auswirkungen staatlicher Interventionen verläßlich unterrichtet werden, so sind experimentelle Studien sicherlich die erste Wahl. Auch aus methodologischer Sicht sind weitere experimentelle Studien höchst erwünscht, denn sie geben den Maßstab vor, an dem die Güte nicht-experimenteller Analysen bewertet werden kann. Ohne Experimente wird eine überzeugende Evaluationsforschung in absehbarer Zukunft nicht auskommen können.

II. Maßnahmen aktiver Arbeitsmarktpolitik in Deutschland aus der Perspektive internationaler Forschung

Die gesetzliche Regelung der einzelnen Maßnahmen aktiver Arbeitsmarktpolitik in Deutschland ist seit dem 1. Januar 1998 im wesentlichen Bestandteil des Sozialgesetzbuch III (SGB III) – Arbeitsförderung, ergänzt um einzelne Regelungen anderer Bücher des SGB. Darüber hinaus gelten für einige Eingriffe noch spezielle Anordnungen des Verwaltungsrates der Bundesanstalt für Arbeit. Die einzelnen Maßnahmen sind innerhalb des SGB III weit verstreut und aufgeteilt nach den jeweiligen Leistungsempfängern, d.h. Arbeitnehmern, Arbeitgebern und Trägern der Programme[8].

Aus der Sicht einer ökonomischen Evaluation der Effektivität und Effizienz dieser Maßnahmen ist diese Einteilung jedoch wenig hilfreich. Es bietet sich vielmehr an, diese nach der Art des Eingriffs in vier Gruppen zu unterteilen, nämlich

1. Maßnahmen zur Verbesserung des Humankapitals von Arbeitnehmern,

2. Monetäre und nicht-monetäre Anreizschemata,

3. Arbeitsbeschaffungs- und Strukturanpassungsmaßnahmen und

4. Sonstige Maßnahmen aktiver Arbeitsmarktpolitik.

Ziel dieses Kapitels ist, die aus der empirischen Evidenz internationaler Evaluationsstudien gewonnenen Erkenntnisse – soweit möglich – auf die Maßnahmen aktiver Arbeitsmarktpolitik in Deutschland zu übertragen. Hierzu ist es unerläßlich, diese Maßnahmen in ihrer institutionellen Ausgestaltung zunächst hinreichend detailliert darzustellen und dabei auf einige allgemeine Schlußfolgerungen zu rekurrieren, die aus der internationalen – vor allem nordamerikanischen – empirischen Evaluationsforschung gezogen werden können. Die Ergebnisse dieser Forschung lassen eindeutig den Schluß zu, daß nur diejenigen Maßnahmen der aktiven Arbeitsmarktpolitik als prinzipiell erfolgversprechend angesehen werden können, also nur bei solchen Maßnahmen a priori zumindest Hoffnung auf Effektivität und Kosteneffizienz bestehen kann, die in ihrer jeweiligen institutionellen Ausgestaltung einem einfachen Kriterienkatalog entsprechen.

Selbstverständlich sind alle diese, nachfolgend detailliert dargestellten, Kriterien eng miteinander verzahnt und können bei der konkreten Gestaltung und Umsetzung der Maßnahmen keineswegs isoliert voneinander betrachtet werden.

---

[8] Eine detaillierte Diskussion dieser Maßnahmen findet sich in Fertig und Schmidt (2000).

Dennoch erscheint es an dieser Stelle notwendig und hilfreich, die entscheidenden Kriterien deutlich hervorzuheben und in ihrer prinzipiellen Zielrichtung gesondert darzustellen. Betont werden muß an dieser Stelle ebenso, daß unsere Argumentation aus einer dezidiert ökonomischen und nicht etwa verwaltungsjuristischen Perspektive erfolgt und sich deshalb vor allem an den Prinzipien Einfachheit, allgemeine Nachvollziehbarkeit, logische Widerspruchsfreiheit und Effizienz orientiert.

Der angesprochene Kriterienkatalog für die institutionelle Ausgestaltung der Maßnahmen umfaßt die folgenden fünf Kriterien:

a. Die Maßnahme muß eine fundierte konzeptionelle Begründung aufweisen. Dies bedeutet, daß ein als Problem erkannter Umstand empirisch belegbar ist und eindeutig auf ein Marktversagen zurückgeführt werden kann, dem zumindest theoretisch durch ein staatliches, problemgruppenorientiertes arbeitsmarktpolitisches Programm erfolgreich entgegengewirkt werden kann. Hierbei gilt es zu bedenken, daß staatliche Eingriffe auf breiterer Basis, etwa in die Regelungen der sozialen Sicherungssysteme oder in die finanzielle Förderung privater Ausbildungsentscheidungen, häufig ebenfalls den gewünschten Effekt und diesen eventuell sogar kostengünstiger erzielen könnten.

b. Die Maßnahme muß sich auf eine klar definierte Zielgruppe konzentrieren, deren Haupthindernis für eine erfolgreiche Wiedereingliederung in den Arbeitsmarkt durch ein solches Programm zum größten Teil beseitigt werden kann. Hierbei gilt es zu bedenken, daß, wie oben (vgl. Kapitel I.1) detailliert beschrieben, die Schwierigkeit der Wiedereingliederung von arbeitslosen Arbeitnehmern vor allem durch eine zumeist komplexe Kombination unterschiedlichster Hemmnisse generiert wird. Die Identifizierung des Haupthindernisses auf dem Weg zu einer Wiedereingliederung ist deshalb eine Aufgabe von nicht zu unterschätzender Komplexität und muß äußerst sorgfältig angegangen werden.

c. Die Zugangsvoraussetzungen zu der Maßnahme müssen klar und für alle Beteiligten nachvollziehbar definiert werden und vor allem im Hinblick auf die Definition der adäquaten Zielgruppe der Maßnahme auch hinreichend einfach auf der operativen Ebene umgesetzt werden können. Viele unkonkret formulierte Zugangsvoraussetzungen induzieren die Notwendigkeit vieler Ermessensentscheidungen bei der operativen Umsetzung der Maßnahmen und führen mithin zu einer nicht notwendigen Komplexität.

d. Die Ansprüche auf Leistungen aus der Maßnahme und die Dauer dieser Ansprüche müssen klar definiert und vor allem im Hinblick auf die Kosteneffizienz der Maßnahmen zeitlich hinreichend eng begrenzt sein. Im Regelfall sollte die Teilnahme an einem bestimmten Eingriff aktiver Arbeitsmarktpolitik innerhalb einer festgelegten Frist von mehreren Monaten die Teilnahme an einer weiteren Maßnahme zwingend ausschließen, damit dem Arbeitslosen ein Anreiz geboten wird, auf aktive Beschäftigungssuche zu gehen. Darüber hinaus ist es unerläßlich, daß die Teilnahme keine rechtlichen Ansprüche auf

Entgeltersatzleistungen generiert. Letzteres ist für alle bestehenden Maßnahmen aktiver Arbeitsmarktpolitik in Deutschland derzeit der Fall.

e. Zusammenfassend sollten also Maßnahmen aktiver Arbeitsmarktpolitik, die a priori als erfolgversprechend angesehen werden können und eine Aussicht auf Kosteneffizienz besitzen sollen, eine möglichst geringe administrative Komplexität und gleichzeitig eine möglichst hohe Zielgruppenfokussierung aufweisen. Maßnahmen, deren administrativer Aufwand verhältnismäßig hoch ist, laufen Gefahr, selbst wenn ihre Effektivität belegbar wäre, durch die Bindung substantieller Mittel dem Kriterium der Kosteneffizienz zu widersprechen. Programme mit nur geringer Zielgruppenfokussierung drohen schon im Hinblick auf ihre Effektivität an der Heterogenität der Teilnehmergruppe zu scheitern.

Neben der institutionellen Ausgestaltung der Maßnahmen ist es für eine rationale Diskussion und Bewertung derselben des weiteren unerläßlich, sich über die quantitative Bedeutung der einzelnen Eingriffe im Rahmen der aktiven Arbeitsmarktpolitik in Deutschland und im Verhältnis zu den Problemen, die dadurch bekämpft werden sollen, klar zu werden. So ist es beispielsweise illusorisch, zu erwarten, mit Hilfe verhältnismäßig bescheidener finanzieller Anreize könne man bedeutende Änderungen im Verhalten von Arbeitnehmern oder Arbeitgebern induzieren. Daher ist die ausführliche Diskussion der quantitativen Bedeutung und Ausgestaltung der in Deutschland eingesetzten Programme ein wichtiger Schritt bei der Einschätzung ihrer Möglichkeiten und Grenzen.

Hieran anschließend kann dann die empirische Evidenz internationaler Evaluationsstudien für vergleichbare Maßnahmen aktiver Arbeitsmarktpolitik sinnvoll ausgewertet werden und mögliche Lehren für die Ausgestaltung und Umsetzung der Maßnahmen in Deutschland aufgezeigt werden. An dieser Stelle sollte die bestehende Evidenz vorwiegend in einer Gesamtschau der vergleichsweise abgesicherten Erkenntnisse aufbereitet werden, d.h. diejenigen Resultate, für die vielfältige, qualitativ übereinstimmende Belege vorliegen. Besonderes Augenmerk sollte dabei auf den wirtschaftpolitischen Implikationen der internationalen Evidenz hinsichtlich Effektivität, Effizienz und möglichen unerwünschten Nebeneffekten liegen.

Internationale Evidenz liegt in der Tat in hinreichendem Maße vor, um diesem Aufgabenkatalog gerecht zu werden. Seit Jahrzehnten ist die Planung und Durchführung arbeitsmarktpolitischer Programme mit dem Ziel der Verbesserung der Arbeitsmarktsituation ausgewählter Problemgruppen von Arbeitnehmern Teil des staatlichen Aktivitätenspektrums vieler entwickelter Volkswirtschaften. Diese Maßnahmen umspannen die Durchführung von Aus- und Weiterbildungsprogrammen und Unterstützung bei der Arbeitsvermittlung, die Einrichtung von Subventionierungsprogrammen als Anreize für potentielle Arbeitnehmer und Arbeitgeber, aber auch die direkte Bereitstellung von Arbeitsstellen im öffentlichen Sektor.

Insbesondere haben die USA seit der Zeit der Großen Depression in den 30er Jahren des vergangenen Jahrhunderts extensive Erfahrungen mit allen Grundtypen arbeitsmarktpolitischer Eingriffe sammeln können, wobei die Ermittlung dieser Erkenntnisse nicht zuletzt durch die verwaltungstechnische Autonomie der einzelnen Bundesstaaten und das dadurch entstehende Netzwerk unabhängiger „Laboratorien", sprich abgegrenzter regionaler Arbeitsmärkte, unterstützt wurde. In den USA wurde dabei seit langem erkannt, daß die Effektivität solcher Maßnahmen nicht automatisch gewährleistet ist, und daß die Verausgabung umfangreicher Ressourcen nachweisbare Aussagen über deren tatsächlichen Nutzen erfordert. Nicht nur hat die moderne Evaluationsforschung ein Grundgerüst zur Analyse dieser Fragen entwickelt, in den USA werden auch seit langem beträchtliche Mittel für die wissenschaftliche Evaluation von Arbeitsmarktprogrammen ausgegeben.

Daher bieten Erkenntnisse aus dem nordamerikanischen Raum, vor allem aus den USA, in geringerem Umfang auch aus Kanada, einen hervorragenden Ausgangspunkt zur Sichtung der internationalen Evidenz zur Wirksamkeit unterschiedlicher arbeitsmarktpolitischer Eingriffe. Aus europäischen Ländern finden sich dagegen im Augenblick nur wenige Resultate, die den methodischen Ansprüchen genügen. In der dieser nordamerikanischen „Evaluationskultur" folgenden modernen angewandten Evaluationsforschung werden zwei zentrale Fragen gestellt. Zum einen, ob die Teilnehmer solcher Arbeitsmarktprogramme individuell tatsächlich von dieser Teilnahme profitieren – und zwar im Vergleich zu jener hypothetischen Situation, in der das Arbeitsmarktprogramm nicht angeboten worden wäre. Zum anderen, ob aus einer gesellschaftlichen Perspektive gesehen der Nutzen die anfallenden Kosten rechtfertigt.

Der erklärte Schwerpunkt der wissenschaftlichen Literatur liegt auf der umfangreichen Diskussion methodologischer Aspekte, vor allem der Stärken und Schwächen unterschiedlicher Evaluationsstrategien (siehe z.B. den Übersichtsartikel von Heckman et al. 1999). Dieses zweite Kapitel soll aus einem etwas anderen Blickwinkel einen knappen, aber umfassenden Überblick über die internationalen, wie oben argumentiert vorwiegend nordamerikanischen Erkenntnisse bezüglich der Wirksamkeit von arbeitsmarktpolitischen Maßnahmen geben. Die Betonung wird dabei auf einer Übersicht nach Art des Programmes liegen, methodologische Gesichtspunkte hingegen stehen im Hintergrund.

Die Diskussion der Ergebnisse konzentriert sich in der überwiegenden Mehrzahl aller einschlägigen Studien auf den sog. „durchschnittlichen Effekt des Programms auf seine Teilnehmer" („mean effect of treatment on the treated", siehe auch Kapitel I.2). Das bedeutet, die vorgestellten Studien versuchen die kontrafaktische Frage zu lösen, welches Arbeitsmarktergebnis die Programmteilnehmer erzielt hätten, wenn sie nicht an dem Programm teilgenommen hätten, um so die Wirkung des Programms zu ermitteln. Methodisch gesehen ist es zur nachhaltigen Beantwortung dieser Frage notwendig, Vergleiche zwischen vergleichbaren Individuen zu ziehen.

Obwohl inzwischen eine Vielzahl an nicht-experimentellen Methoden entwickelt wurde, um dieses Problem zu lösen, sind doch die meisten Forscher der Ansicht, daß die überzeugendsten Erkenntnisse von sozialwissenschaftlichen Experimenten geliefert werden. Auch wenn die hier präsentierten Erkenntnisse nicht nach ihrer Überzeugungskraft geordnet werden sollen und können, so werden doch die meisten im Augenblick auf der Basis internationaler Evidenz möglichen allgemeinen Schlußfolgerungen über das Potential und die Grenzen arbeitsmarktpolitischer Programme von experimentellen Resultaten, und somit im weitesten Sinne von nordamerikanischen Resultaten getragen.

Hauptthemen einer solchen Übersicht über die internationale Evidenz sind die inhärenten Beschränkungen der Leistungsfähigkeit von Arbeitsmarktprogrammen und die Heterogenität ihrer Effekte. Ausbildungs- und Anreizmaßnahmen im öffentlichen Sektor sowie Beschäftigungsprogramme sind in der Regel auf im Arbeitsmarkt benachteiligte Individuen zugeschnitten, wie z.B. ungelernte Arbeiter, alleinerziehende, von Sozialhilfe abhängige Mütter oder Schulabbrecher. Verglichen mit dem deutlich unterdurchschnittlichen Abschneiden dieser Problemgruppen auf dem Arbeitsmarkt sind die pro-Kopf-Ausgaben für die Teilnehmer eines Arbeitsmarktprogramms in der Regel niedrig, und demzufolge auch der Nutzen der durch die Programmteilnahme entstehen kann. Darüber hinaus besagt die vorliegende Evidenz eindeutig, daß die Ergebnisse der Arbeitsmarktprogramme ebenso heterogen sind wie ihre Zielgruppen.

Ebenso wie bei der Aufteilung der Maßnahmen laut SGB III lassen sich arbeitsmarktpolitische Programme auch im Kontext anderer Volkswirtschaften und Arbeitsmärkte generell in drei prinzipielle Kategorien einteilen. Ausbildungsmaßnahmen beinhalten typischerweise Förderunterricht (Lesefähigkeit, Mathematik), Berufsausbildung, Ausbildung am Arbeitsplatz, Programme zur Förderung der Erfahrung im Arbeitsleben und Hilfe bei der Arbeitssuche. Anreizprogramme dagegen versuchen, durch Subventionen, Steuervergünstigungen etc. Einkommens- oder Beschäftigungseffekte zu erzielen. Arbeitsbeschaffungsmaßnahmen hingegen zielen nicht auf den langfristigen Effekt einer Erhöhung nicht-subventionierter Beschäftigung, sondern auf die bloße Bereitstellung von Arbeitsstellen zu einem gegebenen Zeitpunkt ab.

Die nachfolgende Betrachtung folgt eben jener Struktur. Die Maßnahmen aktiver Arbeitsmarktpolitik in Deutschland werden zunächst unterteilt in die drei Maßnahmegruppen und daran anschließend, weiter untergliedert nach den zugehörigen Einzelmaßnahmen, hinsichtlich ihrer institutionellen Ausgestaltung, ihrer quantitativen Bedeutung, sowie der vorhandenen internationalen empirischen Evidenz untersucht. Schließlich werden die aus diesen Gesichtspunkten jeweils abzuleitenden wirtschaftspolitischen Implikationen dargestellt. Der Diskussion jüngerer europäischer und deutscher Studien wird dann im Anschluß ein eigenes Kapitel gewidmet, da zum jetzigen Zeitpunkt nicht gewährleistet ist, daß sich deren Erkenntnisse in einer Vielzahl von Studien derart bestätigen werden, wie es für die nordamerikanische Evidenz der Fall gewesen ist. Es deutet sich jedoch be-

reits eine weitgehende Übereinstimmung der Ergebnisse dieser jüngeren europäischen mit jenen der reifen nordamerikanischen Literatur zur Evaluation arbeitsmarktpolitischer Maßnahmen an, ungeachtet der Unterschiede zwischen den jeweiligen Arbeitsmärkten.

Übersicht 2.1: Gesamtausgaben für Maßnahmen aktiver Arbeitsmarktpolitik in
Deutschland auf Ebene der Landesarbeitsämter, sowie Arbeitslosenquote und
Dauer der Arbeitslosigkeit 1998

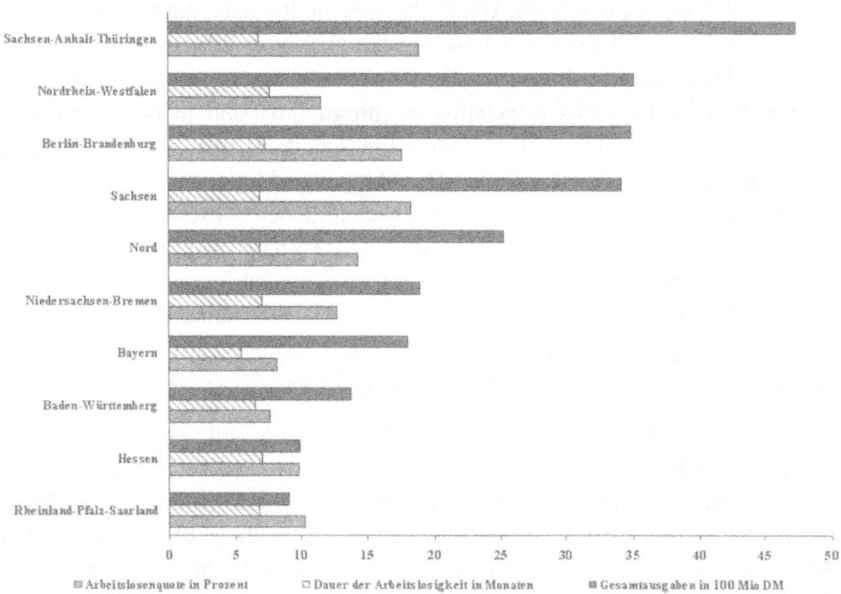

Um einen ersten Überblick über die Verwendung der Mittel für Maßnahmen
aktiver Arbeitsmarktpolitik zu erhalten, stellt Übersicht 2.1 auf der Ebene der
Landesarbeitsämter die Gesamtausgaben für diese Maßnahmen im Jahr 1998[9] in
Deutschland dar, sowie einige Rahmendaten des jeweiligen Arbeitsmarktes. Die
Landesarbeitsämter sind dabei nach der Höhe der Gesamtausgaben geordnet.
Spitzenreiter bei den Ausgaben sind diejenigen Bundesländer mit hohen Raten der
Arbeitslosigkeit. Bemerkenswert ist neben einem deutlichen Nord-Süd- bzw. Ost-
West-Gefälle, daß nur Nordrhein-Westfalen mit seinem Bevölkerungsreichtum
und seinen deutlichen Strukturproblemen die Phalanx wirtschaftlich schwächerer
Bundesländer bei der Rangfolge der Gesamtausgaben durchbricht. Auch eine
methodisch relevante Beobachtung läßt sich bereits anhand dieser Graphik ab-

---

[9]   Alle Daten entstammen der Sondernummer der Amtlichen Nachrichten der Bundesanstalt für Arbeit vom 31. Juli 1999: Daten zu den Eingliederunsgbilanzen 1998.

leiten: Offenbar schwanken die Ausgaben für arbeitsmarktpolitische Maßnahmen in ihrer Höhe mit der Ernsthaftigkeit der Arbeitsmarktprobleme einer Region, sie sind demnach endogen im Hinblick auf die Arbeitslosigkeitsdauer und Arbeitslosen- bzw. Erwerbsquoten. Die Wirksamkeit der Maßnahmen läßt sich demnach nicht durch einen einfachen Vergleich der entsprechenden Statistiken, z.B. der Erwerbsquote zwischen Regionen mit hohen und solchen mit niedrigen Ausgaben, ermitteln.

Die Verteilung der Ausgaben auf die Maßnahmen aktiver Arbeitsmarktpolitik in Deutschland im Jahr 1998 ist in Übersicht 2.2 dargestellt. Bemerkenswert hierbei ist vor allem der beträchtliche Unterschied in der Mittelverwendung zwischen West- und Ostdeutschland. Während in Westdeutschland der überwiegende Teil der Ausgaben für Maßnahmen zur Förderung des Humankapitals der Arbeitnehmer floß und deutlich weniger Mittel für Arbeitsbeschaffungs- (ABM) und Strukturanpassungsmaßnahmen (SAM) verwendet wurden, weisen diese beiden Gruppen von Programmen in Ostdeutschland beinahe gleiche Anteile auf. In beiden Teilen Deutschlands spielen die monetären und nicht-monetären Anreizschemata hingegen in ihrer quantitativen Bedeutung eine untergeordnete Rolle.

Übersicht 2.2: Verteilung der Ausgaben für Maßnahmen aktiver Arbeitsmarktpolitik auf die vier Maßnahmegruppen im Jahr 1998

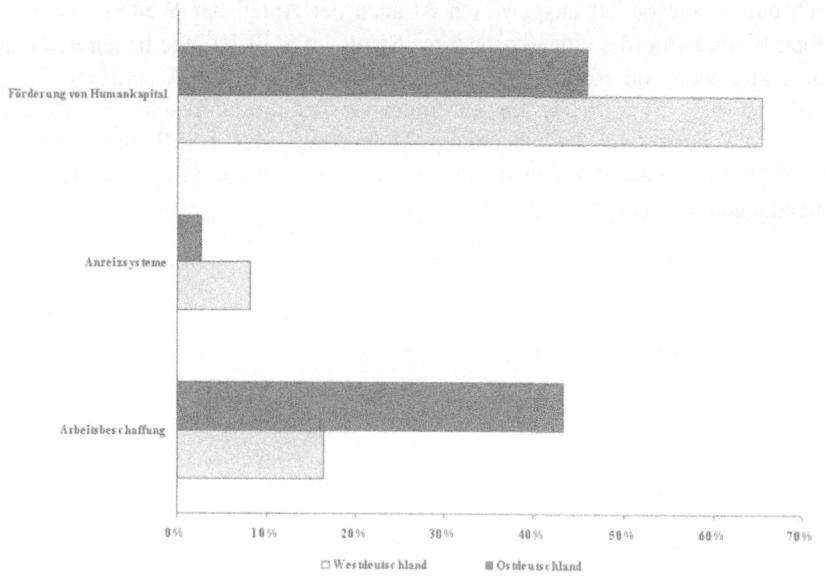

Im nun folgenden Abschnitt werden die in der Gruppe „Maßnahmen zur Verbesserung des Humankapitals von Arbeitnehmern" zusammengefaßten Programme detailliert untersucht.

1. Maßnahmen zur Verbesserung des Humankapitals von Arbeitnehmern

Unter Maßnahmen zur Verbesserung des Humankapitals von Arbeitnehmern werden alle Maßnahmen verstanden, die die berufliche Qualifikation der Arbeitnehmer sowie deren arbeitsmarktrelevanten Fähigkeiten aufbauen, wiederherstellen oder verbessern sollen. Im einzelnen werden in dieser Gruppe in Deutschland folgende Maßnahmen zusammengefaßt:

1. Maßnahmen zur Förderung der Berufsausbildung und der beruflichen Weiterbildung sowie

2. Trainingsmaßnahmen.

Die prozentuale Aufteilung der Ausgaben dieser Gruppe auf die einzelnen Maßnahmen ist in Übersicht 2.3 auf Ebene der Landesarbeitsämter dargestellt. Hierbei wird deutlich, daß der überwiegende Teil der bereitgestellten Mittel typischerweise in Maßnahmen zur Förderung der beruflichen Weiterbildung (FbW) fließt.

Ein wesentlich geringerer Anteil an den Gesamtausgaben dieser Gruppe fließt in Trainingsmaßnahmen, deren Dauer allerdings auch erheblich kürzer ist (vgl. auch unten). Gesondert ausgewiesen ist auch der Anteil der Weiterbildungsausgaben Behinderter, die einen besonderen Status im SGB III inne haben und deren Förderung nicht im Rahmen der Ermessensleistungen der Arbeitsämter angesiedelt ist (§ 3, (5) SGB III). Im nun folgenden Teil dieses Abschnittes sollen zunächst die quantitativ bedeutenderen Maßnahmen der beruflichen Aus- und Weiterbildung analysiert und daran anschließend auf die Trainingsmaßnahmen eingegangen werden.

Übersicht 2.3: Verteilung der Ausgaben für die Förderung von Humankapital auf Ebene der Landesarbeitsämter 1998

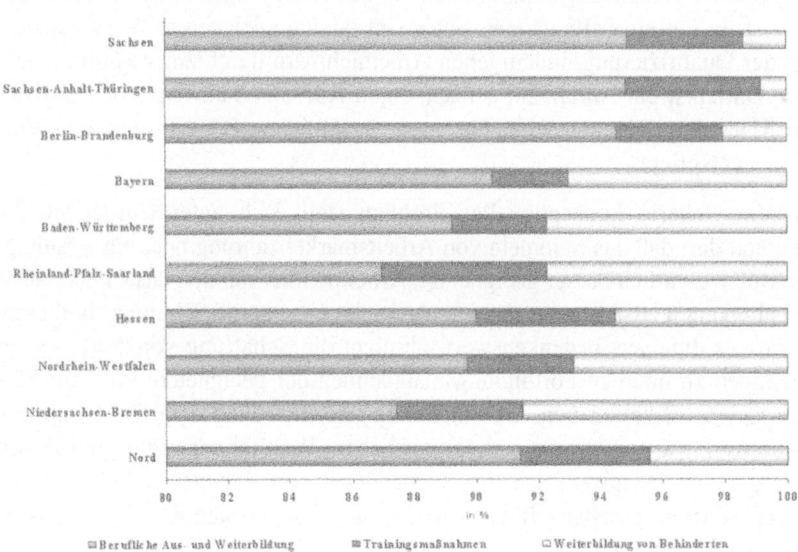

1.1. Maßnahmen zur Förderung der beruflichen Aus- und Weiterbildung

1.1.1. Institutionelle Ausgestaltung (vgl. §§ 77-96, SGB III und A FbW vom 23.10.1997 für FbW, sowie §§ 59-76, SGB III für Berufsausbildung)

a) Konzeptionelle Begründung

Die prinzipielle Motivation für Maßnahmen der beruflichen Aus- und Weiterbildung ist die empirisch belegbare Erkenntnis, daß nicht, nur gering oder nicht zeitgemäß qualifizierte Arbeitnehmer eine signifikant höhere Wahrscheinlichkeit des Verlustes ihres Arbeitsplatz aufweisen als qualifizierte Arbeitnehmer. Darüber hinaus ist die Wahrscheinlichkeit bei Arbeitslosigkeit in den Arbeitsmarkt wieder eingegliedert zu werden deutlich geringer als bei qualifizierten Arbeitnehmern (für empirische Evidenz hierzu, vgl. Schmidt (1998-Ees), (2000-Het)).

Vollständig im Unklaren verbleiben hierbei jedoch die Ursachen für die fehlende, geringe oder nicht mehr zeitgemäße Qualifikation eines Arbeitnehmers. Dieser Frage wird bei der Vergabe und Implementierung der Maßnahmen zurFörderung des Humankapitals von Arbeitnehmern üblicherweise nicht nachgegangen. Dies kann zu Fehlschlüssen hinsichtlich der Notwendigkeit aktiver Arbeitsmarktpolitik führen, wenn beispielsweise die Ursache für eine geringe Qualifikation das Vorliegen von Finanzierungsrestriktionen vor allem bei jungen Arbeitnehmern mit Familie ist. In diesem Falle gäbe es unter Umständen geeignetere Wege zur Förderung der Qualifizierung, indem jenen Arbeitnehmern durch zinsverbilligte oder zinslose Darlehen ein Anreiz zur selbständigen Aufnahme einer berufsqualifizierenden Maßnahme geboten wird, die ihren persönlichen Bedürfnissen und Vorstellungen entspricht.

Als ein weiteres konzeptionelles Problem stellt sich unter Umständen die Möglichkeit dar, daß das Sammeln von Arbeitsmarkterfahrung oder ein „training-on-the-job" wesentlich besser geeignet ist, Arbeitnehmer mit den tatsächlich benötigten Fähigkeiten auszustatten als eine unternehmensexterne Schulung. In diesem Falle wäre es durchaus bedenkenswert, ob nicht die Schaffung von Anreizen für Unternehmen zu internen Fortbildungsmaßnahmen der geeignetere Weg zur Förderung der Qualifikation von Arbeitnehmern darstellt. Eine derartige Schaffung von Anreizen wäre auch aus gesellschaftlichen Wohlfahrtsgesichtspunkten zu rechtfertigen, da beispielsweise die Vermeidung von Arbeitslosigkeit und der damit verbundenen gesellschaftlichen Kosten als eine „soziale Rendite" der Ausbildung betrachtet werden kann.

b) Zielgruppe

FbW-Maßnahmen zielen ab auf arbeitslose oder von Arbeitslosigkeit bedrohte Arbeitnehmer oder solche Arbeitnehmer, bei denen wegen eines fehlenden Berufsabschlusses die „Notwendigkeit der Weiterbildung anerkannt ist" (§ 77, (1) SGB III). Maßnahmen zur Förderung der Berufsausbildung zielen hingegen auf Auszubildende ab, die erstmals einen berufsqualifizierenden Bildungsabschluß anstreben oder an einer berufsvorbereitenden Bildungsmaßnahme teilnehmen. Hierbei werden insbesondere bei FbW-Maßnahmen keine speziellen Eingangsqualifikationen oder Vorkenntnisse von Seiten des Arbeitsamtes verlangt (teilweise jedoch von den Maßnahmeträgern). Die Weiterbildungsmaßnahme selbst muß einem bestimmten Anforderungskatalog genügen (§§ 86-94, SGB III für FbW und § 61, (1) für Ausbildungsförderung).

Die quantitativ bedeutsameren FbW-Maßnahmen schließen folglich prinzipiell alle Arbeitslosen ein, die die im nächsten Abschnitt genauer dargestellten Zugangsvoraussetzungen erfüllen. Von der Förderung ausgeschlossen sind gemäß § 95, (2) SGB III nur Arbeitnehmer, deren Weiterbildung „überwiegend im Interesse des Betriebes liegt, dem die Arbeitnehmer angehören", wobei eine Förderung allerdings doch möglich ist, „wenn dafür ein besonderes arbeitsmarktpolitisches Interesse besteht" (§ 95, (2) SGB III). Was unter einem solchen besonderen Interesse zu verstehen ist und wer dies entscheidet, wird jedoch nicht näher geregelt.

c) Zugangsvoraussetzungen

Für eine vollständige Förderung in Form von Unterhaltsgeld und Übernahme der Weiterbildungskosten einer durch das Arbeitsamt anerkannten FbW-Maßnahme wurden im wesentlichen folgende Kriterien formuliert (soweit nicht anders angegeben §§ 77-80, SGB III):

- Beratung durch das Arbeitsamt und

- Erfüllung einer bestimmten Vorbeschäftigungszeit.

- Der Arbeitnehmer muß „geeignet" (§ 1, (1) A FbW) sein und

- der Arbeitnehmer muß „im Anschluß an die Maßnahme voraussichtlich innerhalb angemessener Zeit eine dem Maßnahmeziel entsprechende Beschäftigung finden" (§ 1, (1) A FbW) können.

Insbesondere im Hinblick auf die Erfüllung der Vorbeschäftigungszeit findet sich im Gesetz eine Reihe von Ausnahmen, die diese als einzige konkret formulierte Zugangsvoraussetzung in beinahe jeder Hinsicht wieder relativieren.

Für Maßnahmen zur Förderung der Berufsausbildung gelten als Zugangsvoraussetzungen im Regelfall:

- Die Ausbildung muß erstmalig sein,

- die Ausbildung muß staatlich anerkannt sein,

- die berufsvorbereitende Maßnahme muß der beruflichen Eingliederung dienen und

- der Auszubildende muß außerhalb des Haushaltes der Eltern oder eines Elternteils leben und die Ausbildungsstätte von dort aus nicht in angemessener Zeit erreichen können.

Ausnahmen und Sonderregelungen sind auch hier in vielfältiger Weise vorhanden.

d) Ansprüche und Anspruchsdauer

Eine vollständige Förderung von Teilnehmern dieser Maßnahme erstreckt sich prinzipiell auf die Gewährung von Unterhaltsgeld bzw. Berufsausbildungsbeihilfe, sowie auf die Übernahme verschiedener Kosten, wie Lehrgangskosten, Fahrtkosten, Kosten für auswärtige Unterbringung und Verpflegung sowie Kosten für die Betreuung von Kindern für die Dauer der Maßnahme. Bei der Berufsausbildungsbeihilfe findet eine Anrechnung des Einkommens der Eltern oder des Ehegatten statt (§71 SGB III). Die Dauer der FbW-Maßnahme soll gemäß § 92 SGB III „angemessen" sein. Für die Angemessenheit der Dauer existieren einige Kriterien, die allerdings teilweise nur schwer operationalisierbar sind.

Die abgeschlossene Teilnahme an einer Weiterbildungsmaßnahme, gleich ob erfolgreich oder nicht, schließt prinzipiell eine weitere Förderung im Rahmen solcher Maßnahmen nicht aus. Paragraph 79 SGB III regelt diese sogenannte ergänzende Förderung und erlaubt eine erneute Förderung eines Arbeitnehmers, „wenn wegen der besonderen Schwierigkeiten einer beruflichen Eingliederung die Teilnahme an einer weiteren Maßnahme der beruflichen Weiterbildung unerläßlich ist", was sich vollständig flexibel auslegen läßt. Darüber hinaus findet sich im selben Paragraphen eine Reihe von Ausnahmeregelungen in denen obige flexible Formulierung noch weiter eingeschränkt wird.

e) Gesamturteil: Administrative Komplexität und Zielgruppenfokussierung

Die administrative Komplexität vor allem der FbW-Maßnahmen ist verhältnismäßig hoch und die Zielgruppenfokussierung niedrig. Dies liegt zum Teil auch an der nicht wirklich überzeugenden konzeptionellen Begründung der Maßnahme. Formulierungen wie „geeignet", „voraussichtlich innerhalb angemessener Zeit eine dem Maßnahmeziel entsprechende Beschäftigung" oder „im Hinblick auf das angestrebte Ziel angemessen, vertretbar und erforderlich" sind sehr weiche Kriterien, die nur schwer operationalisierbar sind und eine Reihe von Ermessensentscheidungen durch die Berater erfordern. Derartig formulierte Anforderungen erschweren eine zielgerichtete operative Umsetzung der Regelungen und führen letztlich dazu, daß das Verfahren für alle Beteiligten schwer überschaubar wird.

Darüber hinaus ist die Regelung der Zugangsvoraussetzungen mit all ihren Ausnahmen äußerst komplex, ebenso die Regelung welche konkreten Maßnahmen für die Weiterbildungsförderung anerkannt werden. Auch hier sind die Kriterien, sofern vorhanden, äußerst schwammig und nur schwer operationalisierbar. Die Regelung, daß eine Maßnahme von der Förderung der beruflichen Weiterbildung ausgeschlossen ist, wenn sie zur Vorbereitung der Aufnahme einer selbständigen Tätigkeit dient, steht des weiteren in deutlichem Widerspruch zu der direkten Förderung zur Aufnahme einer selbständigen Tätigkeit durch finanzielle Anreize (§§ 57-58 und §§ 225-228 SGB III; vgl. auch unten).

Aus ökonomischer Perspektive betrachtet ist nur schwer nachvollziehbar, daß Arbeitslose zur Selbständigkeit animiert werden sollen, ihnen aber gleichzeitig eine Förderung für den Erwerb der hierfür notwendigen Kenntnisse verwehrt wird (bzw. auf Trainingsmaßnahmen von sehr kurzer Dauer beschränkt ist). Darüber hinaus vermitteln zumindest prinzipiell beinahe alle Weiterbildungsmaßnahmen, sofern sie nicht völlig an den qualifikatorischen Anforderungen des Arbeitsmarktes vorbeigehen, Kenntnisse, die sich auch für eine selbständige Tätigkeit sinnvoll nutzen lassen, und bereiten somit auf eine selbständige Tätigkeit vor. Würde man diese Forderung eng auslegen, so müßte man beispielsweise Weiterbildungsmaßnahmen, die Kenntnisse in Buchführung, Marketing, Programmiersprachen und ähnlichem vermitteln, von der Förderung ausschließen.

Einen weiteren Beitrag zur Erhöhung der administrativen Komplexität bildet die Forderung des § 93, (1) SGB III zur Qualitätsprüfung der durch die Träger bereitgestellten Maßnahmen. Ein Bestandteil dieser Qualitätsprüfung soll nämlich der Eingliederungserfolg der Maßnahme bilden. Dies erfordert jedoch eine Evaluierung der einzelnen Maßnahmen hinsichtlich ihrer Effektivität und ist alles andere als ein triviales Unterfangen (vgl. Kapitel I.2).

1.1.2. Quantitative Bedeutung in Deutschland

Übersicht 2.4 stellt die Gesamtausgaben in Mio. DM für Maßnahmen der beruflichen Weiterbildung, sowie die Ausgaben pro Teilnehmer und Monat in DM dar. Hierbei wird deutlich sichtbar, daß die relativ hohe Summe von mehr als 12.5 Milliarden DM auf sehr viele Teilnehmer verteilt wird und ein sehr hoher Anteil der Gesamtausgaben weniger für die Maßnahme selbst, als vielmehr für den Unterhalt der Maßnahmeteilnehmer verwendet wird.

Übersicht 2.4: Gesamtausgaben und monatliche Ausgaben pro Teilnehmer für Maßnahmen zur Förderung der beruflichen Weiterbildung in Deutschland 1998

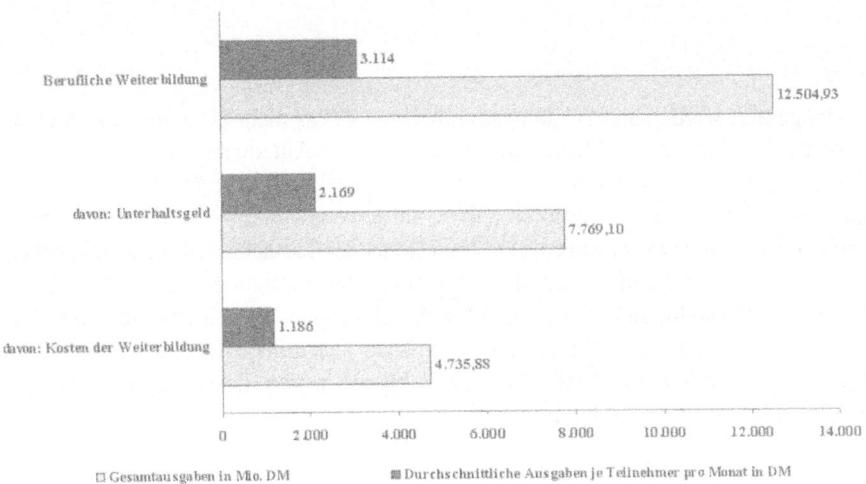

Die durchschnittlichen monatlichen Kosten je Teilnehmer dieser Maßnahmen sind also relativ hoch, so daß selbst bei einer hohen Summe nur eine begrenzte Anzahl an Personen gefördert werden kann. Im Jahr 1998 wurden im Jahresdurchschnitt 344,713 Personen im Rahmen dieser Maßnahme gefördert, bei 4,265,776 Arbeitslosen ebenfalls im Jahresdurchschnitt. Übersicht 2.5 stellt die Verteilung dieser Personen auf unterschiedliche Personengruppen dar und setzt die Maßnahmeteilnehmer in Beziehung zu den jeweiligen Arbeitslosen dieser Personengruppe.

Übersicht 2.5: Anteil der durch Maßnahmen der beruflichen Weiterbildung geförderten Arbeitnehmer an den Arbeitslosen dieser Personengruppe in Deutschland 1998 (Jahresdurchschnitte)

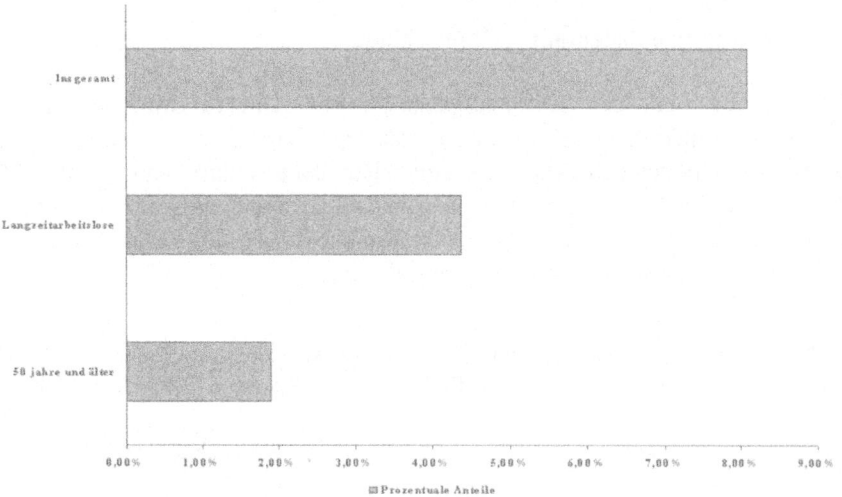

Insgesamt werden also im Jahresdurchschnitt etwas mehr als acht Prozent aller Arbeitslosen durch FbW-Maßnahmen erreicht. Diese Anteile sinken für die beiden Personengruppen Langzeitarbeitslose und Ältere, die mit besonderen Wiedereingliederungsproblemen zu kämpfen haben, auf jeweils etwas mehr als vier Prozent und etwas weniger als zwei Prozent. Angesichts der Tatsache, daß nicht alle diese Teilnehmer im Anschluß an die Maßnahme eine Beschäftigung finden und daß die Möglichkeit besteht, daß einige der wiederbeschäftigten Teilnehmer auch ohne die Maßnahme Arbeit gefunden hätten, sollte man sich hinsichtlich des möglichen Ausmaßes an durch die Maßnahme erreichbaren neuen Beschäftigungsverhältnissen adäquate Erwartungen bilden.

1.2. Trainingsmaßnahmen

1.2.1. Institutionelle Ausgestaltung (§§ 48-51, SGB III)

a) Konzeptionelle Begründung

Die Motivation für die Implementierung von Trainingsmaßnahmen im Rahmen aktiver Arbeitsmarktpolitik ist die Vorstellung, daß eine Verbesserung der Eingliederungsaussichten bestimmter arbeitsloser Arbeitnehmer durch eine gezielte Vermittlung bestimmter, eng begrenzter Fähigkeiten erreicht werden kann. Obwohl hierfür keine empirische Evidenz vorliegt, kann dennoch davon ausgegangen werden, daß solche Maßnahmen, wenn sie zielgenau eingesetzt werden, zumindest erfolgversprechend sein können. Zu den angesprochenen Qualifikationen könnte man etwa die Fähigkeit zu einer eigenständigen Beschäftigungssuche sowie zu einer zeitgerechten Bewerbung um einen Arbeitsplatz zählen. Darüber hinaus kann hierzu auch die Aktualisierung veralteter EDV-Kenntnisse gezählt werden. Solche Kenntnisse sollen von Trainingsmaßnahmen gemäß § 49 SGB III vermittelt werden.

Darüber hinaus sollen Trainingsmaßnahmen auch als eine Art „screening" Instrument dienen, mit dessen Hilfe die Eignung eines Arbeitslosen für eine berufliche Tätigkeit oder eine Leistung der aktiven Arbeitsförderung überprüft werden soll. Letzteres ist im Hinblick auf eine sich an die Trainingsmaßnahme anschließende Maßnahme der beruflichen Weiterbildung sicherlich vernünftig, insbesondere dann, wenn ein teilnahmewilliger Arbeitsloser für eine FbW-Maßnahme keine oder nur eine veraltete Eingangsqualifikation mitbringt. Hierfür ist es allerdings notwendig, diese „Vorstufe" in den Katalog der Zugangsvoraussetzungen für FbW-Maßnahmen aufzunehmen und Kriterien zu definieren, wann diese Vorstufe mit Erfolg abgeschlossen wurde. Die Feststellung einer allgemeinen beruflichen Eignung eines Arbeitslosen unter Zuhilfenahme von Trainingsmaßnahmen mit bis zu acht Wochen Dauer und begrenztem Kenntnisvermittlungsziel ist angesichts der komplexen Anforderungen des Arbeitsmarktes in einer hochtechnisierten Volkswirtschaft wie der Deutschlands wohl eher unrealistisch.

b) Zielgruppe

Trainingsmaßnahmen zielen also auf Arbeitslose ab, deren Eingliederungsaussichten durch Kurse von relativ kurzer Dauer gezielt verbessert werden können. Dies setzt, obwohl dies im Gesetzestext nicht erwähnt wird und damit auch keinen Eingang in den Katalog der Zugangsvoraussetzungen gefunden hat, voraus, daß diese Arbeitslosen über eine hinreichende berufliche Qualifikation bereits verfügen und diese nur noch punktuell ergänzt werden muß. Für die Gruppe relativ älterer Langzeitarbeitsloser dürfte diese Voraussetzung wohl nicht erfüllt sein, obwohl diese ebenfalls zum potentiellen Teilnehmerkreis solcher Maßnahmen zu zählen sind.

c) Zugangsvoraussetzungen

Neben der positiven Anforderung, daß die „Maßnahme geeignet und angemessen ist, die Eingliederungsaussichten des Arbeitslosen zu verbessern" (§ 48, (1) SGB III) sind die formellen Zugangsvoraussetzungen für Trainingsmaßnahmen im wesentlichen negativ formuliert, d.h. von der Förderung ausgeschlossen (§ 51 SGB III) sind nur Trainingsmaßnahmen, die zu einer Einstellung bei einem Arbeitgeber führen sollen, der den Arbeitslosen innerhalb eines bestimmten Zeitraumes bereits für mehrere Monate beschäftigt hat oder der dem Arbeitslosen vor dessen Eintritt in die Arbeitslosigkeit eine Beschäftigung angeboten (!) hat. Einmal abgesehen von der Schwierigkeit, solche Kriterien in ihrem Vorliegen tatsächlich überprüfen zu können, erscheint es aus ökonomischer Perspektive nicht nachvollziehbar, welchem Zweck obige Ausschlußkriterien dienen sollen. Schließlich besteht für jeden potentiellen Arbeitgeber, der beispielsweise einen Arbeitslosen mit fehlenden EDV-Kenntnissen prinzipiell einstellen möchte, die Möglichkeit, diese Einstellung erst dann vorzunehmen, wenn der Arbeitslose einen vom Arbeitsamt finanzierten EDV-Kurs abgeschlossen hat.

d) Ansprüche und Anspruchsdauer

Die Leistungen im Rahmen einer Trainingsmaßnahme beschränken sich auf die Fortzahlung von Arbeitslosengeld bzw. -hilfe, sofern der Arbeitslose einen Anspruch hierauf hat, sowie die Übernahme der Maßnahmekosten, inkl. Fahrtkosten und Kosten für die Betreuung von Kindern. Diese Leistungen sind somit auch zeitlich auf die Dauer der Maßnahme begrenzt. Es ist allerdings nicht ausgeschlossen, daß ein Arbeitsloser an mehreren solcher Maßnahmen hintereinander teilnimmt, was im Hinblick auf die Nutzung von Trainingsmaßnahmen als „screening" Instrument auch erwünscht ist.

e) Gesamturteil: Administrative Komplexität und Zielgruppenfokussierung

Die administrative Komplexität der Trainingsmaßnahmen ist verhältnismäßig niedrig, obwohl auch hier einige Ermessensentscheidungen notwendig sind, die durch die Überprüfung unklar formulierter Kriterien bedingt werden. Die Zielgruppenfokussierung der Trainingsmaßnahmen könnte jedoch noch weiter verbessert werden, wenn man in Betracht zieht, daß eine punktuelle Verbesserung bestimmter Fähigkeiten eines Arbeitslosen, die erfolgversprechend sein will, zwingend voraussetzt, daß dieser Arbeitslose über eine ausreichende Grundqualifikation verfügt.

1.2.2. Quantitative Bedeutung in Deutschland

Wie in Übersicht 2.3 bereits dargestellt, wird für Trainingsmaßnahmen nur ein geringer Anteil der Gesamtausgaben der Maßnahmegruppe „Förderung von Humankapital" aufgewendet. Dies ist angesichts der begrenzten zeitlichen Dauer der Maßnahme und den damit verbundenen vergleichsweise geringen direkten Kosten auch nicht weiter verwunderlich. Insgesamt betrugen die Ausgaben im Jahr 1998 513,26 Mio. DM. Für die durchschnittlichen Aufwendungen pro Teilnehmer und Monat existieren leider keine Angaben. Die Anzahl der Teilnehmer im Jahresdurchschnitt 1998, sowie ihre Verteilung auf bestimmte Personengruppen wird in Übersicht 2.6 dargestellt.

Übersicht 2.6: Geförderte Arbeitnehmer und besonders förderungsbedürftige Personengruppen in Trainingsmaßnahmen 1998 (Jahresdurchschnitt)

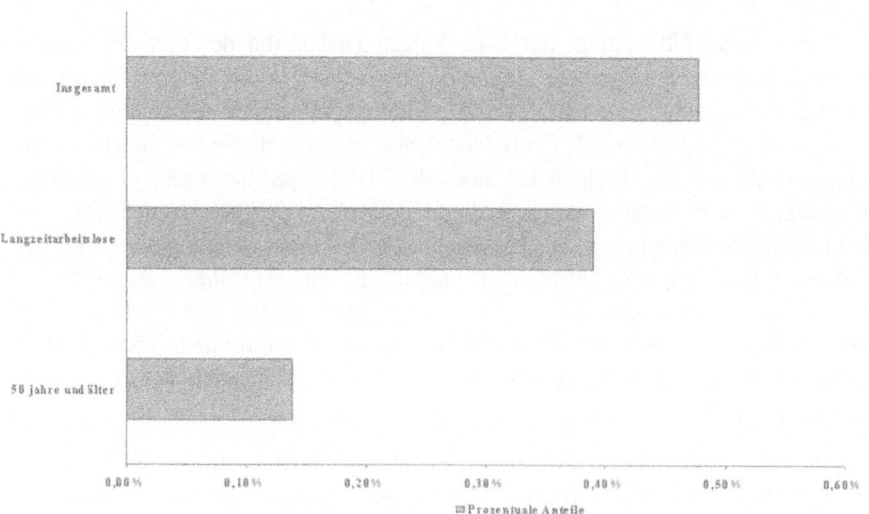

Der Anteil der Arbeitslosen insgesamt, wie auch der bestimmter Personengruppen, die durch Trainingsmaßnahmen gefördert werden, ist deutlich geringer als ein Prozent. Auch hier sollte man also realistisch bleiben, was die quantitative Dimension an durch Trainingsmaßnahmen neu zu schaffender Beschäftigungsverhältnisse betrifft.

1.3. Empirische Evidenz internationaler Studien

In diesem Abschnitt wird die verfügbare internationale Evidenz über die Effekte von staatlichen Ausbildungsprogrammen im Hinblick auf ihre zentralen Erkenntnisse aufbereitet[10]. Dabei werden unter dem Begriff „staatliches Ausbildungsprogramm" sämtliche Aktivitäten zusammengefaßt, die darauf abzielen, durch jegliche Form der Förderung des Humankapitals einer Zielgruppe von Individuen deren wirtschaftliche, insbesondere Arbeitsmarktsituation zu verbessern. Dieser Maßnahmenkatalog umfaßt u.a. Schulung im Klassenzimmer, praktische berufliche Ausbildung an einem Arbeitsplatz, Lohnsubventionen an Arbeitgeber zur Förderung ihrer Bereitschaft zur Weiterbildung ihrer Mitarbeiter, Subventionen an Individuen, z.B. für die Kinderbetreuung, als Anreiz eine Weiterbildung anzustreben, aber auch die bloße Bereitstellung einer Arbeitsstelle an solche, meist junge Arbeitnehmer, die noch keine Gelegenheit dazu hatten, am Arbeitsmarkt Erfahrungen zu sammeln. Auch die Vermittlung von Bewerbungstechniken fällt unter diese Maßnahmenkategorie.

Dieser Abschnitt beginnt mit einer kurzen Diskussion der privaten Ausbildungsrendite, deren begrenzte Größenordnung klare Implikationen für die zu erwartenden Ergebnisse staatlicher Ausbildungsprogramme beinhaltet. Insbesondere wäre alles andere als ein bescheidenes Ergebnis dieser zusätzlichen Ausbildungsmaßnahmen außerhalb des „normalen" Bildungssystems eine große Überraschung. Es wird darüber hinaus in dieser Diskussion deutlich werden, daß man den Erfolg eines staatlichen Ausbildungsprogramms nicht in einem Vergleich mit völliger Enthaltung der betroffenen Individuen von Ausbildungsbemühungen messen darf, sondern statt dessen in einem Vergleich mit den Anstrengungen, die diese Individuen ohne das staatliche Programm unternommen hätten. Auch dadurch werden die Erwartungen an die Leistungsfähigkeit staatlicher Programme deutlich gedämpft.

Auf diese allgemeine Diskussion folgt ein prägnanter Überblick über die einschlägigen Ausbildungsprogramme der USA und die entsprechenden Evaluationsstudien, die häufig im Rahmen eines sozialwissenschaftlichen Experiments und daher methodisch vergleichsweise überzeugend durchgeführt wurden. Dieser Überblick erfolgt in sechs Schritten, die durch die betrachtete Zielgruppe und die Art des Eingriffs systematisiert werden. Die Betrachtung der internationalen Evidenz wird schließlich von der Extraktion zentraler wirtschaftspolitischer Erkenntnisse abgeschlossen, die sowohl die Heterogenität der Programmeffekte über Maßnahmen und Zielgruppen hinweg als auch die resultierende Notwendigkeit zur begleitenden Evaluationsforschung betonen.

---

[10]   Diese Evidenz wird ebenfalls umfassend in den Übersichtsartikeln von Friedlander et al. (1997), Stanley et al. (1998), Heckman et al. (1999) und Schmidt (2000-US) aufbereitet.

1.3.1. Die Ausbildungsrendite

Ausbildung wird in den entwickelten wie auch den sich entwickelnden Ökonomien allgemein als die entscheidende Determinante der produktiven Kapazität von Individuen anerkannt. In einer äußerst umfangreichen wissenschaftlichen Literatur haben Ökonomen konsistent Belege dafür zusammengetragen, daß mit steigender Ausbildung typischerweise Steigerungen der individuellen ökonomischen Prosperität einhergehen. Gemessen am zusätzlichen Arbeitseinkommen läßt sich die Rendite eines zusätzlichen Jahres der Ausbildung für einen durchschnittlichen Arbeitnehmer beispielsweise im nordamerikanischen Arbeitsmarkt, aber auch in vielen Ländern Europas grob durch eine Steigerung von zwischen sechs und zehn Prozent veranschlagen[11].

Die durchschnittliche Ausbildungsrendite ist keineswegs eine Konstante, sondern dürfte über Ökonomien, Zeitpunkte – vor durch allem konjunkturelle Ausschläge, und insbesondere über unterschiedliche Gruppen von Individuen hinweg deutlich schwanken. So steht beispielsweise zu vermuten, daß eine hohe Qualität der Schulausbildung (Ausbildung des Lehrpersonals, Ausstattung der Einrichtung, Auswahl der zu Unterrichtenden) ebenso eine wichtige Rolle für die Leistungsfähigkeit von Ausbildungsprogrammen spielt wie der soziale Hintergrund, in dem die Kindheit verbracht wurde (siehe hierzu u.a. Heckmann (1998)). Darüber hinaus scheint es in den letzten Jahren in vielen Zusammenhängen eine deutliche Steigerung der durchschnittlichen Ausbildungsrenditen gegeben zu haben, wir leben in einer Ära des sog. skill-biased technical change.

Die soziale Ausbildungsrendite mag dabei die private Rendite noch übersteigen, wenn es signifikante Externalitäten der Ausbildung gibt – die bloße Präsenz gut ausgebildeter Individuen in einer Region mag alle Individuen, unabhängig vom individuellen Ausbildungsstand produktiver machen. Ein vielzitiertes Beispiel für dieses Argument ist Silicon Valley in Kalifornien. Im Kontext arbeitsmarktpolitischer Programme mag es, z.B. durch die Erfüllung übergreifender Gerechtigkeitsvorstellungen, gesellschaftlich wünschenswert sein, das Ausbildungsniveau von Problemgruppen zu heben, selbst wenn die ökonomischen Vorteile für die geförderten selbst nur von geringem Ausmaß sind. Die empirische

---

[11] Die durchschnittliche Ausbildungsrendite ist aus konzeptionellen Gründen äußerst schwer zu schätzen, da in einem Querschnittsvergleich von Individuen mit hoher und niedriger Schulausbildung der tatsächliche Effekt der Ausbildung aufgrund einer Heterogenität in kognitiven Fähigkeiten überschätzt werden dürfte, aber unglücklicherweise in Längsschnittdaten das Vorliegen von Meßfehlern den entsprechenden Schätzern gegen die Null hin zu verzerren droht. Der augenblickliche Stand der Literatur geht davon aus, daß sich in vielen Fällen diese beiden Quellen der Verzerrung in etwa gegenseitig aufheben, so daß eine Rendite von um zehn Prozent realistisch erscheint (einen umfassenden Überblick gibt der Artikel von Card (1999)).

Evidenz ist zu diesem Punkt allerdings eher unklar; dieser Beitrag beschränkt sich weitgehend auf die Diskussion privater Ausbildungsrenditen.

Ein Schulabschluß ist sowohl im bundesdeutschen als auch um US-amerikanischen Kontext der übliche Einstieg in jegliche weitere berufliche Bildung. Daher sind natürlich Individuen ohne einen Schulabschluß im Arbeitsmarkt in einer denkbar schlechten Ausgangsposition. Staatliche Ausbildungsprogramme in den USA zielen in der Regel auf Individuen ab, die als Erwachsene eine niedrige Schul- und Berufsausbildung aufweisen oder die zwar noch im jugendlichen Alter, aber bereits aus der Schule ausgestiegen sind, oder für die dieses Risiko zumindest groß ist. Nichtsdestoweniger ist es schwierig, eine überzeugende konzeptionelle Begründung für einen derartigen staatlichen Eingriff zu finden, da es ein weites Spektrum privater Ausbildungsmöglichkeiten sowohl im üblichen Schul- und Universitätssystem als auch durch eine Vielzahl privater Anbieter auf dem Markt gibt.

Wenn keine Form des Marktversagens nachweisbar vorliegt, dann handelt es sich bei niedrigem Ausbildungsstand lediglich um eine Wahlhandlung, nicht um ein Problem, das nach staatlicher Aktivität verlangt. Somit muß offenbar von staatlicher Seite die Überzeugung vorliegen, daß signifikantes Marktversagen Individuen daran hindert, ihre präferierten Ausbildungsentscheidungen auch zu verwirklichen, beispielsweise aufgrund von Finanzierungshemmnissen, oder daß erhebliche soziale Ausbildungsrenditen bestehen, die die aufgrund von privaten Kosten und Erträgen der Ausbildung getroffenen Entscheidungen aus Sicht der Gesellschaft zu niedrig ausfallen lassen. Andererseits mag es auch lediglich ein Hang zu übertriebenem Aktionismus sein oder die Überzeugung, ein meritorischer Staat wisse besser als die Betroffenen selbst, welche Ausbildungsentscheidung sie treffen sollten, der die Einrichtung umfangreicher staatlicher Ausbildungsprogramme motiviert.

In jedem Falle müssen die Ausbildungsergebnisse und -renditen dieser Programme außerordentlich hoch sein, wenn sie – obwohl typischerweise nur von kurzer Dauer – erhebliche Erwartungen an ihre Resultate erfüllen sollen. Die wirtschaftswissenschaftliche Literatur hat in jüngster Zeit ein recht gutes Verständnis für individuelle Ausbildungsentscheidungen entwickelt, das sich an einer Abwägung heterogener Grenzeffekte zusätzlicher Ausbildungsinvestitionen und ebenfalls heterogener Grenzkosten dieser Investitionen orientiert. Es steht zu vermuten, daß Individuen, für die zusätzliche Ausbildung mit geringen Effekten einhergeht, aufgrund dieser Abwägung – ceteris paribus – aus eigenem Antrieb weniger in Humankapital investieren. Daher sollten die Erwartungen an die Erträge staatlicher Ausbildungsprogramme, die sich vorwiegend an Arbeitnehmer mit geringem Humankapital richten, realistischerweise bescheiden sein.

1.3.2. Evidenz aus den USA

An dieser Stelle soll die US-amerikanische Erfahrung mit staatlichen Ausbildungsprogrammen prägnant aufbereitet werden, da sich die augenblicklich verfügbare, verläßliche internationale Evidenz zur Wirksamkeit dieser Maßnahmen fast ausschließlich aus Evaluationsstudien aus den USA speist. Die Systematisierung der zu besprechenden Maßnahmen orientiert sich dabei sowohl an den geförderten Zielgruppen als auch an den Arten der staatlichen Eingriffe[12].

Die erste relevante Zielgruppe staatlicher Ausbildungsprogramme sind benachteiligte Jugendliche. Da ein formeller Schulabschluß von so herausragender Bedeutung für die weitere berufliche Karriere von Arbeitnehmern ist, richten sich die hier diskutierten Maßnahmen nicht nur an solche Jugendliche, die bereits die Schulausbildung abgebrochen haben, sondern auch an solche, für die das ernsthafte Risiko eines Abbruchs besteht. Ausbildungsprogramme für Schulabbrecher weisen üblicherweise eine starke berufliche Ausbildungskomponente auf, entweder in Form von Trainingsmaßnahmen oder in Form des Aufbaus von praktischer Erfahrung im Arbeitsleben. Von besonderer Bedeutung sind im US-amerikanischen Kontext Programme, die sich an jugendliche Eltern richten, die häufig ihre Schulausbildung abgebrochen haben und für die in der Regel ohne die weitere Investition in Humankapital düstere Aussichten bestehen.

Insgesamt zeichnet die bestehende wissenschaftliche Evaluationsliteratur für die Wirkung der genannten Programme für diese Zielgruppe der jungen Arbeitnehmer ein pessimistisches Bild. Ermutigender sind die Resultate für die zweite bedeutende Zielgruppe, wirtschaftlich benachteiligte Erwachsene. In der Diskussion der Ausbildungsprogramme für diese Arbeitnehmer werden freiwillige und verpflichtende Ausbildungsprogramme unterschieden.

a) Programme zur Prävention des Schulabbruchs

Staatliche Ausbildungsprogramme zur Prävention des Schulabbruchs versuchen, Jugendliche dazu zu bewegen, in der Schule zu verbleiben, sei es durch Tutorenprogramme, durch Lernhilfen oder durch die Bereitstellung von Teilzeit-Arbeitsstellen, die an die Fortführung der schulischen Ausbildung gekoppelt ist. Obwohl eine Vielzahl solcher Programme existiert, sind bislang nur wenige befriedigend untersucht worden. Die vorliegenden Resultate legen die Schlußfolgerung nahe, daß, obwohl Präventionsprogramme das Potential dazu haben, Abbruchquoten unter gefährdeten Jugendlichen zu verringern, sie nur unter günstigen Umständen diese Wirkung entfalten können. Auch für die erfolgreicheren unter den untersuchten Programmen gilt unglücklicherweise offenbar, daß ihre positiven Wir-

---

[12] Eine ausführlichere Darstellung dieser Programme und der entsprechenden Evaluationsstudien bietet Schmidt (2000-US).

kungen auf die ökonomische Situation der Geförderten einige Zeit nach Ablauf des Programms verpufft sind.

- QOP: Das Quantum Opportunities Program (QOP) bietet Kindern in durch Sozialhilfe unterstützten Familien ab dem neunten Schuljahr bis zum Ende der High School Unterstützung durch erwachsene Mentoren und andere Formen akademischer und außerakademischer Hilfen.

- SDDAP: Zwischen 1991 und 1997 führte das US Department of Education das School Dropout Demonstration Assistance Program durch, das vom Risiko des Schulabbruchs gefährdete Jugendliche etwa vom zehnten Schuljahr an durch Lernhilfen und Beratung, aber auch durch eine Überwachung des Schulbesuchs zu unterstützen versuchte.

- ASDP: Ein zwischen 1988 und 1996 durchgeführtes Programm des US Department of Labor ist das Alternative Schools Demonstration Program, das sich ebenfalls an solche Jugendliche richtete, die vom nahenden Schulabbruch bedroht waren. Diese, typischerweise mit etwa 17 Jahren in das Programm aufgenommenen Jugendlichen mit niedriger schulischer Leistung wurden in experimentellen High Schools mit Grundkenntnissen in Lesen und Rechnen ausgestattet, wobei kleine Klassengrößen und intensive Unterstützung durch die ausbildenden Lehrer betont wurden. Kinderbetreuung wurde im Rahmen dieses Programms ebenfalls angeboten.

- STEP: Das Summer Training and Employment Program (STEP) war ein breit angelegtes Programm des US Department of Labor, das zwischen 1985 und 1988 durchgeführt wurde und praktische Erfahrung am Arbeitsplatz mit grundlegenden Ausbildungskomponenten verband. Die Zielgruppe bestand aus schulisch schwachen Jugendlichen im Alter von 14 bis 15 aus armen Familien. Diese Jugendlichen waren grundsätzlich ebenfalls in das Summer Youth Employment and Training Program (SYETP, siehe unten) eingebunden. In zwei aufeinanderfolgenden Sommern wurde Teilnehmern eine Mischung aus Teilzeitarbeit und Ausbildung in Lesen und Rechnen vermittelt, die durch soziale und sexualkundliche Ausbildungskomponenten vervollständigt wurde.

- SYETP: Das Summer Youth Employment and Training Program (SYETP) des US Department of Labor stellt wirtschaftlich benachteiligten Jugendlichen im Alter von 14 bis 21 während der Sommermonate temporäre Arbeitsstellen und Kurse in grundlegenden Ausbildungsaspekten zur Verfügung.

- YIEPP: Das Youth Incentive Entitlement Pilot Project (YIEPP) wurde von 1978 bis 1981 durchgeführt. Es stellte während den Sommermonaten wirtschaftlich benachteiligten Jugendlichen im Alter von 16 bis 19 Voll- und Teilzeitarbeitsstellen bereit, unter der Bedingung, daß sie ihre Schulausbildung nicht abbrachen.

b) Programme für jugendliche Schulabbrecher: Training

Ausbildungsprogramme, die sich an jugendliche Schulabbrecher richten, haben aller Erfahrung nach nur geringe Aussichten, an der schlechten Ausgangssituation der Betroffenen etwas zu ändern, wenn sie nicht äußerst intensiv und hervorragend implementiert sind. Bei den meisten, einer ernsthaften Evaluation unterzogenen Programmen wurden keinerlei positive Effekte ermittelt.

- CETA und JTPA: Der Comprehensive Employment and Traning Act (CETA) war das wichtigste bundesweite Ausbildungsprogramm der siebziger und wurde 1982 durch das Programm des Job Training Partnership Act (JTPA) abgelöst. Im Spitzenjahr 1979 wurden im Rahmen des CETA-Programms nahezu 6 Mrd. US Dollar für die Bereitstellung von Arbeitsstellen im öffentlichen Sektor und für Trainingsmaßnahmen von Jugendlichen im Alter von 16 bis 21 Jahren ausgegeben. Das JTPA-Programm gab weit weniger aus, 1992 aber immer noch runde 350 Millionen US Dollar für jugendliche Schulabbrecher. Bei beiden Programmen lag die Betonung der Maßnahmen auf Ausbildungskomponenten sowohl im Klassenzimmer als auch am Arbeitsplatz.

Da das JTPA-Programm zwischen 1987 und 1989 im Rahmen eines breit angelegten sozialwissenschaftlichen Experiments evaluiert wurde, und diese Evaluation – vor allem, da sie die bis dahin vorhandene, hohe Variation nichtexperimenteller Ergebnisse zur Wirkung von Ausbildungsprogrammen auflöste (siehe Kapitel I.2) – von zentraler Bedeutung für die gesamte Literatur in diesem Bereich war, wird diese Studie hier kurz erläutert. In 16 verschiedenen Untersuchungsregionen wurden ungefähr 20.000 Bewerber in dieses Programm durch eine zufallsgesteuerte Auswahl in eine treatment group und eine control group unterteilt. Während die erstere Gruppe von Bewerbern nach der Auswahl die Dienste des JTPA-Programms in Anspruch nehmen konnten, wurden die Mitglieder der control group von denselben ausgeschlossen. Es blieb ihnen jedoch freigestellt, ähnliche Ausbildungsleistungen durch andere Anbieter zu erhalten.

Der anschließende Vergleich der Arbeitsverdienste nach dem Ablauf des Programms zwischen den Teilnehmern am JTPA-Programm und den Mitgliedern der experimentellen Kontrollgruppe gab dementsprechend preis, welchen zusätzlichen Effekt die Bereitstellung des JTPA-Programms über die ansonsten zur Verfügung stehenden Ausbildungsmöglichkeiten hinaus den Teilnehmern bieten konnte. Die Resultate legen die Schlußfolgerung nahe, daß die Teilnahme am JTPA-Programm für jugendliche Schulabbrecher die Arbeitsmarktergebnisse von Interesse nicht entscheidend beeinflussen konnte, wobei es unerheblich war, ob es sich um junge Männer oder Frauen handelte oder welche spezifische Form des Ausbildungsangebots – schulische Ausbildung oder praktische Ausbildung „on the job" – ihnen im Rahmen des Programms nahegelegt wurde.[13]

- Job Corps: Das Job Corps ist das intensivste bundesweite Ausbildungsprogramm, das ebenfalls wirtschaftlich stark benachteiligte Jugendliche als Zielgruppe anspricht. In diesem Programm werden die Jugendlichen einem intensiven Satz von Ausbildungskomponenten unterzogen, der sowohl grundlegende Fähigkeiten wie auch berufliche Fertigkeiten umfaßt, wobei die Besonderheit auch durch den Zwang eines Aufenthalts am Schulungsort und der strengen Verhaltensregeln gegeben ist – um das Programm vollständig zu durchlaufen, müssen Teilnehmer etwa ein Jahr „durchhalten", was jedoch ungefähr ein Drittel der Teilnehmer (entweder aufgrund freiwilligen Ausscheidens oder aufgrund eines Rauswurfs) nicht schafft.

- JOBSTART: Das JOBSTART-Programm war zwischen 1985 und 1992 ein Versuch, die Vorzüge des Job-Corps-Programms auf kostengünstigere Weise zu erzielen. Dabei wurde vor allem der Zwang zum Aufenthalt am Schulungsort aufgegeben, die entsprechenden Ausbildungsaktivitäten auf etwa sieben Monate verkürzt. Dieses Programm richtete sich an jugendliche Schulabbrecher im Alter von 17 bis 21, die schulisch schwache Leistungen aufzuweisen hatten, insbesondere im Bereich des Lesens.

- GED: Der Makel eines nicht vollendeten High School-Abschlusses ist im US-amerikanischen Arbeitsmarkt ein starkes Hindernis. Eine grundsätzliche Möglichkeit, diesen Nachteil auch noch einige Zeit nach dem Schulabbruch wettzumachen, ist durch einen alternativen Abschluß gegeben, das sog. General Equivalency Diploma (GED). Diese Möglichkeit eröffnet sich jugendlichen Schulabbrechern und Erwachsenen ohne Schulabschluß gleichermaßen. Mittlerweile erreicht die Bedeutung dieses alternativen Schulabschlusses ungefähr zehn Prozent – mehr als einer von zehn neuen high school graduates erreicht diese Qualifikation anhand eines GED anstelle eines üblichen Schulabschlusses.

Die Abschlußprüfung des GED umfaßt eine schriftliche Klausur und kann nach einer relativ kurzen Vorbereitungszeit absolviert werden, die sich vor allem auf das Ableisten der Prüfung, weniger auf die Lerninhalte konzentriert. Somit könnte ein möglicher positiver Effekt dieses Abschlusses lediglich von der Zertifizierungsfunktion des Abschlusses, nicht von den Lerninhalten stammen. In der Tat scheint es so zu sein, daß GED-Absolventen im Vergleich mit Schulabbrechern eine deutlich verbesserte wirtschaftliche Position aufweisen. Allerdings scheint ebenfalls recht klar, daß dieser Effekt keine Reflektion der vermittelten Humankapitalaspekte ist, sondern daß dieser Abschluß le-

---

[13] Die Teilnehmer konnten sich auch entgegen der Empfehlung für eine bestimmte Maßnahme, z.B. für Ausbildung im Klassenzimmer, für eine andere entscheiden, beispielsweise die Akquisition praktischer Erfahrung in einer Arbeitsstelle.

diglich dem motivierteren und leistungsbereiteren Teil der Schulabbrecher die Gelegenheit gibt, ihre Talente formell unter Beweis zu stellen (siehe u.a. Cameron und Heckman (1993)). Mehrere randomisierte Experimente (u.a. California GAIN, New Chance) belegen, daß dieser Abschluß – aufgrund der geringen Lerninhalte auch nicht anders zu erwarten – den Teilnehmern keinerlei Vorteile verschafft, daß also die Betonung auf Prüfungsfertigkeiten fehlgeleitet ist.

c) Programme für jugendliche Schulabbrecher: Praktische Erfahrung im Arbeitsleben

Eine Vielzahl der auf die Zielgruppe Jugendliche ausgerichteten arbeitsmarktpolitischen Programme stellt diesen Individuen temporär subventionierte Arbeitsstellen bereit, entweder bei privaten Arbeitgebern oder im öffentlichen Sektor. Zentrales Argument für ihren Einsatz und primärer Grund für die Einordnung in Humankapitalmaßnahmen im Rahmen dieser Übersicht ist die Idee, daß bei Jugendlichen – im Gegensatz zu Erwachsenen, für die subventionierte Jobs und Beschäftigungsprogramme im öffentlichen Sektor sicherlich nicht unter „Humankapitalakquisition" fallen – allein die Einführung in und die Gewöhnung an das praktische Arbeitsleben bereits wichtige Humankapitalkomponenten beinhaltet.

Dieses Argument erfordert natürlich auch, daß der Erfolg dieser Maßnahmen durch einen langfristigen Vergleich des Arbeitsmarkterfolgs zwischen geförderten Jugendlichen und einer entsprechenden Vergleichsgruppe erfolgen muß. In der Tat scheint es, daß es für Jugendliche gewisse positive Effekte durch die Gewöhnung an die praktische Arbeitswelt auch ohne bewußte Trainingskomponente im Programm geben kann, allerdings ist gerade das entsprechende Segment des breit angelegten JTPA-Experiments diesbezüglich eher skeptisch zu beurteilen.

- TJTC: Der Targeted Jobs Tax Credit (TJTC) gewährt solchen Arbeitgebern eine Lohnsubvention, die junge Arbeitnehmer zwischen 18 und 22 einstellen, die ihrerseits Sozialhilfeempfänger sind oder aus Familien stammen, die unter der offiziellen Armutsgrenze leben (die eine absolute Schwelle darstellt, nicht die konzeptionell äußerst fragwürdige relative Schwelle eines Anteils am Durchschnitts- oder Medianeinkommen, die in der deutschen Literatur häufig diskutiert wird).

- Youth Corps: In mehreren Bundesstaaten der USA wurden auf kommunaler Ebene sog. Youth-Corps-Programme implementiert, die wirtschaftlich benachteiligten Jugendlichen zwischen 18 und 23 eine Arbeitsstelle im öffentlichen Sektor bereitstellen. Diese Stellen sind durch die Bildung kleinerer Teams von 5 bis 10 jungen Arbeitnehmern charakterisiert, die für die Pflege öffentlicher Anlagen oder die Entfernung von Graffiti oder ähnliche Tätigkeiten eingesetzt werden.

- NSW: Die National Supported Work Demonstration (NSW) wurde zwischen 1975 und 1980 durchgeführt, um die Effekte der Einführung von jugendlichen

Schulabbrechern in die praktische Arbeitswelt im Rahmen einer subventionierten Arbeitsstelle zu testen. Die Teilnehmer an diesem Programm erhielten zunächst für ein Jahr Zugang zu einer subventionierten Arbeitsstelle entweder im privatwirtschaftlichen oder im öffentlichen Sektor (siehe auch den Abschnitt e) zu freiwilligen Ausbildungsprogrammen für Erwachsene). Danach wurde ihre weitere Arbeitssuche durch intensive Vermittlungsbemühungen unterstützt.

Die entsprechende Evaluationsstudie ist eine der bahnbrechenden Studien in diesem Bereich, nicht zuletzt, da sie einem randomisierten experimentellen Studiendesign folgt. Ihre Resultate legen die Schlußfolgerung nahe, daß die Teilnehmer am Programm während des ersten Jahres zwar höhere Arbeitseinkommen als ihre Kontrollgruppe aufwiesen, daß aber ihr Erfolg bei der Arbeitssuche nach Ablauf des Programms lediglich das gleiche Niveau erreichte wie für die Kontrollgruppe.

- AYES: Das Alternative Youth Employment Strategies Project wurde zwischen 1980 und 1982 durchgeführt, um die Effekte unterschiedlichster Kombinationen von Programmkomponenten für eine Zielgruppe zu testen, die aus wirtschaftlich benachteiligten Jugendlichen im Alter von 16 bis 21 bestand, die nicht mehr im Schulsystem, sondern arbeitssuchend[14] waren und von denen ein Großteil bereits mit dem Gesetz in Konflikt gekommen war. Diese Programmkomponenten bestanden u.a. aus praktischer Erfahrung am Arbeitsplatz, Training und Hilfe bei der Stellensuche.

- Job placement & job search assistance: In den vergangenen Jahrzehnten wurden in den USA diverse Programme implementiert, die Jugendliche bei der Stellensuche mit besonderer Aufmerksamkeit unterstützen, wie beispielsweise das Boston's Jobs For Youth-Programm, dem es durch intensive Beratung und berufsvorbereitende Kurse tatsächlich gelang, wirtschaftlich benachteiligten Jugendlichen zu einer Arbeitsstelle zu verhelfen. Nichtsdestoweniger zeichnet sich als übergreifendes Resultat ab, daß die entsprechenden Effekte dieser Programme sich schnell verflüchtigen und die Teilnehmer in ihrem Arbeitsmarkterfolg typischerweise bald auf das Niveau ihrer Kontrollgruppen zurückfallen.

d) Programme für jugendliche Schulabbrecher: Jugendliche Eltern

Jugendliche Eltern haben in der Regel einen besonders schweren Stand im Arbeitsmarkt, insbesondere, da sie häufig ihre Schul- bzw. Berufsausbildung nicht

---

[14] In den USA ist es üblich und angesichts des Systems sozialer Sicherung und wettbewerbsgeprägter Arbeitsmärkte auch sinnvoll, die Frage nach dem Vorliegen von Arbeitslosigkeit auf der Basis aktiver Suche durch die Individuen – anhand einer Befragung ermittelt – zu entscheiden, nicht aufgrund einer Registration in ein Arbeitslosenregister.

erfolgreich abschließen. In den USA wurde in der Vergangenheit eine Reihe von Ausbildungsprogrammen implementiert, die speziell auf die spezifischen Defizite dieser Zielgruppe zugeschnitten waren. Typischerweise scheint es Programmen dieser Art zu gelingen, kurzfristig den Schulbesuch zu erhöhen und die wirtschaftliche Situation der Teilnehmer zu verbessern, aber der Vergleich mit den entsprechenden Kontrollgruppen legt den Schluß nahe, daß diese Effekte sich relativ rasch nach Ablauf des Programms wieder verflüchtigen.

- Teenage Parent Demonstration: Die Teenage Parent Demonstration wurde zwischen 1987 und 1991 durchgeführt, um den Effekt eines sog. case management für junge Mütter, die Sozialhilfe erhielten, zu testen: In einem Eingangsseminar wurden die individuellen Fähigkeiten der Teilnehmer festgestellt und darauf basierend individuelle Entwicklungspläne für schulische und berufliche Ausbildung festgelegt. Daran anschließend wurden den Teilnehmern diverse Programmkomponenten wie praktische Erfahrung am Arbeitsplatz und berufliche Ausbildung geboten. Besonderes Charakteristikum dieses Programms waren die starken Anreize zur Einhaltung der Programmauflagen – mangelnde Partizipation an den festgelegten Inhalten wurde durch eine Reduktion der Sozialhilfe sanktioniert. Zusätzlich zu den genannten Programmleistungen wurde u.a. auch Kinderbetreuung angeboten.

- LEAP: Das Learning, Earning and Parenting (LEAP) Programm in Ohio begann im Jahre 1980 als ein verpflichtendes Programm, das die Sozialhilfe derjenigen jugendlichen Mütter kürzte, die entweder den Schulbesuch oder den Besuch eines alternativen Ausbildungsprogramms verweigerten, und das im Gegenzug die Sozialhilfe der Teilnehmer an diesen Bildungsangeboten aufstockte. Dabei wurde der tatsächliche Schulbesuch eng überwacht. Ein ähnliches Programm war das Project Redirection, dessen Evaluation in den achtzigern durchgeführt wurde.

- New Chance: New Chance war ein Demonstrationsprogramm, das zwischen 1989 und 1992 durchgeführt wurde, um den Effekt eines umfassenden freiwilligen Ausbildungsprogramms für junge, wirtschaftlich benachteiligte Mütter zu untersuchen. Die Programmelemente umfaßten dabei schulische und berufliche Ausbildung, Kurse zur Förderung der persönlichen Entwicklung bzw. der Entwicklung der Kinder sowie Möglichkeiten der Kinderbetreuung. Das Angebot dieses Programms wurde von der Zielgruppe jedoch nicht sehr gut angenommen, wobei andererseits viele Mitglieder der Kontrollgruppe ähnliche Angebote außerhalb des Programms wahrnahmen.

e) Programme für wirtschaftliche benachteiligte Erwachsene: Freiwillige Programme

Für Jugendliche muß man nach der Durchsicht der bestehenden Evidenz zu den vielfältigen Ausbildungsprogrammen, die zu ihrem Wohl ins Leben gerufen wurden, leider schließen, daß trotz aller Bemühungen um innovative Maßnahmen nur wenig getan werden kann, um ihre Situation dauerhaft zu verbessern. Die Evidenz für wirtschaftlich benachteiligte Erwachsene ist deutlich weniger ernüchternd. Dabei sind es vor allem die Resultate des meistbeachtetsten sozialwissenschaftlichen Experiments, der Evaluation des JTPA-Programms in den neunziger Jahren, die diese Schlußfolgerung unterstützen und die qualitativ mit den einschlägigsten nicht-experimentellen Resultaten übereinstimmen.

Im allgemeinen werden die erfreulichsten Resultate zu Effekten von Ausbildungsprogrammen für erwachsene weibliche Arbeitnehmer gefunden, während die Resultate für erwachsene Männer in der Regel ungünstiger ausfallen. Jugendliche dagegen schneiden typischerweise am schlechtesten ab. Vor allem die Evaluation des JTPA-Programms machte deutlich, daß wirtschaftlich benachteiligte Frauen von beruflicher Ausbildung profitieren. Allerdings besteht kein direkter Anlaß zu überbordender Euphorie, da der Großteil der beobachteten Einkommensverbesserung offenbar nicht durch eine Verbesserung produktiver Kapazität, sondern lediglich durch eine Ausweitung des Arbeitsvolumens zustande kommt.

- CETA: Der Comprehensive Employment and Training Act (CETA) wurde im Jahre 1973 als Nachfolgeprogramm des Manpower Development and Training Act (MDTA) u.a. mit dem Ziel konzipiert, wirtschaftlich benachteiligten Erwachsenen Möglichkeiten der Beschäftigung und Ausbildung zu gewähren. Im Rahmen des Programms konnten Teilnehmer sowohl Arbeitsstellen im öffentlichen Sektor erhalten als auch Subventionen für die Aufnahme beruflicher Ausbildungsmaßnahmen bzw. das Sammeln praktischer Erfahrung am Arbeitsplatz, aber auch schulische Ausbildung im Klassenzimmer. Im Spitzenjahr 1979 nahmen fast vier Millionen Individuen die Leistungen des CETA-Programms in Anspruch.

  Auch wenn aufgrund der nicht-experimentellen Natur der Evaluationsstudien die Ergebnisse zur Wirksamkeit des CETA-Programms relativ stark zwischen den einzelnen Studien schwanken, und das, obwohl im Prinzip all diese Studien auf die gleiche Datenbasis zurückgreifen konnten, so wird dennoch die allgemeine Schlußfolgerung einmütig unterstützt, daß erwachsene Frauen von der Teilnahme am Programm profitierten, daß sich jedoch für Männer eine solche Schlußfolgerung nicht stützen läßt. Die bemerkenswerte und aus Sicht der wirtschaftspolitischen Steuerung insgesamt unbefriedigende Bandbreite der genannten nicht-experimentellen Resultate führte im übrigen dazu, daß das Nachfolgeprogramm des CETA, das JTPA-Programm (siehe unten) in einem breit angelegten sozialwissenschaftlichen Experiment evaluiert wurde (siehe u.a. Ashenfelter und Card (1985)).

- JTPA Title II: Als Nachfolgeprogramm des CETA eingerichtet, verschob sich mit dem Beginn des Job Training Partnership Act (JTPA) nicht nur die Gewichtung einzelner Programmelemente, sondern vor allem die Art und Weise, in der die Effekte des Programms ermittelt wurden. Im Vergleich mit dem CETA-Programm betonte das JTPA-Programm berufliche Ausbildung am

Arbeitsplatz und weniger die bloße Akquisition praktischer Erfahrung durch Beschäftigung. Vor allem die schulische Ausbildung im Klassenzimmer spielt in diesem Programm eine große Rolle. Die Bereitstellung von Beschäftigungs- möglichkeiten im öffentlichen Sektor für erwachsene Arbeitnehmer wurde völlig aus dem Programm gestrichen. Auch der allgemeine Umfang des Pro- gramms wurde deutlich zurückgeführt, so daß beispielsweise im Jahre 1993 nur noch annähernd eine halbe Million Teilnehmer am JTPA-Programm parti- zipierten..

Im Hinblick auf seine Evaluation war das JTPA-Programm das erste große Ausbildungsprogramm auf Bundesebene, das durch ein breit angelegtes so- zialwissenschaftliches Experiment evaluiert wurde. Sowohl für erwachsene Frauen als auch erwachsene Männer legte diese experimentelle Evaluation die Schlußfolgerung nahe, daß sich – sowohl kurzfristig als auch langfristig – die wirtschaftliche Situation der Programmteilnehmer durch die Teilnahme verbessert, auch wenn der Effekt für Frauen deutlich höher ausfällt. Trotz dieser erfreulichen Resultate muß doch einschränkend festgehalten werden, daß die Programmeffekte häufig nicht groß genug sind, um die betroffenen Individuen gänzlich über die Armutsgrenze zu heben. Zudem werden die als Evidenz der positiven Programmwirkung herangezogenen Steigerungen des individuellen Einkommens typischerweise nicht durch erhöhte – in Stunden- löhnen reflektierte – Steigerung der individuellen Produktivität, sondern durch eine Ausweitung des Arbeitsvolumens hervorgerufen. Diese Einschränkung ist angesichts des eigentlich erklärten Ziels von Ausbildungsmaßnahmen, einer Erhöhung der produktiven Kapazität der Betroffenen, ernüchternd.

Auch konnte selbst im Rahmen der experimentellen Studie nicht darüber Klar- heit gewonnen werden, welche Programmkomponenten genau den beobach- teten Erfolg bedingten, da Individuen nach der randomisierten Zuweisung ins Programm lediglich eine Empfehlung enthielten, welche Programmkom- ponente sie wahrnehmen sollten. Dieser Empfehlung konnten, mußten sie aber nicht folgen. Es scheint aber sehr wahrscheinlich, daß berufsbildende Maßnahmen am Arbeitsplatz (on-the-job training) und Hilfe bei der Arbeits- platzsuche vielversprechendere Eingriffe sind als schulische Ausbildung im Klassenzimmer. In jedem Falle liegt der Schluß nahe, daß das JTPA-Pro- gramm sehr kosteneffizient ist, da die Kosten pro Teilnehmer im Vergleich zu den beobachteten Einkommenszuwächsen gering zu sein scheinen.

• NSW: Die National Supported Work Demonstration (NSW) war eines der ein- flußreichsten sozialwissenschaftlichen Experimente im Bereich arbeitsmarkt- politischer Programme. Dieses Programm wurde zwischen 1975 und 1980 durchgeführt. Für einen Zeitraum von 12 bis 18 Monaten wurden Mitgliedern der experimentellen treatment group Arbeitsstellen in einem Beschäftigungs- programm angeboten, die unter enger Beaufsichtigung durch Ausbildungs- personal eine starke Interaktion zwischen Programmteilnehmern und einen langsamen, aber stetigen Anstieg in den Anforderungen der Arbeitsstelle vorsahen. Die Teilnehmer starteten dabei mit dem gesetzlichen Mindestlohn, um für jeden Anstieg der Anforderungen durch eine Erhöhung desselben belohnt zu werden. Die Zielgruppe dieses Programms bestand unter anderem aus langjährigen Sozialhilfeempfängern, vor allem alleinerziehenden Frauen. Die experimentelle Evaluationsstudie legte die Schlußfolgerung nahe, daß für diese Zielgruppe – im Gegensatz zur alternativen Zielgruppe jugendlicher Schulabbrecher (siehe oben) – durch die Teilnahme am Programm bemerkenswerte positive Effekte erzielt werden konnten.

Zusammen mit der unbefriedigenden nicht-experimentellen Evidenz zum CETA-Programm (siehe oben) bereiteten die Ergebnisse des NSW-Programms die Grundlage für die experimentelle Evaluation des nachfolgenden JTPA-Programms (siehe oben): in einer äußerst einflußreichen Studie wies LaLonde (1986) nach, daß es auf der Basis nicht-experimenteller Ansätze äußerst schwierig sein dürfte, die experimentellen Resultate (die „benchmark") zu replizieren. Ob eine nicht-experimentelle Studie in der Lage ist, den tatsächlichen Programmeffekt erfolgreich widerzuspiegeln – so sein Argument – wäre dann reine Glückssache. Diese Resultate waren ein entscheidendes Argument für die Einrichtung der experimentellen JTPA-Evaluation.

- HHA: Die House Health Aide Demonstration (HHA) wurde zwischen 1983 und 1986 durchgeführt, um zu testen, welche Effekte durch die Beschäftigung von Sozialhilfeempfängern bei der Betreuung von Alten und Behinderten ausgelöst werden. Mitglieder einer experimentellen treatment group erhielten zunächst einen ein- bis zweimonatigen Kurs als sog. homemaker-home health aide, der von einer einjährigen Beschäftigung in einer subventionierten Arbeitsstelle gefolgt wurde. Auch die durch die Programmteilnehmer zu betreuenden Individuen wurden durch eine randomisierte Zuweisung ausgewählt; ihr Zustand besserte sich in der Tat im Verlauf des Programms geringfügig. Die Programmteilnehmer selbst erfuhren durch das Programm leichte Verbesserungen ihrer wirtschaftlichen Situation, die jedoch langfristig nicht anhielten. Insgesamt legt diese Erfahrung nahe, daß Pflegedienste im Hause der Patienten kein Programm darstellen, dem allzu großer Enthusiasmus entgegengebracht werden sollte.

- MFSP: Die Minority Female Single Parent Demonstration (MFSP) war ein Demonstrationsprogramm, das zwischen 1984 und 1987 eingerichtet wurde, um die Wirkung grundlegender schulischer und beruflicher Ausbildung für alleinerziehende Mütter aus gesellschaftlichen Randgruppen zu untersuchen. Dieses Programm ist vor allem dadurch bemerkenswert, daß es verdeutlicht, wie sehr die konkrete Ausprägung der Maßnahmen den Erfolg einer arbeitsmarktpolitischen Maßnahme bestimmt: es zeigte sich hier eindeutig, daß eine integrative Mischung von berufsspezifischen Ausbildungskomponenten am Arbeitsplatz und ein begrenzter schulischer Lerninhalt (Lesen und Rechnen) klar einem rein schulischen Ausbildungsprogramm überlegen waren.

f) Programme für wirtschaftliche benachteiligte Erwachsene: Verpflichtende Programme

Verpflichtende Ausbildungsprogramme zielen vor allem darauf ab, die Empfänger von Sozialhilfe zu einer Verbesserung ihrer produktiven Kapazität anzuleiten. Typischerweise werden im Rahmen verpflichtender Programme die Sozialhilfezahlungen als Sanktion gekürzt, wenn die Individuen nicht mit den Vorgaben des Programms kooperieren, in manchen Fällen bis zu 20%. Einige Beispiele für verpflichtende Ausbildungsprogramme sind das Work Incentive Program (WIN), das im Jahre 1967 eingerichtet wurde, um alleinstehende Mütter zu unterstützen, sog. welfare-to-work-Programme, die von einzelnen Bundesstaaten als Reaktion auf die Regelungen des Omnibus Budget Reconciliation Act (OBRA) des Jahres 1981 eingerichtet wurden, der den Staaten zusätzliche Optionen und Flexibilität im Design und der Einrichtung von verpflichtenden Programmen gewährte, und das Job Opportunity and Basic Skills Training-Programm (JOBS), das im Jahre 1988 eingerichtet wurde, um das WIN-Programm zu ersetzen und auszuweiten.

Während der letzten zwei Jahrzehnte wurden sämtliche bedeutenden Evaluationsstudien verpflichtender Ausbildungsprogramme im Rahmen sozialwissenschaftlicher Experimente durchgeführt. Die überwältigende Mehrzahl der Ergebnisse sprach diesen Programmen positive Effekte zu, wobei die Effekte für Frauen in der Regel höher ausfallen. Ökonomische Vorüberlegungen legen nahe, daß aufgrund der mangelnden Freiwilligkeit der Aufnahme einer Ausbildung im Rahmen dieser Programme die zu erwartende Ausbildungsrendite vergleichsweise kleiner ausfallen sollte als in freiwilligen Ausbildungsprogrammen. Dies scheint auch durch die vorliegende Evidenz bestätigt zu werden, auch wenn zum gegenwärtigen Zeitpunkt diese Schlußfolgerung noch relativ vorsichtig ausgesprochen werden muß.

Problematisch bei allen arbeitsmarktpolitischen Eingriffen, aber aufgrund ihrer umfassenden Natur insbesondere bei verpflichtenden Programmen, sind mögliche indirekte Effekte des Programms auf Nicht-Teilnehmer. Diese sind bedauerlicherweise noch nicht hinreichend untersucht, um hier ebenfalls eine konkrete Schlußfolgerung anzubieten. Es wäre jedoch möglich, daß Individuen ihr Arbeitsmarktverhalten oder ihren Aufenthaltsort als Reaktion auf die Einrichtung eines verpflichtenden Programms ändern, so daß sie zwar betroffen sind, aber nicht als Programmteilnehmer auftreten (zu einer Diskussion von Eintrittseffekten siehe auch Kapitel II. 3.2.2).

1.4. Arbeitsmarktpolitische Implikationen: Ausbildung

Aufgrund der ausgereiften Evaluationskultur in den USA können Ökonomen zu Beginn des 21. Jahrhunderts auf eine Vielzahl an Studien der letzten zwei bis drei Jahrzehnte über Auswirkung und Kosteneffizienz von Ausbildungsmaßnahmen zurückgreifen. Es wurde von diesen Studien konsistent aufgezeigt, daß die Programmeffekte heterogen für unterschiedliche Teile der Bevölkerung sind. Die tatsächliche Auswirkung jedes Programms hängt von der konkreten Ausgestaltung des Programms ab sowie vor allem von der jeweiligen Zielgruppe, deren ökonomische Situation durch das Programm verbessert werden soll. Die am ehesten optimistisch stimmenden Resultate wurden übereinstimmend für benachteiligte erwachsene Frauen gefunden, sowohl für freiwillige als auch für verpflichtende Ausbildungsmaßnahmen im Rahmen von sog. welfare-to-work Programmen. Die Frage nach Programmauswirkungen auf benachteiligte erwachsene Männer hinterläßt größere Unsicherheit.

Es ist jedoch ermutigend, daß die geschätzten Effekte für benachteiligte erwachsene Männer in der experimentellen Evaluation des nationalen freiwilligen Ausbildungsprogramms JTPA signifikant positiv waren. Mit der Ausnahme des Job Corps Program gab es allerdings kein Programm, das für Schulabbrecher hilfreich zu sein schien. Im Gegensatz dazu waren Programme zur Vermeidung des Schulabbruchs in einigen Fällen erfolgreich und erhöhten die Abschlußquoten unter den Programmteilnehmern nachweislich. Allerdings deuten die Studien auch darauf hin, daß dadurch keine nachhaltigen Einkommenseffekte erzielt wurden.

Ein Hauptanliegen, das von den vorliegenden Studien nicht beantwortet wird, ist die Frage, welche der verschiedenen Aktivitäten mit dem Ziel, Fähigkeiten zu verbessern, dieses Ziel auch erreicht. Stundenlöhne werden oft als wichtigster Indikator individueller Produktivität angesehen. Die meisten beobachteten Einkommenszuwächse durch Ausbildungsprogramme resultierten aber im allgemeinen eher aus Zunahmen in Arbeitsstunden als aus Zunahmen der Stundenlöhne. Auch in Bezug auf die Wirkung der verschiedenen Programme gibt es keine schlüssige Evidenz. Manche der Resultate legen nahe, daß die Ausbildung am Arbeitsplatz die Programmteilnehmer besser mit den tatsächlich benötigten Fähigkeiten ausstattet, als beispielsweise der relativ teure Förderunterricht zur Schulung kognitiver und analytischer Fähigkeiten. Eine ähnlich positive Schlußfolgerung ließe sich wohl für die Hilfe bei der Stellensuche ziehen, die in einigen der betrachteten Programme mit angeboten wird.

Die nachfolgenden Beobachtungen extrahieren die zentralen Erkenntnisse zur Wirksamkeit und Kosteneffizienz staatlicher Ausbildungsprogramme, insbesondere im Hinblick auf die Erwartungen, die man an zukünftig zu planende und zu implementierende Programme richten kann, aber auch auf die Rolle wissenschaftlicher Begleitung bei ihrer Gestaltung.

• Konzeptionelle Begründung: Wann immer die Ausgestaltung und Umsetzung eines staatlichen Ausbildungsprogramms diskutiert wird, sollte zuerst geklärt sein, welche Form des Marktversagens mit dieser Maßnahme korrigiert werden soll. So mögen beispielsweise Finanzierungsrestriktionen junge Menschen daran hindern, eine anspruchsvolle Ausbildung zu verfolgen, oder aber Ausbildung durch erhebliche zusätzliche soziale Renditen begleitet sein.

In beiden Fällen würden staatliche Eingriffe möglicherweise in der Lage sein, das jeweils resultierende, zu geringe Ausbildungsniveau zu korrigieren. Ohne derartige Gründe ist es keinesfalls offensichtlich, daß der Staat versuchen sollte, die individuelle Ausbildungsentscheidung zu beeinflussen.

- Administrative Komplexität: Obwohl die vorliegende Evidenz oft nicht eindeutig bestimmen kann, welcher Teil eines Ausbildungsprogramms im Detail den Erfolg eines insgesamt eher vorteilhaften Programms determiniert, ist sie unstrittig darin, daß praktische Umsetzbarkeit und möglichst geringe administrative Kosten besonders betont werden sollten. In jenen Fällen, bei denen es möglich war, Förderunterricht an einer (Berufs)Schule direkt mit Ausbildungsmaßnahmen am Arbeitsplatz zu vergleichen, schnitt letzteres besser ab. Die Erfahrung mit einem besonders erfolgreichen Programm in Kalifornien z.B. zeigt ebenso überzeugend wie nachdrücklich, daß die Vermittlung praktischer, arbeitsbezogener Fähigkeiten in Verbindung mit einem begrenzten Maß allgemeiner Ausbildung sowie individuell zugeschnittener Stellensuche ein für Ausbildungsprogramme erfolgversprechender Weg zu sein scheint.

Auch die Erfahrung mit dem Schulabschluß gleichgesetzten praktischen Abschlüssen (,,GED high school equivalents") zeigt, daß praktische Ausbildung wichtiger zu sein scheint als die reine Erlangung von Zeugnissen und Abschlüssen. Letztlich können auch geringe positive Effekte, die durch kostengünstige Maßnahmen wie die Unterstützung bei der Stellensuche hervorgerufen werden, hochgradig kosteneffizient sein, während andererseits großangelegte und teure Programme mit Ausbildungskursen auch beträchtliche Effekte hervorrufen müssen, um kosteneffizient zu sein.

- Realistische Erwartungen: Es ist sicherlich nicht realistisch, zu erwarten, daß der erzielbare Effekt durch ein staatliches Ausbildungsprogramm denjenigen privater Ausbildung deutlich übertreffen kann. Letzterer liegt bei ungefähr 10 Prozent pro Jahr zusätzlicher Ausbildung, oder geringfügig darunter. Dies impliziert, daß der Einkommenszuwachs, den Teilnehmer eines erfolgreichen staatlichen Ausbildungsprogramms erzielen können, nur moderat sein kann angesichts der üblicherweise kurzfristig angelegten Programmstruktur. In Abhängigkeit der Probleme, auf die das Programm gerichtet ist, kann es sein, daß der Effekt nicht ausreichend ist, um das Problem zu lösen. Es gibt z.B. deutliche Anhaltspunkte, daß es selbst die erfolgreicheren Programme in den USA bei vielen ihrer Teilnehmer nicht geschafft haben, die vorhandene Armut zu beseitigen. Darüber hinaus wäre es sicherlich zu optimistisch, von einer (momentan hypothetischen) umfangreichen Ausweitung staatlicher Ausbildungsprogramme vergleichbar positive Ergebnisse zu erwarten, gerade weil solche Maßnahmen andere Zielgruppen als in der Vergangenheit betreffen würden.

- Heterogenität der Effekte: Die Rendite von Ausbildungsinvestitionen und der Effekt jedes staatlichen Programms im allgemeinen ist heterogen in Bezug auf die Bevölkerung. Während es relativ präzises und konsistentes Wissen über den durchschnittlichen Effekt von Ausbildungsprogrammen gibt, so ist die Verteilung dieses Effekts weniger offensichtlich. Wir wissen allerdings, daß Ausbildungsprogramme unterschiedlichen Nutzen für unterschiedliche Zielgruppen implizieren. Demnach kann eine sorgfältige Bestimmung der Zielgruppe bereits vorbestimmen, was das Programm leisten kann. Es scheint z.B. eindeutig so zu sein, daß benachteiligte erwachsene Frauen sehr stark von der Teilnahme an Ausbildungsprogrammen profitieren, und daß ein gewisser Grad an bereits vorhandenen Fähigkeiten eine wichtige Voraussetzung für weiteren Erfolg durch Bildungsmaßnahmen ist.

- Wirtschaftlich benachteiligte Jugendliche: Eine mit der grundsätzlichen Heterogenität der Effekte einhergehende Beobachtung betrifft die relativ entmutigenden Resultate nahezu aller Ausbildungsprogramme, die auf die Verbesserung der Arbeitsmarktaussichten ökonomisch benachteiligter Jugendlicher abzielen. Es scheint offenbar kaum eine Möglichkeit zu geben, diesen zu helfen, wenn sie einmal die Entscheidung getroffen haben, ihre Schulausbildung nicht zu beenden. Will man daher die wirtschaftlichen Bedingungen dieser Zielgruppe erfolgreich verbessern, so gibt es offensichtlich nur einen Weg, den äußerst frühen Einstieg gefährdeter Jugendlicher bereits während ihrer Kindheit in Programme mit intensiver persönlicher Betreuung und Beratung.

Es ist äußerst problematisch, aus diesen Schlußfolgerungen zu den Wirkungen von staatlichen Programmen auf die ökonomischen Aussichten US-amerikanischer Jugendlicher, die durch hohe Armutsquoten (d.h. unter eine knapp bemessene absolute Armutsgrenze fallend, nicht nur unter die generöse relative Armutsdefinition europäischen Zuschnitts), ein schlechtes System öffentlicher Schulen in den städtischen Zentren und den hohen Anteil von Schwangerschaften im Jugendalter geprägt werden, weitreichende Schlußfolgerungen für Jugendliche in anderen Ländern zu ziehen. Daher ist das Potential von Arbeitsmarktprogrammen zur Verbesserung der ökonomischen Situation benachteiligter Jugendlicher beispielsweise in Deutschland eine weitgehend offene Frage.

- Die Notwendigkeit zur Evaluation: Eine letzte Schlußfolgerung betrifft die methodologischen Aspekte der Planung, Implementierung und Evaluation von Arbeitsmarktmaßnahmen. Die hohe Variabilität der Wirkungen von Maßnahmen auf unterschiedliche Zielgruppen und die differenzierten Auswirkungen verschiedener Maßnahmenbündel lassen erwarten, daß auch im Vergleich unterschiedlicher Ökonomien die gleiche Maßnahme eine Vielzahl von Ergebnissen implizieren dürfte. Obwohl die verfügbare empirische Evidenz anregende und informative Anhaltspunkte dafür liefert, wo man mit der Suche nach einem erfolgversprechenden Programm beginnen sollte (also sicherlich nicht beim Angebot verschulter Ausbildung für Schulabbrecher, ohne das gleichzeitige Angebot intensiver persönlicher Betreuung und Beratung), so ist der beste Rat, den man aus dieser Vielfalt der Resultate ableiten kann, der, daß politische Entscheidungsträger den Mut haben sollten, eine ganze Schar innovativer Ideen in kleineren Demonstrationsprojekten einem Test zu unterziehen.

Dies ist präzise die Idee hinter der Finanzierung einer Vielzahl von Demonstrationsprogrammen in den USA, durch die der Erfahrungsschatz hinsichtlich der Wirkungsweise von Arbeitsmarktprogrammen erheblich vermehrt wurde. Ohne den geringsten Spielraum für Kompromisse sollten all diese Versuche von Anfang an durch wissenschaftliche Evaluationsstudien begleitet werden. Natürlich sollte bei der Suche nach geeigneten Maßnahmen Kostenaspekte eine herausragende Rolle spielen, denn es ist viel schwerer mit einer teuren Maßnahme Kosteneffizienz zu erzielen. Ein weniger kostenintensiver Eingriff dagegen benötigt nur geringe Auswirkungen, um die Ausgaben zu rechtfertigen.

Schließlich sollte man ebenfalls nicht vergessen, daß der US-amerikanische Arbeitsmarkt mehr oder weniger hinreichend durch ein Wettbewerbsmodell angenähert werden kann – europäische Arbeitsmärkte hingegen weisen häufig Lohnrigiditäten und die Prävalenz kollektiver Lohnverhandlungen auf. Daher kann man nicht erwarten, daß Veränderungen der Komposition des Arbeitsangebots, etwa durch ausgedehnte Bildungsmaßnahmen, auch rasch in entsprechende Änderungen der Lohnstruktur umgesetzt werden. Evaluationsstudien im europäischen Kontext konzentrieren sich somit besser auf Beschäftigung und die Übergänge zwischen Beschäftigung und Arbeitslosigkeit, denn auf Löhne oder Verdienst. Im Kapitel III wird sich zeigen, daß – soweit im Augenblick eine Einschätzung möglich ist – die europäische Evidenz die Erkenntnisse der US-amerikanischen Forschung zu staatlichen Ausbildungsprogrammen in vielen Aspekten bestätigt, trotz der Betrachtung anderer, „typisch europäischer" Zielgrößen.

2. Monetäre und nicht-monetäre Anreizschemata

Im Regelwerk des SGB III existieren mehrere Maßnahmen, die direkt auf die Förderung der Bereitschaft von Arbeitgebern abzielen, arbeitslose Arbeitnehmer einzustellen. Hierbei stehen vor allem direkte Lohnsubventionen an den Arbeitgeber für die Einstellung von als förderungsbedürftig geltenden Arbeitnehmern im Vordergrund.

Im einzelnen werden in dieser Gruppe folgende Maßnahmen zusammengefaßt:

1. Eingliederungszuschüsse und Einstellungszuschuss bei Neugründungen,

2. Eingliederungsvertrag und

3. Maßnahmen zur Förderung der Aufnahme einer selbständigen Tätigkeit.

Die prozentuale Verteilung der Gesamtausgaben von 2,567,049 DM bzw. etwa 5% der Gesamtausgaben für alle Maßnahmen aktiver Arbeitsmarktpolitik in Deutschland im Jahr 1998 auf die Einzelmaßnahmen ist in Übersicht 2.7 graphisch dargestellt. Hierbei wird deutlich, daß die Eingliederungszuschüsse genannten direkten Lohnsubventionen zusammen mit den Einstellungszuschüssen bei Neugründungen etwa die Hälfte der Ausgaben dieser Gruppe ausmachen, während die Überbrückungsgeld genannten Anreize zur Aufnahme einer selbständigen Tätigkeit die andere Hälfte der Gesamtausgaben darstellen. Quantitativ vernachlässigbar hingegen sind die Aufwendungen für die mit dem Arbeitsförderungsreformgesetz neu eingeführten Eingliederungsverträge. Letzteres ist angesichts der Ausgestaltung dieser Maßnahme allerdings auch nicht verwunderlich (siehe auch unten).

Übersicht 2.7: Prozentuale Verteilung der Ausgaben für Anreizschemata in
Deutschland 1998

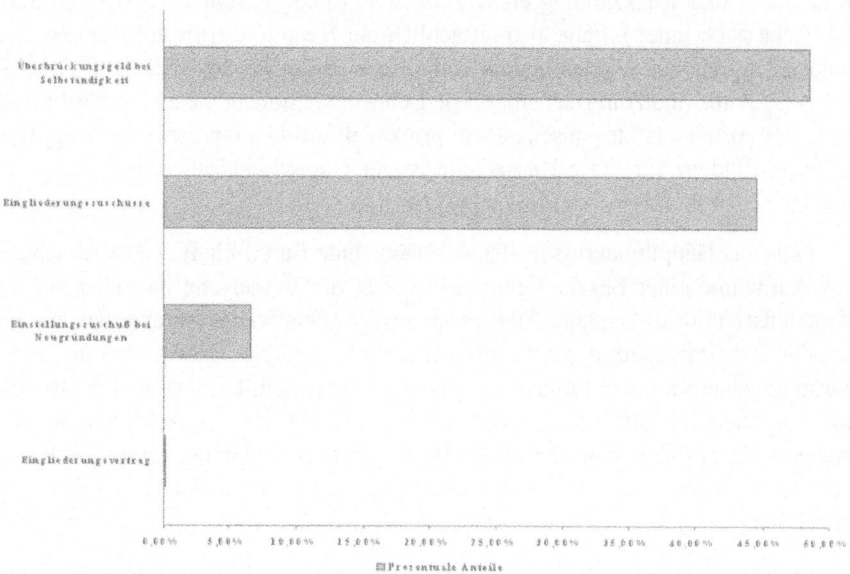

2.1. Eingliederungszuschüsse und Einstellungszuschuss bei Neugründungen

2.1.1. Institutionelle Ausgestaltung (§§ 217-224 und 225-228 SGB III)

a) Konzeptionelle Begründung

Die prinzipielle Motivation hinter diesen Lohnsubventionen ist Senkung der
Hemmschwelle von Arbeitgebern, arbeitslose Arbeitnehmer einzustellen, da eine
Einstellung unter Umständen mit einem hohen Risiko verbunden ist. So befürchten Arbeitgeber häufig hohe Kosten für die Einarbeitung von schlecht ausgebildeten und/oder lange aus dem Arbeitsleben ausgeschlossenen Arbeitnehmern,
die sie bei einer eventuellen Ungeeignetheit für ihre betrieblichen Zwecke dann
nicht oder nur sehr schwer wieder freisetzen können.

Direkte Lohnsubventionen in Form von Eingliederungs- bzw. Einstellungszuschüssen setzen an obigem Kostenargument an. Durch sie sollen die Arbeitgeber
für eine vorübergehend niedrigere Produktivität eines Arbeitslosen entschädigt
werden. Die Gewährung dieser Zuschüsse setzt allerdings die Begründung eines

formellen Arbeitsverhältnisses mit den üblichen arbeitsrechtlichen Regulierungen, insbesondere den üblichen Kündigungsschutzregelungen, voraus. Eine Beendigung des Arbeitsverhältnisses durch den Arbeitgeber kann unter Umständen die Pflicht zu einer Rückzahlung eines Teils der Zuschüsse führen (§ 223, (2) SGB III; siehe auch unten). Falls also tatsächlich ein Haupthindernis auf dem Weg zu einer erfolgreichen Wiedereingliederung die niedrige Produktivität von Arbeitslosen ist, dann sind Anreizschemata wie Lohnsubventionen, die an der Nachfrageseite des Arbeitsmarktes ansetzen, ein prinzipiell erfolgversprechender Weg. Empirische Evidenz für diese Kausalkette ist für Deutschland allerdings nicht vorhanden.

Falls das Haupthindernis jedoch die mangelnde Bereitschaft der Arbeitnehmer zur Aufnahme einer Beschäftigung sein sollte, die Verzerrung also eher auf der Angebotsseite des Arbeitsmarktes zu suchen ist, dann wären Anreizschemata, die bei den Arbeitnehmern ansetzen, die adäquatere Strategie. Häufig wird in diesem Zusammenhang auf das Lohnabstandsgebot der Sozialhilfe hingewiesen oder die im Vergleich mit anderen Ländern relativ lange Dauer der Arbeitslosenunterstützung als ein negativer Anreiz zur Beschäftigungsaufnahme angesehen. Empirische Evidenz für eine derartige Kausalkette ist für Deutschland ebenfalls nicht verfügbar.

Ein ernstzunehmendes Problem bei allen im SGB III vorgesehenen Formen direkter Lohnsubventionen sind eventuelle Mitnahmeeffekte durch Arbeitgeber, die auch ohne die Subvention bereit gewesen wären, den arbeitslosen Arbeitnehmer einzustellen. Weiterhin ist es notwendig, daß die Anreize auch quantitativ ausreichend sind, damit bei einem gegebenen Problem ernsthaft mit Verhaltensänderungen gerechnet werden kann.

b) Zielgruppe

Diese Maßnahmen zielen auf besonders schwer in den Arbeitsmarkt einzugliedernde Arbeitslose ab. In § 218 SGB III sind explizit folgende Personengruppen aufgeführt:

i. Arbeitnehmer, die besonders eingearbeitet werden müssen,

ii. Langzeitarbeitslose und (Schwer-) Behinderte oder

iii. ältere Arbeitslose.

Im Gesetzestext findet sich jedoch keine explizite Regelung, wann eine besondere Einarbeitung im Sinne des § 218, (1) Nr. 1 SGB III erforderlich ist. Letztlich kann man wohl davon ausgehen, daß sich eine Notwendigkeit hierzu für die Mehrheit aller Arbeitslosen begründen läßt, so daß diese Lohnsubventionen also de facto auf alle arbeitslosen Arbeitnehmer abzielen. Im Gesetz ebenfalls nicht explizit erwähnt sind junge Arbeitslose ohne Schulabschluß oder Berufsausbildung. Eine Förderung dieser Personengruppe mittels Eingliederungszuschüssen ist folglich nur über Punkt (i) möglich.

c) Zugangsvoraussetzungen

Die Gewährung von Eingliederungszuschüssen ist, wie oben bereits erwähnt, möglich, wenn der arbeitslose Arbeitnehmer einer besonderen Einarbeitung bedarf oder wenn die besondere Vermittlungsschwierigkeit darin besteht, daß der Arbeitnehmer langzeitarbeitslos oder (schwer-) behindert ist oder das 50. Lebensjahr vollendet hat und schon längerfristig arbeitslos ist. Eine Förderung ist insbesondere dann ausgeschlossen, wenn der arbeitslose Arbeitnehmer bei einem früheren Arbeitgeber eingestellt wird. Eine gleichzeitige Förderung ein und desselben Arbeitnehmers durch einen Eingliederungszuschuß und einen Einstellungszuschuß bei Neugründungen kann nicht bewilligt werden. Der grundlegende Unterschied zwischen Eingliederungszuschüssen und Einstellungszuschüssen bei Neugründungen, die ebenfalls ein unbefristetes Beschäftigungsverhältnis begründen, liegt in der Notwendigkeit, daß bei letzterem auch der Arbeitgeber bestimmte Kriterien erfüllen muß.

Insbesondere darf der Arbeitgeber seine selbständige Tätigkeit seit nicht mehr als zwei Jahren ausüben, nicht mehr als fünf Arbeitnehmer beschäftigen und der Arbeitslose muß für eine neu geschaffene Stelle eingestellt werden. Darüber hinaus dürfen nicht mehr als zwei Arbeitnehmer in einem Unternehmen gleichzeitig gefördert werden. Insbesondere die recht enge Frist von nicht mehr als zwei Jahren Selbständigkeit erscheint angesichts der üblichen Zeit für ein Etablieren eines neuen Unternehmens auf dem Markt doch sehr restriktiv. Außerdem ist es aus ökonomischer Perspektive schwer verständlich, warum eine gleichzeitige Förderung auf maximal zwei Arbeitnehmer beschränkt sein soll.

d) Ansprüche und Anspruchsdauer

Sowohl die Förderungshöhe als auch die Dauer der Förderung variieren bei den Eingliederungszuschüssen mit der Begründung für die Notwendigkeit der Förderung und liegen im Regelfall zwischen 30 Prozent des berücksichtigungsfähigen Arbeitsentgeltes nach § 218, (3) SGB III für eine Dauer von sechs Monaten und 50 Prozent für 24 Monate. Allerdings existieren für diese klaren Kriterien in den §§ 221 und 222 SGB III Ausnahmeregelungen, die auf der operativen Ebene alles andere als leicht umsetzbar sind. So ist es beispielsweise „in begründeten Fällen besonders schwerer Vermittelbarkeit" (§ 222, (1) SGB III) möglich, die Dauer der Förderung beträchtlich zu erweitern, wobei allerdings nicht definiert wurde, was man unter besonders schwerer Vermittelbarkeit zu verstehen hat. Im Sinne einer einfachen Umsetzung und im Hinblick auf eine kosteneffiziente Maßnahme sind solche unklaren Regelungen kontraproduktiv.

Die Höhe und Dauer der Förderung bei einem Einstellungszuschuß hingegen sind in § 227 begrüßenswerterweise klar pauschal geregelt und variieren damit nicht mit dem speziellen Eingliederungshindernis des Arbeitnehmers. Darüber hinaus gibt es auch keine Ausnahmeregelungen.

e) Gesamturteil: Administrative Komplexität und Zielgruppenfokussierung

Die administrative Komplexität der Eingliederungszuschüsse ist verhältnismäßig hoch, was insbesondere an den unkonkret formulierten Ausnahmeregelungen zur Förderungshöhe und Förderungsdauer, sowie an der komplexen Regulierung des Förderungsausschlusses und eventuell zu leistender Rückzahlungen liegt. Hierbei dürfte vor allem letzteres durch eine allzu starke Furcht vor Mitnahmeeffekten seitens der Arbeitgeber motiviert sein. Die Zielgruppenfokussierung dieser Zuschüsse ist eindeutig verbesserungsfähig. Ein Schritt in die richtige Richtung stellen die verhältnismäßig klar geregelten Einstellungszuschüsse bei Neugründungen dar, deren administrative Komplexität deutlich geringer und deren Zielgruppenfokussierung signifikant höher ist. Die institutionelle Ausgestaltung der Einstellungszuschüsse bei Neugründungen kann als vorbildlich für die Regelung der Eingliederungszuschüsse betrachtet werden, auch wenn sie an manchen Stellen etwas zu restriktiv erscheint.

2.1.2. Quantitative Bedeutung in Deutschland

Betrachtet man diese Ausgabenverteilung auf Ebene der Landesarbeitsämter, dargestellt in Übersicht 2.8, so läßt sich erkennen, daß eine beträchtliche regionale Variation existiert.

Übersicht 2.8: Prozentuale Anteile der Ausgaben für Eingliederungs- und Einstellungszuschüsse an den Gesamtausgaben auf Ebene der Landesarbeitsämter 1998

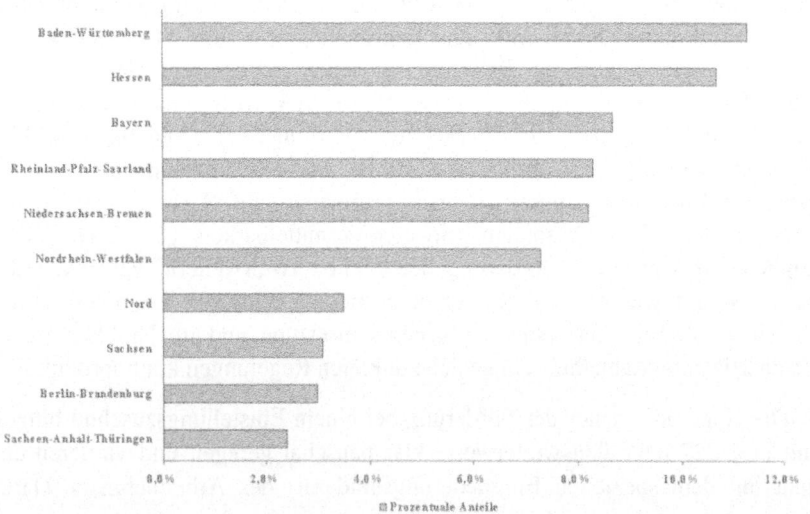

Besonders auffällig ist der deutliche quantitative Unterschied zwischen den westdeutschen und den ostdeutschen Landesarbeitsamtsbezirken. Die mit einer in absoluten Beträgen vergleichsweise hohen Gesamtsumme an Ausgaben ausgestatteten ostdeutschen Landesarbeitsamtsbezirke verwenden einen nur sehr geringen Teil davon für direkte Lohnsubventionen.

Die Anzahl der im Jahr 1998 durch diese beiden Maßnahmen geförderten Arbeitnehmer, sowie ihr jeweiliger Anteil an den Arbeitslosen dieser Personengruppe ist in Übersicht 2.9 dargestellt. Insgesamt wurden 51,304 Personen bzw. 1.2% der insgesamt Arbeitslosen im Rahmen solcher Lohnsubventionen gefördert. Überproportional stark vertreten war hierbei die Gruppe der Langzeitarbeitslosen und die älterer Arbeitnehmer. Bei Gesamtausgaben von etwas mehr als 1.3 Mrd. DM in Deutschland ergibt dies durchschnittliche Ausgaben von etwa 2150 DM pro Teilnehmer und Monat.

Übersicht 2.9: Anteil der durch Eingliederungszuschüsse und Einstellungszuschüsse bei Neugründungen geförderten Arbeitnehmer an den Arbeitslosen der jeweiligen Personengruppe in 1998 (Jahresdurchschnitte)

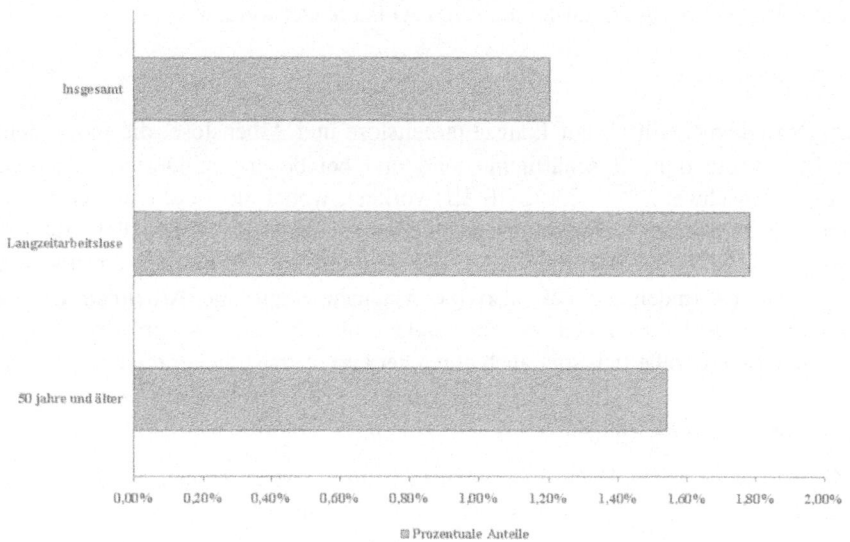

Auch hier kann also angesichts der relativ kleinen Teilnehmergruppe realistischerweise nicht erwartet werden, daß eine Schaffung neuer Beschäftigungsverhältnisse durch solche Subventionen in einer bedeutenden (absoluten) Größenordnung erreicht werden kann.

2.2. Eingliederungsvertrag

2.2.1. Institutionelle Ausgestaltung (§§ 229-234 SGB III)

a) Konzeptionelle Begründung

Die Motivation für die Einführung von Eingliederungsverträgen, deren zentrales Charakteristikum die fehlende Begründung eines formellen Arbeitsverhältnisses ist, dürfte die oben schon erwähnt Befürchtung einiger Arbeitgeber sein, daß sie für ihre betrieblichen Zwecke ungeeignete Arbeitslose nicht wieder freisetzen können. Eingliederungsverträge mit dem Ziel einer endgültigen Beschäftigung des Arbeitnehmers nach Ablauf einer gewissen Zeit stellen also eine Art „screening" Instrument für Arbeitgeber dar, das dieser zu Verringerung des mit einer endgültigen Einstellung verbundenen Risikos verwenden kann.

Zwar existiert keine empirische Evidenz für die These, daß Arbeitgeber vor der Einstellung von arbeitslosen Arbeitnehmern zurückschrecken, da sie diese auch bei Ungeeignetheit weiter beschäftigen müßten. Dennoch kann diese Maßnahme, die auch mit einer Lohnsubvention kombiniert werden darf, als ein prinzipiell erfolgversprechender Versuch zur Wiedereingliederung von Arbeitslosen mit einer Aussicht auf Kosteneffizienz betrachtet werden.

b) Zielgruppe

Die Maßnahme zielt ab auf Langzeitarbeitslose und Arbeitslose, die mindestens sechs Monate ohne Beschäftigung sind und bei denen „mindestens ein Vermittlungserschwernis" (§ 230 SGB III) vorliegt, wobei nicht definiert wird, was unter einem solchen Vermittlungserschwernis zu verstehen ist. Letztlich läßt sich wohl für die große Mehrheit aller Arbeitslosen ein Vermittlungserschwernis jeglicher Art finden, so daß also die Maßnahme auf alle Arbeitnehmer mit mindestens sechs Monaten Arbeitslosigkeit abzielt. Dies ist prinzipiell auch begrüßenswert, ließe sich aber auch einfacher und übersichtlicher regeln.

c) Zugangsvoraussetzungen

Mit Ausnahme der im Punkt b) erwähnten Kriterien ist als Zugangsvoraussetzung lediglich eine Zustimmung des Arbeitsamtes zu einem solchen Vertrag notwendig.

d) Ansprüche und Anspruchsdauer

Die Förderung im Rahmen eines Eingliederungsvertrages durch das Arbeitsamt besteht in der Entschädigung des Arbeitgebers für zu zahlendes Entgelt (inkl. Arbeitgeberanteil am Gesamtsozialversicherungsbeitrag) in Zeiten ohne Arbeitsleistung. Darüber hinaus kann für die Dauer des Eingliederungsvertrages auch ein Eingliederungszuschuß gewährt werden.

Die zeitliche Dauer von Eingliederungsverträgen ist auf mindestens zwei Wochen, höchstens jedoch sechs Monate beschränkt. Während dieser Zeit kann der Vertrag sowohl vom Arbeitgeber, als auch vom Arbeitnehmer ohne Angabe von Gründen gelöst werden (§ 232, (2) SGB III). Des weiteren kann das Arbeitsamt die Förderung einstellen, wenn „voraussichtlich das Eingliederungsziel, insbesondere wegen Fehlzeiten, nicht erreicht werden kann" (§ 233, (3) SGB III).

e) Gesamturteil: Administrative Komplexität und Zielgruppenfokussierung

Die administrative Komplexität dieser Maßnahme ist gering, die Zielgruppenfokussierung kann allerdings noch verbessert werden, indem der Zugang zu dieser Maßnahme vereinfacht wird. Als Zugangsvoraussetzung sollte eine bestimmte Arbeitslosigkeitsdauer ausreichend sein.

2.2.2. Quantitative Bedeutung in Deutschland

Im Jahr 1998 betrug die Anzahl der durch Eingliederungsverträge geförderten Arbeitnehmer in Deutschland insgesamt 824. Hiervon wurden allerdings 750 Personen in Westdeutschland gefördert und nur 74 in Ostdeutschland.

Übersicht 2.10: Anteile der durch Eingliederungsverträge geförderten Arbeitnehmer an den Arbeitslosen der jeweiligen Personengruppe in 1998 (Jahresdurchschnitte)

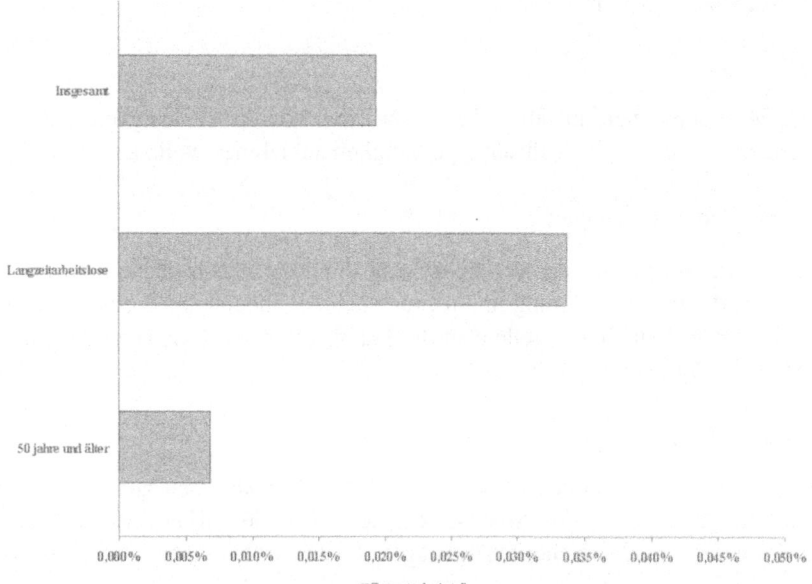

Insgesamt wurden durch diese Maßnahme also nur 0.02% aller Arbeitslosen erreicht. Da der Eingliederungsvertrag mit dem SGB III neu eingeführt wurde, kann in Zukunft unter Umständen mit einer häufigeren Nutzung dieses Instruments gerechnet werden.

2.3. Maßnahmen zur Förderung der Aufnahme einer selbständigen Tätigkeit

2.3.1. Institutionelle Ausgestaltung (§§ 57-59 SGB III)

a) Konzeptionelle Begründung

Die prinzipielle Motivation hinter der Förderung der Aufnahme einer selbständigen Beschäftigung von Arbeitslosen ist die im internationalen Vergleich relativ geringe Selbständigenquote in Deutschland. Selbständigkeit ist in der Regel mit einem hohen wirtschaftlichen Risiko verbunden, da vor allem in der Anfangsphase häufig nur geringe Einnahmen beträchtlichen Anfangskosten gegenüberstehen. Durch die Gewährung eines existenzsichernden Überbrückungsgeldes für die ersten Monate der Selbständigkeit sollen Anreize zur Aufnahme einer solchen Tätigkeit geschaffen werden. Dies ist zwar ein wichtiger Schritt in die richtige Richtung, jedoch dürfte auch klar sein, daß die Bereitschaft zur Aufnahme einer selbständigen Tätigkeit alleine nicht ausreichend ist für einen dauerhaften Erfolg. Hierfür sind auch Fähigkeiten zur kaufmännischen Führung einer Unternehmung notwendig sowie beispielsweise das Wissen um die vorhandenen finanziellen Fördermöglichkeiten durch zinsverbilligte Kredite, die bei vielen Arbeitslosen nicht vorhanden sein dürften.

b) Zielgruppe

Diese Maßnahme zielt auf alle arbeitslosen bzw. von Arbeitslosigkeit bedrohten Arbeitnehmer ab, die eine selbständige Tätigkeit aufnehmen wollen.

c) Zugangsvoraussetzungen

Neben Arbeitslosigkeit oder der Bedrohung durch Arbeitslosigkeit muß ein Arbeitsloser, der diese Förderung in Anspruch nehmen möchte noch eine „Stellungnahme einer fachkundigen Stelle über die Tragfähigkeit der Existenzgründung" (§ 57 SGB III) vorlegen.

d) Ansprüche und Anspruchsdauer

Die Leistungen im Rahmen dieser Maßnahme erstrecken sich auf die Zahlung eines Betrages in Höhe des Arbeitslosengeldes bzw. der Arbeitslosenhilfe (inkl. pauschalierter Sozialversicherungsbeiträge), die der Arbeitnehmer vorher bezogen hat oder hätte beziehen können. Diese Leistungen werden für die Dauer von sechs Monaten gewährt. Ausnahmeregelungen gibt es nicht. Es existiert auch keine Verpflichtung, die Förderung ganz oder teilweise wieder zurückzuzahlen, wenn nach Ablauf der Leistung eine Rückkehr in abhängige Beschäftigung oder Arbeitslosigkeit erfolgt.

e) Gesamturteil: Administrative Komplexität und Zielgruppenfokussierung

Die administrative Komplexität dieser Maßnahme ist gering und die Zielgruppenfokussierung angemessen. Allerdings läßt sich die Ausgestaltung noch verbessern, indem bestimmte Weiterbildungsmaßnahmen von mehreren Monaten Dauer als Vorbereitungskurse oder begleitende Kurse zugelassen werden.

2.3.2. Quantitative Bedeutung in Deutschland

Aus Übersicht 2.11 wird erkennbar, daß im Jahr 1998 etwas weniger als 60,000 Personen durch Überbrückungsgeld in der Aufnahme einer selbständigen Tätigkeit gefördert wurden. Dies ist deutlich weniger als in den Jahren zuvor, insbesondere verglichen mit dem Jahr 1996. Leider sind keine weiteren Informationen zu den Personengruppen vorhanden, die von dieser Förderung profitiert haben. Informationen zu der Anzahl der geförderten Personen, die nach Auslaufen der Förderung wieder in eine abhängige Beschäftigung oder in die Arbeitslosigkeit zurück gewechselt sind, sind ebenfalls leider nicht vorhanden.

Übersicht 2.11: Anzahl der durch Überbrückungsgeld geförderten Arbeitnehmer in Deutschland, 1995-1998

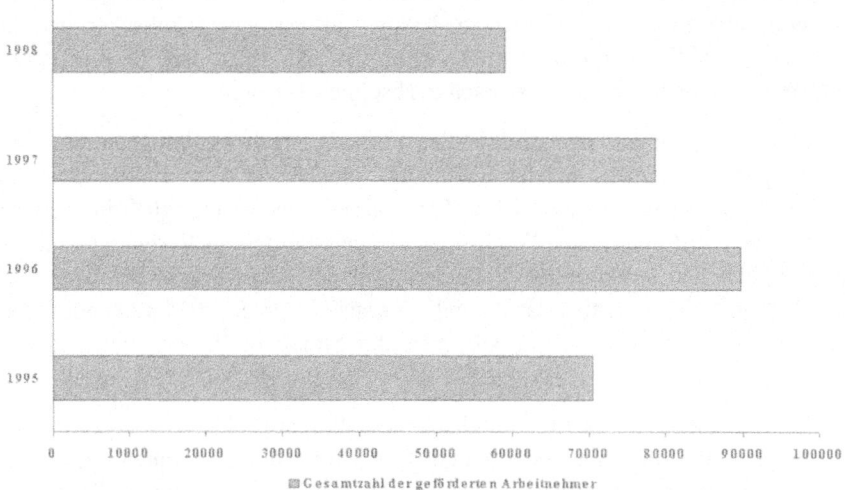

☒ Gesamtzahl der geförderten Arbeitnehmer

Um eine ungefähre Vorstellung über die Dimension der verwendeten Mittel pro gefördertem Arbeitnehmer zu erhalten, wurden die Gesamtausgaben für 1998 von 1,25 Mrd. DM durch die 59,202 Teilnehmern dividiert. Dies ergibt eine durchschnittliche Summe von etwa 21,000 DM pro Arbeitslosem. Für einen Zeitraum von jeweils sechs Monaten impliziert dies durchschnittliche monatliche Ausgaben von etwa 3,500 DM pro Kopf. Diese Summe bewegt sich also im Rahmen der durchschnittlichen Ausgaben pro Teilnehmer an FbW-Maßnahmen.

2.4. Empirische Evidenz internationaler Studien

Die Veränderung ökonomischer Anreize kommt als das prototypische wirtschafts-politische Steuerungsinstrument in vielen gesellschaftlich relevanten Bereichen zum Einsatz, beispielsweise bei der Gestaltung von umweltpolitischen Gesichts-punkten, bei der Anregung zur selbstverantwortlichen Altersvorsorge oder bei der Förderung des Wohnungsbaus. Auch die Probleme des Arbeitsmarkts werden häufig als Folgen falsch gesetzter Anreize gesehen, beispielsweise als Resultat eines übermäßig großzügigen sozialen Netzes, das manchen Individuen die Ar-beitsaufnahme relativ unattraktiv erscheinen läßt, oder als Ergebnis extensiver Arbeits- und Kündigungsschutzregelungen, die für die Arbeitgeber die Kosten der Einstellung potentieller Mitarbeiter prohibitiv erhöhen. Daher scheint es oft rat-sam, durch eine entsprechende Setzung gegenläufiger Anreize am Arbeitsmarkt diese verfahrene Situation zu verbessern.

Die allgemeine Diskussion von Anreizprogrammen als arbeitsmarktpoli-tischem Instrument erfolgt vor dem Hintergrund einer sich international in den letzten Jahrzehnten stark verändernden Lohn- und Beschäftigungstruktur. Dieser sog. skill-biased technical change hat dazu geführt, daß sich in der Mehrzahl der entwickelten Volkswirtschaften, vor allem in den USA und Großbritannien, die ökonomische Situation von Arbeitnehmern mit geringer schulischer und be-ruflicher Qualifikation drastisch verschlechtert hat, nicht nur in Relation zu anderen Arbeitnehmern, sondern auch in absoluten Termini.

Durch diese drastischen strukturellen Veränderungen werden auch die in den bestehenden Systemen sozialer Sicherung verankerten Abwägungen zwischen Effizienz und sozialem Ausgleich in Frage gestellt, die ursprünglich in einer Ära beständigen wirtschaftlichen Wachstums geregelt wurden. In Verbindung mit den augenblicklichen strukturellen Veränderungen am Arbeitsmarkt tendieren viele dieser Regelungen offenbar dazu, durch eine starke Verzerrung der ökonomischen Anreize wie bereits oben angesprochen die Situation für alle Beteiligten zu verschlechtern.

Grundsätzlich gibt es zwei Möglichkeiten, diesem Problem zu begegnen, von denen die eine Möglichkeit eine grundlegende Reform des gesamten Systems der sozialen Sicherung darstellt. Eine derartige Reform sollte am besten die Aspekte des Systems eliminieren, die wirtschaftlich weniger leistungsfähige Arbeitnehmer aus dem Arbeitsmarkt in die Abhängigkeit von Sozialhilfe locken, und sie durch Regelungen ersetzen, die die Bereitschaft zu eigenverantwortlichem Handeln unter Beibehaltung eines angemessenen sozialen Ausgleichs fördern. Eine solche Reform ist nicht zuletzt aufgrund vielfältiger politischer Widerstände äußerst unwahrscheinlich.

Eine zweite Möglichkeit besteht darin, im begrenzten Umfang zielgerichtete Anreizprogramme einzuführen, die einem Teil der verzerrten Anreize punktuell entgegenwirken. So werden in der ökonomischen Literatur häufig Lohnsubventionen mit dem Argument verfochten, daß sie sowohl derartige korrigierende Anreize geben können und eventuell gleichzeitig – trotz aller Notwendigkeit, staatliche Programme letztendlich durch Steuern finanzieren zu müssen – gegenüber der Ausgangssituation Einsparungen erlauben[15].

In diesem Abschnitt wird die verfügbare internationale Evidenz über die Effekte von staatlichen Anreizprogrammen im Hinblick auf ihre zentralen Erkenntnisse aufbereitet. Dabei muß aufgrund der Ermangelung einer Schar einschlägiger, qualitativ übereinstimmender Ergebnisse für Europa und Deutschland nahezu ausschließlich auf die Erfahrungen der USA und, in geringerem Ausmaß, Kanadas zurückgegriffen werden[16]. Auf jüngste europäische Studien, deren Resultate mit den Erkenntnissen der hier aufbereiteten internationalen Evidenz weitgehend übereinstimmen, wird dann getrennt in Kapitel III. 1 eingegangen.

Dieser Abschnitt beginnt mit einer kurzen Diskussion der Grundzüge der ökonomischen Mechanismen hinter der Wirkung von Lohnsubventionen, gefolgt von einem kurzen Abriß der theoretischen Aspekte einer welfare reform US-amerikanischen Zuschnitts. Auf diese allgemeine Diskussion folgt ein kurzer, aber recht umfassender Überblick über die einschlägigen Anreizprogramme in den USA und Kanada und die entsprechenden Evaluationsstudien. Dieser Überblick erfolgt in vier Schritten. Zunächst werden Lohnsubventionen an Arbeitgeber, dann solche an Arbeitnehmer diskutiert. Die zwei weiteren Abschnitte dienen der Darstellung zweier tiefergehender Themen, der „Einkommensprogression" (der langfristige, d.h. jenseits des Endes der Maßnahme liegende Erfolg der Programme auf die Arbeitsmarktergebnisse der Teilnehmer) und sog. „Eintrittseffekte" (Individuen mögen ihre Sozialhilfeabhängigkeit künstlich verlängern oder gar in diese geraten,

---

[15]   Eine frühe Quelle dieses Arguments ist Kaldor (1936), jüngere Abhandlungen sind Phelps (1994) und Snower (1994).

[16]   Die Thematik der Lohnsubventionen und der etwas umfassenderen Maßnahmen der sog. „Welfare Reform" wird u. a. in den Übersichtsartikeln von Katz (1998), Stanley et al. (1998), Blank et al. (1999), Dickert-Conlin und Holtz-Eakin (1999), Heckmal et al. (1999) und Schmidt (2000-US) ausführlich diskutiert. Für die deutsche Diskussion zur Lohnsubvention siehe Zimmermann et al. (1999), Bonin und Zimmermann (2001).

um die Vorzüge des Programms zu genießen), beide mit moderat optimistischen Resultaten.

Die Betrachtung der internationalen Evidenz wird schließlich von der Extraktion zentraler wirtschaftspolitischer Erkenntnisse abgeschlossen, die das Potential von Anreizprogrammen zum Anschub selbstverantwortlichen Handelns am Arbeitsmarkt gegen drohende Mitnahmeeffekte abwägen.

2.4.1. Die Ökonomik von Anreizprogrammen

Ein einfaches ökonomisches Modell des Niedriglohnsektors dient häufig zur Organisation der Argumente. Zwar läßt ein solch stilisiertes Modell viele Feinheiten dieses Marktes unbeachtet, es ist aber in der Lage, eine grundsätzliche Botschaft zu transportieren: Die relative Nachfrage nach niedrigausgebildeten Arbeitnehmern hat sich in nahezu allen Volkswirtschaften in den letzten Jahren rascher vermindert als das entsprechende relative Angebot (siehe oben). Es wird daher vielfältig vorgeschlagen, Maßnahmen begrenzten Umfangs zu implementieren, um in konkreten Situationen und für ausgewählte Zielgruppen die Anreizstrukturen zu verändern.

Ob die Einrichtung von Anreizprogrammen aus konzeptioneller Sicht gerechtfertigt werden kann, hängt sehr von der Ausgangssituation ohne das Anreizprogramm ab. Würde man von einem Wettbewerbsgleichgewicht ohne Verzerrungen und Informationsprobleme starten, so wird erst die Einrichtung eines Anreizschemas Verzerrungen in das System einführen. Dann muß die primäre intellektuelle Rechtfertigung für ein solches Programm entweder eine, in Nordamerika momentan oft geäußerte, workfare-Idee sein – das individuelle Arbeitsangebot ist unzureichend und sollte ausgeweitet werden – oder Verteilungsfragen, so daß die entsprechende Lohnsubvention primär ein Verteilungsinstrument darstellt.

Die Wirkungen solcher Lohnsubventionen können unabhängig von der konkreten konzeptionellen Rechtfertigung eines Eingriffs in einem einfachen (naturgemäß partialanalytischen) Angebots-Nachfrage-Rahmen diskutiert werden. Ein homogener und durch vollständigen Wettbewerb charakterisierter Arbeitsmarkt befinde sich in einem ursprünglichen Niedriglohngleichgewicht. In dieser Situation wird nun eine Lohnsubvention an entweder Arbeitgeber oder Arbeitnehmer eingeführt, wobei z. B. kostenlose Bereitstellung von Kinderbetreuung oder ähnliche Maßnahmen (wie etwa Qualifizierungsgutscheine) als kapitalisierte Lohnsubvention vorstellbar sind. Es wird bereits in dieser stilisierten Darstellung deutlich, wie sehr die Erreichung des gewünschten Ziels „Beschäftigungswachstum" von den empirischen Ausprägungen der Angebots- und Nachfragebeziehungen abhängt.

Das Resultat einer Lohnsubvention an Arbeitgeber wird eine Ausweitung der Arbeitsnachfrage sein – zu jedem denkbaren Lohnniveau fallen die Lohnkosten der Firmen um den Betrag der Subvention. Daher werden sowohl der Gleichgewichtslohn als auch die – Beschäftigung steigen. Ist die Nachfragekurve recht elastisch bzw. die Angebotskurve recht unelastisch, so wird der entsprechende Beschäftigungseffekt relativ gering sein. Arbeitnehmer, die bereits vor der Maßnahme in diesem Sektor beschäftigt sind, profitieren von der Lohnsteigerung, sofern sie nicht von der Subvention ausgeschlossen werden, zusätzlich beschäftigte Arbeitnehmer erhalten den neuen Gleichgewichtslohn. Auf der anderen Seite erhalten auch die Arbeitgeber einen Vorteil, denn trotz des gestiegenen Gleichgewichtslohns sind ihre Lohnkosten jetzt aufgrund der Subvention verringert worden.

Vom gleichen Ausgangsgleichgewicht startend kann nun die Wirkung einer äquivalenten Lohnsubvention für Arbeitnehmer durchdacht werden. Dabei erfordert diese Äquivalenz, daß die aus der Subvention resultierende Gleichgewichtsbeschäftigung ebenso groß ist, wie bei der geschilderten Subvention an Arbeitgeber. Das Resultat einer solchen Lohnsubvention ist eine Ausweitung des Arbeitsangebots, da zu jedem denkbaren Lohn nun mehr Einkommen bei den Arbeitnehmern verbleibt. Es ergibt sich demnach ebenfalls eine Erhöhung der Gleichgewichtsbeschäftigung, bei gleichzeitig sinkendem Gleichgewichtslohn. Allerdings erhalten auch die bereits beschäftigten Arbeitnehmer aufgrund der Subvention einen höheres Einkommen als vor der Einführung der Maßnahme (wiederum: falls die Maßnahme auf sie überhaupt übertragen wird). Die Vorzüge des neuen Gleichgewichts für neu beschäftigte Arbeitnehmer und Arbeitgeber sind offensichtlich. Die relativen Elastizitäten der Angebots- und Nachfragekurven im Ausgangspunkt sind entscheidend dafür, ob Lohnsubventionen an Arbeitgeber oder an Arbeitnehmer höhere Beschäftigungswirkungen zu entfalten in der Lage sind.

Die geschilderte Äquivalenz dieser beiden Arten von Subventionen läßt sich nur ohne weitere Argumente aufrecht erhalten, wenn die Beschäftigten (deren Arbeitsleistung durch Überstunden ausgeweitet werden kann) und die neu hinzukommenden Arbeitnehmer (Neueinstellungen) gleichartig sind und keinerlei Informationsprobleme bestehen. Sind Lohnsubventionen vorwiegend als Mittel der Rückführung von Arbeitslosen in die Beschäftigung gedacht, so bietet es sich an, anstelle der Lohnkosten Neueinstellungen zu subventionieren. Darüber hinaus kann dieser Rahmen nicht abbilden, daß die Zielpopulation eventuell schwer zu identifizieren bzw. selbst nicht völlig über das Programm informiert ist. Es kann sogar möglich sein, daß das soziale Stigma einer Identifikation mit der Zielgruppe die monetären Vorteile der Subvention übertrifft.

In jedem Falle muß man sich von diesem einfachen Bild der Wirkung von Lohnsubventionen lösen, wenn der Wettbewerbscharakter des Marktes durch Einfluß von Tarifverträgen oder die Einführung von Lohnnebenkosten verzerrt wird. Im allgemeinen liegen beide Einflußfaktoren gleichzeitig vor, so daß es unklar ist, ob die Nachfrage- oder die Angebotsseite subventioniert werden sollte. In diesem Falle kann eigentlich nur ein empirischer Vergleich mit einer

Kontrollsituation ohne jegliche Lohnsubvention das geeignete Modell zur Beschreibung des Niedriglohnsektors identifizieren.

In diesem Zusammenhang bietet es sich an, die Ökonomik hinter den augenblicklich in vielen Bundesstaaten der USA implementierten Versuchen zu skizzieren, die Arbeitsanreize von Sozialhilfeempfängern durch eine grundlegende Reform des Sozialhilfesystems zu verändern. Bis vor kurzem war der Empfang von Sozialhilfezahlungen gleichbedeutend mit einem Eingangssteuersatz bei Arbeitsaufnahme von 100%. Dieser hohe implizite Steuersatz wurde im Zuge der welfare reform in den meisten Staaten abgeschafft. Zusätzlich wurden finanzielle Arbeitsanreize durch eine Ausweitung sowohl des bundesweiten als auch der einzelstaatlichen Earned Income Tax Credits (EITC) geschaffen. Des weiteren wurden in jüngerer Zeit eine Reihe innovativer, grundsätzlich durch wissenschaftliche Evaluation begleitete Versuche gestartet, das System der sozialen Sicherung durch Anreizmechanismen zu verändern[17].

Während in der durch starkes ökonomisches Wachstum geprägten Zeit der sechziger und frühen siebziger des vergangenen Jahrhunderts war der Kampf gegen die Armut das oberste Ziel staatlicher Sozialhilfepolitik. In einer Reflektion dieser Grundhaltung wurde in den siebzigern eine Reihe sozialwissenschaftlicher Experimente durchgeführt, um die Effekte der Einführung einer sog. Negative Income Tax (NIT) zu untersuchen. Diese Programme waren als universelle Programme zur Einkommensunterstützung entworfen worden, die sich an alle Niedrigverdiener richteten. Als Folge hatten sie einen großen Anteil an Mitnahmeeffekten zu verkraften – für viele Individuen (sog. windfall beneficiaries) hätte es gar keines zusätzlichen Anreizes bedurft, um sie zur Arbeitsaufnahme zu bewegen. In der Tat wurden durch die NIT sogar Einkommenseffekte ausgelöst, die die Arbeitsanreize verminderten; zudem gab es keine zeitliche Beschränkung des Leistungsbezugs, so daß keine Anreize zu wachsender Selbstverantwortlichkeit gegeben wurden. So verwundert es nicht, daß die Evaluation dieser Programme entsprechend pessimistisch ausfiel.

Im Gegensatz zu den Intentionen der vorangegangenen Ära war Kostenersparnis das primäre Thema der frühen achtziger Jahre. Zwischen 1982 und 1996 bildete das Aid to Families with Dependent Children-Programm (AFDC) den gesetzlichen Rahmen für Unterstützungsleistungen an einkommensschwache Familien, von denen typischerweise viele alleinerziehende Eltern waren. Für viele der durch diese Regelung Betroffenen war es äußerst unattraktiv, eine niedrig entlohnte Arbeit aufzunehmen, da zumindest unterhalb einer gewissen Einkommensschwelle der Arbeitsverdienst aufgrund der resultierenden Kürzung der AFDC-Einkünfte zu 100% besteuert wurde. Daß ein solches Anreizsystem einen starken Anreiz liefert, nicht am Arbeitsprozeß teilzunehmen, wurde durch die niedrige

---

[17]   Einen Überblick über diese Entwicklungen geben Blank, Card und Robins (1999).

Rate der Arbeitsmarktpartizipation von alleinerziehenden Müttern mit AFDC-Einkünften mehr als bestätigt.

Im Gegensatz zu diesen früheren Zeiten ruht die Aufmerksamkeit der Diskussion um die angemessene Gestaltung eines Systems sozialer Sicherung augenblicklich auf den Themenbereichen „Ermutigung zur Arbeit" und „Selbstverantwortlichkeit". Diese Einstellung kommt u.a. in der bundesweiten Regelung des Jahres 1996 zum Ausdruck, die das AFDC-Programm abschaffte und den einzelnen Bundesstaaten eine größere Autonomie im Design ihrer Sozialhilfesysteme zuwies, wobei als Quelle der (restriktiveren) finanziellen Förderung durch den Bund das sog. Temporary Assistance for Needy Families-Programm (TANF) implementiert wurde.

Das System der sozialen Sicherung wurde in der Folgezeit drastisch umgestaltet, wobei ein zentrales Element die Reduzierung des impliziten Eingangssteuersatzes für Sozialhilfeempfänger, und somit eine deutliche Ausweitung der Arbeitsanreize war. Zwar ist das ökonomische Prinzip dieser Veränderungen dem der oben diskutierten, fehlgeschlagenen NIT-Programme der siebziger Jahre verwandt, aber diese innovativen Anreizsysteme werden häufig mit Arbeitsverpflichtungen gekoppelt und nahezu grundsätzlich mit starken zeitlichen Restriktionen des Mittelbezugs versehen. Zudem wird ein zentraler Fehler der NIT-Programme vermieden, indem die modernen Anreizprogramme grundsätzlich auf eine bestimmte Zielgruppe zugeschnitten, nicht als universelles Einkommensergänzungssystem konzipiert werden. Letztendlich hängt der Erfolg sprich die Kosteneffizienz eines solchen Anreizsystems davon ab, ob durch die spezifischen Regelungen des Mittelbezugs verhindert werden kann, daß starke Mitnahmeeffekte entstehen.

2.4.2. Evidenz aus den USA und Kanada

Die Diskussion des ökonomischen Instrumentariums hat gezeigt, daß finanzielle Anreize durch Lohnsubventionen sowohl auf der Arbeitgeber- als auch auf der Arbeitnehmerseite gegeben werden können. In den folgenden zwei Abschnitten werden diese zwei Grundformen der Lohnsubvention nacheinander behandelt, bevor in den zwei abschließenden Abschnitten auf weiterführende Themen eingegangen wird, Lohnprogression und Eintrittseffekte.

a) Lohnsubventionen an Arbeitgeber

In den USA werden zielgruppenbasierte Lohnsubventionen, die an Arbeitgeber gerichtet sind, um die Beschäftigung von Problemgruppen des Arbeitsmarktes zu erhöhen, in der Regel administrativ über das Steuersystem mit Hilfe von Steuervergünstigungen (sog. tax credits) abgewickelt. Die vorliegende Evidenz legt die Schlußfolgerung nahe, daß Lohnsubventionen, in Verbindung mit Ausbildungskomponenten die wirtschaftliche Situation benachteiligter erwachsener Arbeitnehmer, insbesondere von Sozialhilfeempfängern, verbessern können.

Problematisch scheinen dagegen Lohnsubventionen zu sein, die auf die Verbesserung der Situation solcher Arbeitnehmer abzielen, die typischerweise besonders niedrige Produktivität aufweisen – unter ein Lohnsubventionsprogramm zu fallen, kann unter Umständen aufgrund einer Assoziation mit einer Gruppe „schlechter Risiken" einen stigmatisierenden Effekt auslösen, so daß das Programm erst gar nicht in Anspruch genommen wird. Für Jugendliche gibt es hingegen zarte Evidenz dafür, daß der bereits oben angesprochene TJTC und das ebenfalls erwähnte YIEPP-Programm einen bescheidenen positiven Effekt ausgelöst haben.

- JOBS & WINTC: Das Job Opportunity in the Business Sector-Programm (JOBS) wurde zwischen den späten sechzigern und 1973 (der Einführung des Comprehensive Employment and Training Act (CETA)) eingesetzt, während das WINTC-Programm in den frühen siebzigern in Kraft war, um die Beschäftigung junger, wirtschaftlich benachteiligter Arbeitnehmer im privatwirtschaftlichen Sektor zu fördern. Arbeitgebern wurden im Rahmen dieser Programme ein Teil ihrer Lohnkosten erstattet, aber nur wenige Arbeitgeber nahmen diese Möglichkeit in Anspruch.

- NJTC: Der New Jobs Tax Credit (NJTC) bot Arbeitgebern zwischen 1977 und 1978 eine nicht an die Einstellung einer gewissen Zielgruppe gebundene Lohnsubvention in Form einer Steuervergünstigung in einer Höhe von bis zu 50% der ersten 4.200 US Dollar der Lohnzahlungen pro Beschäftigtem, falls der Beschäftigungszuwachs mehr als zwei Prozent über dem Vorjahresvergleich lag (maximal konnte jeder Arbeitgeber 100.000 US Dollar durch das Programm erhalten). Dieses Programm gab potentiellen Arbeitgebern somit einen starken Anreiz, benachteiligte Arbeitnehmer auf Teilzeitbasis einzustellen, anstatt Vollzeit-Arbeitsstellen zu schaffen. Insgesamt legt die verfügbare Evidenz den Schluß nahe (siehe u.a. Perloff und Wachter 1979), daß ein solches, nicht zielgruppengebundenes Anreizprogramm bescheidene Beschäftigungszuwächse auslösen kann.

- TJTC: Der Targeted Jobs Tax Credit (TJTC) wurde zwischen 1979 und 1994 als Nachfolger des NJTC eingesetzt, allerdings mit dem eindeutigen Unterschied einer Bindung an die Förderung der Beschäftigung bestimmter Zielgruppen, die im übrigen im Zeitablauf ebenso schwankten wie die spezifischen Förderungsregelungen. Ursprünglich wurde Arbeitgebern eine Steuervergünstigung in Höhe von 50% der Löhne im ersten und 25% der Löhne im zweiten Jahr der Beschäftigung gewährt. Im Jahre 1986 wurde die Subventionierung des zweiten Jahres abgeschafft, die des ersten auf 40% verringert. Diese Förderung reduzierte die Lohnkosten für den typischen TJTC-Teilnehmer um ungefähr 15%. Das Programm wurde nur verhalten angenommen, was offenbar eine Folge des sozialen Stigmas war, mit der Zielgruppe des

Programms identifiziert zu werden. Nichtsdestoweniger ergaben sich offenbar für benachteiligte junge Erwachsene bescheidene Beschäftigungseffekte durch dieses Programm.

- JTPA: Seit dem Jahre 1983 gewährte der Joint Training Partnership Act (JTPA) solchen Arbeitgebern eine temporäre (bis zu sechs Monaten) Lohnsubvention in Höhe von 50% der Löhne, die JTPA-Teilnehmer einstellten und ihnen berufsbildende Maßnahmen am Arbeitsplatz (on-the-job training) anboten. Es wurde von diesen Arbeitgebern erwartet, daß sie den betroffenen Arbeitnehmern dauerhafte Beschäftigung anboten; ansonsten drohte der Verlust der Möglichkeit des Bezugs zukünftiger Lohnsubventionen im Rahmen dieses Programms. Im Gegensatz zu den Regelungen des TJTC waren die Lohnsubventionen des JTPA-Programms auch wirtschaftlich benachteiligten Erwachsenen zugänglich.

Die in einem sozialwissenschaftlichen Experiment (siehe oben) ermittelte Evidenz zum JTPA-Programm läßt die Schlußfolgerung zu, daß dieser Teil des JTPA-Programms statistisch signifikante und ökonomisch spürbare Effekte auf die Einkommenssituation benachteiligter Erwachsener ausübte, die sich auch nach einer längeren Zeit nicht verflüchtigten. Die Ergebnisse für jugendliche Schulabbrecher waren jedoch nicht annähernd so ermutigend.

- YIEPP & HHA: Das Youth Incentive Entitlement Pilot Project (YIEPP) war ein Demonstrationsprogramm, das zwischen 1978 und 1981 mit dem Ziel eingesetzt wurde, die Einkommenssituation benachteiligter, zwischen 16 und 19 Jahre alter Jugendlicher zu verbessern. Im Rahmen dieses Programms wurden den Teilnehmern während der Sommermonate subventionierte Vollzeitstellen, während des restlichen Jahres Teilzeitstellen angeboten, unter der Auflage eines fortgesetzten Schulbesuchs (siehe auch oben). Obwohl die verfügbare Evidenz den Schluß nahe legt, daß die Einkommens- und Beschäftigungssituation der Teilnehmer kurzfristig substantiell stieg, war die Verdrängung nicht-subventionierter Arbeitsstellen (siehe auch Kapitel II.3) mit rund 50% sehr hoch und der Schulbesuch wurde nicht wie gewünscht verbessert. Ähnlich pessimistische Resultate wurden auch für das Homemaker-Home Health Aide-Demonstrationsprogramm (HHA) erzielt, das ebenfalls bereits oben diskutiert wurde.

b) Lohnsubventionen an Arbeitnehmer

In den USA und in Kanada hat es in jüngster Vergangenheit eine Vielzahl von Ansätzen gegeben, um die Arbeitsanreize benachteiligter Erwachsener zu verändern. Diese Anstrengungen umfassen sowohl die Bereitstellung finanzieller Anreize zur Arbeitsaufnahme als auch Arbeitsverpflichtungen im Rahmen von Sozialhilfebezug und dessen zeitlicher Regelung. Kurzfristig tendieren diese Programme dazu, einen erheblichen Erfolg aufzuweisen, aber ihr langfristiger

Einfluß auf die wirtschaftliche Situation der Betroffenen ist noch nicht eindeutig zu bestimmen.

- EITC: Das bislang bedeutendste Subventionierungsprogramm für Arbeitnehmer in den USA ist der Earned Income Tax Credit (EITC), der armen Familien mit Kindern eine Subvention von bis zu 40% der ersten 7.000 bis 10.000 ihres Einkommens gewährt. Auch wenn der EITC leider nicht durch ein randomisiertes Experiment evaluiert worden ist, so deutet die Studie von Eissa und Liebman (1996), die ein durch die Ausweitung des Programms im Jahre 1986 ausgelöstes „natürliches Experiment" statistisch ausnutzt, an, daß der EITC eine signifikante Ausweitung des individuellen Arbeitsangebots induziert.

- MFIP: Das Minnesota Family Investment Program (MFIP) wurde dagegen im Rahmen einer randomisierten Studie evaluiert. Dieses Demonstrationsprogramm zielt einerseits auf die Förderung von solchen Individuen ab, die einen Antrag auf Sozialhilfeunterstützung stellen, andererseits auf langjährige Sozialhilfebezieher. Beide Zielgruppen erhielten finanzielle Anreize zur Arbeitsaufnahme, die zweite Gruppe wurde darüber hinaus verpflichtet, auf Arbeitssuche zu gehen und Beratungsangebote in Anspruch zu nehmen. Diese Maßnahmen hatten in der Tat zumindest kurzfristig stark positive Effekte, langfristig jedoch wurden keine Effekte festgestellt, was zu einem großen Teil daran liegt, daß viele Empfänger von Sozialhilfe diese nach geraumer Zeit aus eigenem Antrieb verlassen.

- SSP: Das kanadische Self-Sufficiency Program (SSP) ist ein experimentelles Demonstrationsprogramm, in dem eine Lohnsubvention an Sozialhilfeempfänger mit lang anhaltendem Sozialhilfebezug (mindestens 12 der letzten 13 Monate) ausgezahlt wird, wenn sie die Sozialhilfe aufgeben, um eine neue Arbeitsstelle von 30 oder mehr Wochenstunden anzutreten. Die Lohnsubvention entspricht der halben Differenz zwischen dem erzielten Arbeitseinkommen und einer Zielgröße, die etwa zwei- bis dreimal dem Einkommen zum gesetzlichen Mindestlohn entspricht und somit recht großzügig bemessen ist. Unter anderem zeichnet sich dieses Programm durch seine geringe administrative Komplexität aus – die entsprechende Einkommenssubvention variiert zwar mit dem individuellen Arbeitseinkommen, nicht jedoch mit Familiengröße, anderen Einkommensarten etc. – und durch die zeitliche Begrenzung des Mittelbezugs auf maximal drei Jahre.

In der Evaluationsstudie wurden mittels eines Zufallsmechanismus rund 6.000 alleinerziehende Eltern, die oben angeführte Restriktionen erfüllten, in zwei kanadischen Provinzen in eine experimentelle treatment group (Teilnehmer) und eine entsprechende Kontrollgruppe unterteilt, wobei den Teilnehmern der Zugang zu der angesprochenen Einkommenssubvention gewährt wurde, den Mitgliedern der Kontrollgruppe nicht. Sowohl die Einkommen als auch die Beschäftigungsquote waren unter den Teilnehmern deutlich höher, so daß sich in diesem Programm sehr eindrucksvoll das Potential simpler, auf eine klar definierte Zielgruppe von Individuen zugeschnittener Anreizprogramme zeigt.

c) Einkommensprogression

Die zeitliche Begrenzung eines Programms der Einkommenssubventionierung wie des SSP birgt zumindest potentiell die Gefahr, daß nach Ablauf der Förderung durch das Programm die Teilnehmer wieder in die Abhängigkeit von der Sozialhilfe zurückgleiten. Diese Befürchtung wird durch die Beobachtung genährt, daß die Mehrzahl der durch die geförderten Arbeitnehmer neu angetretenen Stellen im Niedriglohnbereich angesiedelt ist, typischerweise ohne große Steigerungsmöglichkeiten bei längerer Beschäftigungsdauer. Daher sind Beobachter dieser Programme grundsätzlich besorgt, ob die Geförderten während der Förderungsdauer hinreichende Verbesserungen ihrer wirtschaftlichen Leistungsfähigkeit erfahren, um nach Ablauf des Programms eigenverantwortlich ihre ökonomische Situation zu bestimmen.

Die langfristig (auf fünf Jahre) ausgerichtete Studie von Card et al. (1999) belegt, daß die im Rahmen des Programms zu beobachtende „Einkommensprogression", die Rate der Lohnzuwächse für solche Arbeitnehmer, die aufgrund des Programms Arbeit aufgenommen haben, dies jedoch ohne das Programm nicht getan hätten (sog. „incentivized workers"), im Vergleich mit der Rate der Lohnzuwächse für solche Arbeitnehmer, die ohnehin gearbeitet hätten (sog. „non-incentivized workers"), kaum Unterschiede aufweist. Der beobachtete Lohnzuwachs ist dabei in etwa mit dem typischen Lohnzuwachs zu vergleichen, der für durchschnittliche Arbeitnehmer, also auch solche, die nicht wirtschaftlich benachteiligt sind, im allgemeinen beobachtet wird, wenn sie Erfahrung am Arbeitsmarkt sammeln. Dieses Resultat nährt die Hoffnung, daß die positiven Anreizeffekte eines zeitlich begrenzten Subventionierungsprogramms individueller Einkommen, das auf die Arbeitsaufnahme anstelle eines Sozialhilfebezugs abzielt, auch langfristig Früchte tragen können.

d) Eintrittseffekte

Kritiker finanzieller Anreizschemata führen häufig ins Feld, daß die Individuen in der Zielgruppe ihr Verhalten einzig und allein in eine nicht wünschenswerte Richtung anpassen könnten, um die Vorzüge des Programms zu genießen. So mögen beispielsweise die Sozialhilfeempfänger, die im Prinzip unter das SSP-Programm fallen könnten, würden sie nur lange genug (12 Monate) Sozialhilfe beziehen, ihre Phase der Abhängigkeit von staatlicher finanzieller Unterstützung künstlich verlängern, um nach Ablauf dieser Frist aufgrund einer Arbeitsaufnahme eine Einkommenssubvention zu beziehen, obwohl sie auch ohne das Programm – aber deutlich früher – diese Arbeit aufgenommen hätten. In diesem Falle wäre die gute Absicht des Anreizprogramms in ihr Gegenteil verkehrt.

Einen ersten Schritt zur Abwehr solcher „Eintrittseffekte" (im weitesten Sinne) stellt die Feststellung ihrer möglichen empirischen Relevanz dar. Sind sie vernachlässigbar, so hat das Anreizprogramm eine stärkere konzeptionelle Lebensberechtigung als bei Vorliegen erheblicher Eintrittseffekte. Im Falle des SSP-Programms läßt sich ziemlich sicher ausschließen, daß Individuen in die Abhängigkeit von Sozialhilfe eintreten (Eintrittseffekte im engeren Sinne), nur um ein Jahr später die Subventionen des SSP in Anspruch zu nehmen. Die lange Warteperiode auf den Subventionierungsanspruch macht ein solches Verhalten äußerst unattraktiv. Eine künstliche Verzögerung des Austritts aus der Sozialhilfeabhängigkeit mag jedoch durchaus empirisch relevant sein.

Dieser verzögerte Austrittseffekt ist der Untersuchungsgegenstand des SSP Entry Experiment, das – wie auch das eigentliche SSP-Experiment – eine randomisierte Zuweisung von Individuen zu Teilnehmer- und Kontrollgruppe folgt. Dieses Experiment wurde von Card et al. (1998) ausgewertet. Ein zweites Experiment war in diesem Zusammenhang notwendig, da hier nicht der direkte Zugang zu einer Einkommenssubvention, sondern die Bereitstellung der Information über einen in der Zukunft zu erwartenden Zugang – wenn man denn lange genug sozialhilfeabhängig bleiben würde – zu einer solchen Subvention zu bewerten war.

Die Evaluationsstudie legt die Schlußfolgerung nahe, daß für die meisten Individuen, die in Kanada eine Phase des Sozialhilfebezugs beginnen, lediglich ein kurzfristiger Verbleib in diesem Zustand wahrscheinlich ist. Die Neigung, bereits nach kurzer Zeit eine neue Arbeitsstelle anzutreten, ist typischerweise recht hoch, so daß eine künstliche Verlängerung dieser Phase mit dem Ziel des Eintritts in die Förderung durch das SSP hohe persönliche Kosten aufwirft. Darüber hinaus gibt es eine ganze Reihe von neuen Sozialhilfeempfängern, die mit und ohne Programm langfristig Sozialhilfe beziehen werden – auch sie werden durch die Anreizeffekte des Programms nicht negativ beeinflußt.

Negative, nicht intendierte Anreizeffekte durch ein Programm wie das SSP beziehen sich daher einzig auf diejenige Gruppe von Individuen, die in die Sozialhilfe eintreten, die sie zwar ohne das Programm innerhalb des ersten Jahres verlassen hätten, die aber bei zukünftigem Zugang zum Programm ihre Abhängigkeit künstlich verlängern. Die vorliegende Evidenz spricht eindeutig dafür, daß der Anteil dieser Individuen an allen, die neu in die Förderung durch die Sozialhilfe eintreten – zumindest im Kontext der beschriebenen experimentellen Studie für Kanada – nur gering ist. Daher sollte man, falls keine gegenläufige Evidenz im Rahmen anderer Anreizprogramme geliefert wird, kaum davon ausgehen dürfen, daß viele Individuen Sozialhilfe beantragen werden, nur um nach Ablauf eines Jahres die Förderung durch ein finanzielles Anreizprogramm zur Beendigung des Sozialhilfebezugs abzurufen, noch daß viele der neu in die Förderung durch Sozialhilfe eintretenden Individuen künstlich diese für sie unglückliche Lebensphase verlängern, nur um in den Genuß der Förderung durch das Anreizprogramm zu kommen.

2.5. Arbeitsmarktpolitische Implikationen: Anreizprogramme

Zusammenfassend legt die international vorhandene empirische Evidenz, die vor allem für Anreizprogramme in den USA und Kanada ermittelt wurde, nahe, daß finanzielle Anreizprogramme in der Lage sind, beträchtliche Änderungen im Arbeitsangebots- und Arbeitsnachfrageverhalten zu erzielen. Darüber hinaus scheinen sie ebenfalls in der Lage zu sein, die Einkommen von Familien im untersten Einkommensdezil signifikant zu erhöhen. Die induzierte Verhaltensänderung wie auch die Verbesserung der Einkommenssituation der Zielgruppe werfen dabei typischerweise recht geringe Kosten auf, wobei der angemessene Vergleichsmaßstab die Ausgaben in einem Sozialversicherungssystem ohne Anreizprogramm sind. Besonders erfolgreich und kostengünstig scheinen solche Anreizprogramme zu sein, die Ausbildungskomponenten und die Ausprägung beruflicher Fertigkeiten mit Lohnsubventionen an Arbeitgeber kombinieren.

Allerdings sind die Zielgruppen dieser Anreizschemata häufig durch solch ungünstige ökonomische Startbedingungen charakterisiert, daß auch ein erfolgreiches Programm ihre wirtschaftlichen Probleme nicht völlig zu lösen in der Lage ist. Auch für finanzielle Anreizprogramme lassen sich zentrale wirtschaftspolitische Implikationen aus der empirischen Evidenz extrahieren; die Parallelen zu den Erkenntnissen über Ausbildungsprogramme sind bemerkenswert.

- Konzeptionelle Begründung: Vor der Planung und Einführung eines finanziellen Anreizprogamms sollte im Idealfalle eindeutig geklärt sein, welche vorhandene Verzerrung individueller Anreize die Maßnahme mildern oder gar beheben soll. Häufig mag eine kostengünstigere Lösung in der Abschaffung der ursprünglichen Verzerrung liegen, vor allem in einer sinnvollen Reform des Sozialversicherungssystems. Die Frage nach der tatsächlichen Größenordnung der zugrundeliegenden Elastizitäten auf der Angebots- wie Nachfrageseite des Arbeitsmarkts, die beispielsweise die konkrete Ausgestaltung einer Lohnsubvention als Zahlung an Arbeitgeber oder Arbeitnehmer bestimmen sollte, ist jedoch eine empirische Frage, die augenblicklich nur äußerst unbefriedigend durchdrungen ist. Weiteren Aufschluß kann man sich daher nur von „Feldversuchen" unterschiedlich ausgestalteter Anreizprogramme versprechen.

- Administrative Komplexität: Die durchweg positiven Erfahrungen, die bislang mit Programmen wie dem kanadischen Self Sufficiency Program (SSP) erzielt wurden, legt nahe, daß praktische Umsetzbarkeit und niedrige administrative Kosten kaum hoch genug eingeschätzt werden können. Im SSP beispielsweise wird ein einheitliches Zielniveau eingerichtet, das eindeutig festlegt, welchen Zuschuß jede Programmteilnehmerin zu ihrem Monatsverdienst erhält. Es gibt keine komplizierten Ausnahmeregelungen, die diesen Zuschuß im Hinblick auf Familiengröße oder andere individuelle Charakteristika anpassen – und somit auch keine Notwendigkeit für umfangreiche Ermessensentscheidungen durch die Administratoren des Programms.

Eine solche Gleichförmigkeit der Behandlung von Teilnehmern mag manchem Betrachter im Hinblick auf Gerechtigkeitsvorstellungen nicht sehr sympathisch sein. Es ist jedoch nicht die Konstruktion eines völlig gerechten Systems der Einkommensumverteilung, das hier im Mittelpunkt steht (sonst wäre man auch schlecht beraten, sich eine solch komplizierte Form der Umverteilung auszudenken), sondern das Potential dieses Programms, mit verträglichem finanziellen Aufwand die Beschäftigung der Zielgruppe zu erhöhen. Zusätzliche Verwaltung ist niemals kostenfrei.

• Realistische Erwartungen: Wie auch bei Ausbildungsprogrammen kann man bei finanziellen Anreizschemata nur Auswirkungen in Größenordnungen erwarten, die der Höhe der gesetzten Anreize entsprechen. Im Falle des oben angesprochenen, recht erfolgreichen kanadischen SSP-Programms beispielsweise, sind die finanziellen Anreize an die Individuen (nicht jedoch die Kosten der Umsetzung, siehe oben) relativ großzügig bemessen. Somit überraschen die bemerkenswerten Effekte eigentlich nicht. Auf der anderen Seite wäre es recht naiv zu erwarten, daß eine bescheidende Lohnsubvention die Einstellungsentscheidungen von Arbeitgebern hinreichend beeinflussen kann, wenn deren Einstellungs- und Anlernkosten erheblich sind, oder wenn die Hauptursache für geringe Einstellungsneigung die Sorge ist, in Zeiten wirtschaftlichen Abschwungs die eingestellten Arbeitnehmer nicht wieder freisetzen zu können. In solchen Situationen muß eine Lohnsubvention entsprechend bemessen sein, um eine Verhaltensänderung seitens des Arbeitgebers zu erzielen.

Eine ähnliche Überlegung gilt für Lohnsubventionen, die – was im Prinzip eher begrüßenswert ist – an die Einstellung von Arbeitnehmern aus einer bestimmten Zielgruppe gebunden sind. Zieht die Identifikation als Teil dieser Zielgruppe ein soziales Stigma nach sich, so werden viele potentiell geförderte Arbeitnehmer lieber darauf verzichten, sich zu erkennen zu geben – es sei denn, die Lohnsubvention ist erheblich.

• Mitnahmeeffekte: Ein zentraler Bestandteil erfolgreicher Anreizprogramme ist die Vermeidung hoher Ausgaben an solche Individuen aus der Zielgruppe, die ihr Verhalten nicht aufgrund des Programms ändern, sog. windfall beneficiaries. Dies sind beispielsweise Arbeitnehmer, die eine Prämie dafür erhalten, die Abhängigkeit von der Sozialhilfe gegen eine Arbeitsstelle eingetauscht zu haben, obwohl sie dies auch ohne das Anreizprogramm getan hätten. Natürlich ist es schwer, diese Individuen zu erkennen, daher müssen Kernaspekte des Programms so zugeschnitten sein, daß sie bloße Mitnahmeeffekte dieser Art möglichst vermeiden helfen. Zu solchen Aspekten gehören z. B. im Falle der Sozialhilfe längere Anwartschaftsperioden. Im Falle der Eingliederung von Arbeitslosen ist u.a. eine Konzentration des Anreizprogramms auf Arbeitnehmer mit vergleichsweise hohen Vermittlungshemmnissen entscheidend.

Die implizite Mißachtung dieser Erkenntnis war eine der Hauptursachen für das relativ enttäuschende Abschneiden größerer sozialwissenschaftlicher Experimente der siebziger Jahre im Zeichen der sog. Negative Income Tax. Diese Experimente wurden als allgemeingültige Programme des sozialen Sicherungssystems in Zeiten eines expandierenden Wohlfahrtsstaats vorgesehen. Im Gegensatz dazu betonen die innovativsten finanziellen Anreizprogramme der Gegenwart die Ermutigung zur Selbsthilfe und der wirtschaftlichen Eigenverantwortung der Zielgruppe: Der Weg zurück in den Arbeitsmarkt sollte durch diese Anreize bereitet, nicht jedoch eine dauerhafte finanzielle Unterstützung geschaffen werden.

- Anschubeffekte: Erfreulicherweise kann zum augenblicklichen Zeitpunkt bereits angedeutet werden, daß es durchaus gelingen kann, auch nach Ablauf der direkten Anreize durch Zuschußzahlungen die wirtschaftliche Situation der Zielgruppe dauerhaft zu verbessern. So wenig konkrete Evidenz auch insgesamt vorliegt, so scheint es doch nicht der Fall zu sein, daß ein Auslaufen der Zuschüsse die Rückkehr ins soziale Netz bedeuten muß. Offenbar reicht häufig ein erster Anstoß aus, um danach der wirtschaftlichen Eigenverantwortung das Feld zu überlassen.

- Die Notwendigkeit zur Evaluation: Die vorliegende Evidenz liefert wichtige Hinweise darauf, wo die Suche nach erfolgreichen Anreizprogrammen starten sollte (um wiederum ein abschreckendes Beispiel zu nennen: sicherlich nicht bei einer universellen Eingliederungsprämie), vorzugsweise bei einem Programm, das einer wohldefinierten Zielgruppe großzügige Zuschüsse für eine Veränderung des Arbeitsangebotsverhaltens offeriert, aber gleichzeitig hinreichende Abwehrmechanismen gegen Mitnahmeeffekte aufweist. Auch bei finanziellen Anreizprogrammen sollte man den Mut haben, eine Vielzahl innovativer Ideen in Demonstrationsprojekte umzusetzen. Dabei spielt die angemessene Berücksichtigung der Programmkosten eine zentrale Rolle. Gegeben, daß Sozialhilfeempfänger und Langzeitarbeitslose staatliche Unterstützungszahlungen erhalten, kann im Vergleich dazu ein entsprechend entworfenes Anreizprogramm im besten Falle sogar Einsparungen für die öffentliche Hand implizieren.

Es kann nicht genügend betont werden, daß es keinerlei Wahl bei der Frage gibt, ob solche Demonstrationsprojekte durch wissenschaftliche Evaluationsstudien begleitet werden sollen oder nicht. Ohne wissenschaftliche Evaluation ist jegliches Projekt als Erkenntnisobjekt und mögliches Beispiel für weitere Initiativen vollkommen wertlos. Ein wichtiges Element in der abschließenden Bewertung jedes Anreizprogramms ist neben der Analyse der wirtschaftlichen Situation der Teilnehmer die Größenordnung der entstehenden Verdrängungseffekte. Somit ist die angemessene kontrafaktische Fragestellung hier etwas komplizierter, da sie ebenfalls berücksichtigen muß, wie Nicht-Teilnehmer ohne das Programm abgeschnitten hätten.

3. Arbeitsbeschaffungs- und Strukturanpassungsmaßnahmen

Aus Übersicht 2.2 wird deutlich, daß vor allem in Ostdeutschland ein erheblicher Teil der Mittel für aktive Arbeitsmarktpolitik für direkte Maßnahmen der Arbeitsbeschaffung ausgegeben wird. Hierbei wurden folgende einzelne Maßnahmen zusammengefaßt:

- Arbeitsbeschaffungsmaßnahmen und

- Strukturanpassungsmaßnahmen.

In der nun folgenden Betrachtung werden beide Maßnahmen gemeinsam analysiert, da die Unterschiede zwischen ihnen aus ökonomischer Perspektive recht gering sind. Ein zentraler Unterschied zwischen beiden Maßnahmen soll jedoch gleich zu Anfang erwähnt werden, nämlich die Tatsache, daß Strukturanpassungsmaßnahmen (SAM), die ursprünglich für Ostdeutschland alleine eingeführt und 1998 auch auf Westdeutschland ausgedehnt wurden, derzeit bis zum 31.12. 2002 befristet sind.

3.1. Regelungen in Deutschland

3.1.1. Institutionelle Ausgestaltung (§§ 260-271 und § 416 SGB III sowie ABM-Anordnung vom 23.10.1997 für ABM; §§ 272-279 und § 415 SGB III für SAM)

a) Konzeptionelle Begründung

Staatliche Beschäftigungsprogramme wie ABM und SAM sind ein beliebtes Instrument aktiver Arbeitsmarktpolitik in Deutschland. Durch sie läßt sich relativ schnell ein „Erfolg" in dem Sinne erzielen, als die Zahl der offiziell arbeitslos gemeldeten Arbeitnehmer deutlich reduziert werden kann. Aus ökonomischer Sicht ist es allerdings schwer, eine konzeptionelle Begründung dafür zu finden, daß der Staat für die Schaffung von Arbeitsplätzen sorgen sollte, wenn sie von privaten Unternehmen nicht in ausreichendem Maße angeboten werden.

Ebenso ist das Problem, das durch solche Beschäftigungsprogramme bekämpft werden soll, höchst unklar. Diese Programme zielen nicht auf die Ursache der Arbeitslosigkeit, also die Wurzel des Problems, ab, sondern nur auf die Tatsache, daß eine Person arbeitslos ist, also das Symptom des Problems. Die Hoffnung, mit staatlichen Beschäftigungsprogrammen beispielsweise eine nennenswerte Anzahl an Arbeitslosen qualifizieren zu können ist höchst unrealistisch. Darüber hinaus ist ein für die Arbeitslosigkeit an sich verantwortliches Marktversagen, das einen staatlichen Eingriff rechtfertigen würde, nicht erkennbar. Obwohl also keine wirklich überzeugende konzeptionelle Begründung für solche Maßnahmen besteht, werden diese in erheblichem Umfang vor allem in Ostdeutschland durchgeführt.

b) Zielgruppe

Gemäß § 263, (1) SGB III zielen ABM auf Langzeitarbeitslose oder Arbeitslose ab, die innerhalb der letzten zwölf Monate mindestens sechs Monate arbeitslos gemeldet waren und gleichzeitig die Voraussetzungen für unterschiedliche Entgeltersatzleistungen erfüllen. Allerdings kann das Arbeitsamt die Förderungsbedürftigkeit eines Arbeitnehmers unabhängig hiervon feststellen (§ 263, (2) SGB III), wenn eines von mehreren anderen Kriterien erfüllt ist.

Gemäß § 274, (1) SGB III zielen SAM auf arbeitslose oder von Arbeitslosigkeit bedrohte (!) Arbeitnehmer ab, die die Voraussetzungen für Arbeitslosengeld oder –hilfe erfüllen oder erfüllt hätten und ohne Zuweisung in SAM „auf absehbare Zeit nicht in Arbeit vermittelt werden können". Dies bedeutet letztlich, daß es für SAM eigentlich keine Zielgruppe gibt, die diesen Namen auch verdient hätte, da ein sehr hoher Anteil der Arbeitslosen diese Voraussetzungen erfüllt. Die Regelung, daß auch Arbeitnehmer die von Arbeitslosigkeit bedroht sind, für SAM förderungsbedürftig sind, bedeutet ja wohl hoffentlich nicht, daß Arbeitnehmer, die vor einer Entlassung stehen, schon vor derselben zu SAM zugewiesen werden. Falls doch, dann mutet das den rationalen Betrachter doch reichlich grotesk an, falls nicht, stellt sich die Frage, was diese Regelung überhaupt soll.

c) Zugangsvoraussetzungen

Bei den Zugangsvoraussetzungen wird zwischen der Förderungsfähigkeit einer Maßnahme und der Förderungsbedürftigkeit eines Arbeitnehmers unterschieden. Förderungsfähige Arbeitsbeschaffungsmaßnahmen sind Maßnahmen, die simultan folgende Kriterien erfüllen:

1. Die im Rahmen der Maßnahme durchgeführten Arbeiten müssen zusätzlich sein, d.h. sie dürfen ohne die Förderung gar nicht oder erst später durchgeführt werden (§ 261, (2) SGB III) und

2. die Arbeiten müssen im öffentlichen Interesse liegen, d.h. ihr Arbeitsergebnis muß der Allgemeinheit und nicht überwiegend erwerbswirtschaftlichen Interessen dienen (§ 261, (3) SGB III) und

3. durch die Maßnahme muß eine berufliche Stabilisierung oder Qualifizierung der Arbeitslosen erreicht werden (§ 260, (1), Nr.2 SGB III).

Nimmt man diese Forderungen sehr ernst und bedenkt weiterhin, daß § 1, (1) SGB III postuliert, daß Maßnahmen aktiver Arbeitsmarktpolitik die „Erhaltung und Schaffung von wettbewerbsfähigen Arbeitsplätzen nicht gefährden" dürfen,

dann ist erhebliche Skepsis hinsichtlich der Anzahl der praktisch tatsächlich för-
derungsfähigen Arbeitsbeschaffungsmaßnahmen angebracht.

Eine förderungsfähige Strukturanpassungsmaßnahme ist eine Maßnahme, die
eines der folgenden Kriterien erfüllt:

i. Die Durchführung der Maßnahme muß dazu beitragen, neue Arbeitsplätze zu
schaffen oder

ii. sie muß zum „Ausgleich von Arbeitsplatzverlusten erforderlich" sein, die
durch „Personalanpassungsmaßnahmen in einem erheblichen Umfang entstanden sind oder entstehen und sich auf den örtlichen Arbeitsmarkt erheblich
nachteilig auswirken" (§ 272 SGB III).

Keines der Kriterien wie „erforderlich" oder „erheblicher Umfang" ist dabei
näher definiert. Außerdem ist die Regelung „... oder entstehen ..." völlig unklar
und möglicherweise problematisch, denn durch sie ließen sich in der Tat SAM-
Förderungen in Erwartung zukünftiger Entlassungen rechtfertigen.

Für ABM und SAM förderungsbedürftige Arbeitnehmer sind solche, die die in
b) aufgeführten Kriterien erfüllen.

d) Ansprüche und Anspruchsdauer

Ein Höchstmaß an Komplexität wird durch die Leistungen an die geförderten Arbeitnehmer und deren Dauer im Rahmen von ABM erreicht. Für diese Maßnahmen regelt prinzipiell § 264, (2) zusammen mit § 265 die Höhe der Förderung.
In § 264, (3) jedoch sind einige Ausnahmefälle erlaubt, für die im gleichen Absatz
noch „besondere Ausnahmefälle" existieren. Darüber hinaus sind gemäß § 416
SGB III noch weitere Sonderregelungen für Ostdeutschland vorgesehen und § 266
SGB III ermöglicht eine „verstärkte Förderung" in Form zusätzlicher Zuschüsse
und Darlehen, wenn unter anderem ein „besonderes arbeitsmarktpolitisches
Interesse besteht" (§ 266, (1), Nr. 2 SGB III). Was darunter zu verstehen ist, wird
nicht näher geregelt. Diese zusätzlichen Zuschüsse und Darlehen dürfen zwar
„zusammen 30 Prozent der Gesamtkosten einer Maßnahme nicht übersteigen",
jedoch kann hiervon wiederum „im Einzelfall abgewichen werden" (§ 266, (1),
Nr.3 SGB III).

Die Dauer der Förderung von ABM ist in § 267 SGB III geregelt und sollte
zwölf Monate nicht überschreiten. Allerdings sind auch hier Ausnahmen möglich,
wenn eine Maßnahme „bevorzugt zu fördern ist" (§ 267, (2) und (3) SGB III).
Hierbei bleibt ebenfalls unklar, was eine bevorzugt zu fördernde Maßnahme
ausmacht. Des weiteren ist eine wiederholte Förderung möglich, wenn unter
anderem die Maßnahme „darauf ausgerichtet ist, [...] die Eingliederungsaussichten
dieser Arbeitnehmer erheblich zu verbessern" (§ 267, (5) SGB III). Es genügt
also, daß die Maßnahme beabsichtigt, die Eingliederungsaussichten erheblich zu
verbessern. Diese erhebliche Verbesserung, die im übrigen nirgendwo näher

definiert ist, muß aber offensichtlich nicht eintreten, damit die Maßnahme wiederholt gefördert werden darf.

e) Gesamturteil: Administrative Komplexität und Zielgruppenfokussierung

Zur administrativen Komplexität von ABM und SAM kann man aus ökonomischer Perspektive eigentlich nur resigniert feststellen, daß es einem schwer fallen dürfte diese noch zu überbieten. Die Anzahl der notwendigen Ermessensentscheidungen und Verwaltungsleistungen angesichts von Regelfällen, Ausnahmen, besonderen Ausnahmen und Sonderregelungen für Ostdeutschland, ist enorm hoch. Dieser Umstand alleine dürfte die Hoffnung auf eine Kosteneffizienz dieser Maßnahmen schon vorne herein als unrealistisch erscheinen lassen.

Eine Zielgruppenfokussierung ist bei beiden Maßnahmen eigentlich nicht vorhanden. Angesichts von deutlich über 120.000 Teilnehmern (davon der überwältigende Teil in Ostdeutschland) an diesen Maßnahmen in Deutschland 1998, die nicht zur Gruppe der besonders förderungsbedürftigen Arbeitnehmer zählen, liegt der Schluß nahe, daß die Kriterien für die Förderungsfähigkeit von Arbeitnehmern sehr weit ausgelegt werden. Dies ist angesichts der äußerst unkonkret formulierten Kriterien allerdings auch nicht weiter verwunderlich.

Wenn die Regelungen bezüglich der Förderungsfähigkeit von Arbeitsbeschaffungsmaßnahmen, insbesondere die Forderung der Zusätzlichkeit der ausgeführten Arbeiten, ernst genommen wird, dann muß man hinsichtlich der Möglichkeit, die Teilnehmer durch solche Maßnahmen zu qualifizieren, sehr skeptisch sein. Realistischerweise kann man allenfalls eine Stabilisierung im Sinne einer Heranführung von Langzeitarbeitslosen an ein regelmäßiges Beschäftigungsverhältnis durch ABM erwarten.

3.1.2. Quantitative Bedeutung in Deutschland

Im Jahr 1998 wurden in Westdeutschland insgesamt 1,97 Mrd. DM bzw. 16.4% der Mittel des Eingliederungstitels für Arbeitsbeschaffungsmaßnahmen verwendet. In Ostdeutschland lagen die entsprechenden Zahlen bei 5,45 Mrd. DM bzw. 43,3%. Die durchschnittlichen Ausgaben pro gefördertem Arbeitnehmer beliefen sich auf 2785 DM über einen durchschnittlichen Förderungszeitraum von 7,9 Monaten im Westen und 3002 DM bei 9,4 Monaten im Osten. Für SAM belief sich der pauschalierte Zuschuß für einen Vollzeitbeschäftigten auf 2162 DM monatlich, wobei die durchschnittliche Förderungsdauer im Westen 10,7 und im Osten 10,1 Monate betrug. Diese Zahlen spiegeln die wahren Kosten dieser Maßnahmen aber nur sehr unzureichend wider, da die indirekten Kosten für die Verwaltung der Maßnahmen hierin nicht enthalten sind. Übersicht 2.12 stellt den Anteil der durch ABM und SAM geförderten Arbeitnehmer an den jeweiligen Arbeitslosen dieser Personengruppe dar.

Übersicht 2.12: Anteil der durch ABM und SAM geförderten Teilnehmer an den
Arbeitslosen der jeweiligen Personengruppe 1998 (Jahresdurchschnitte)

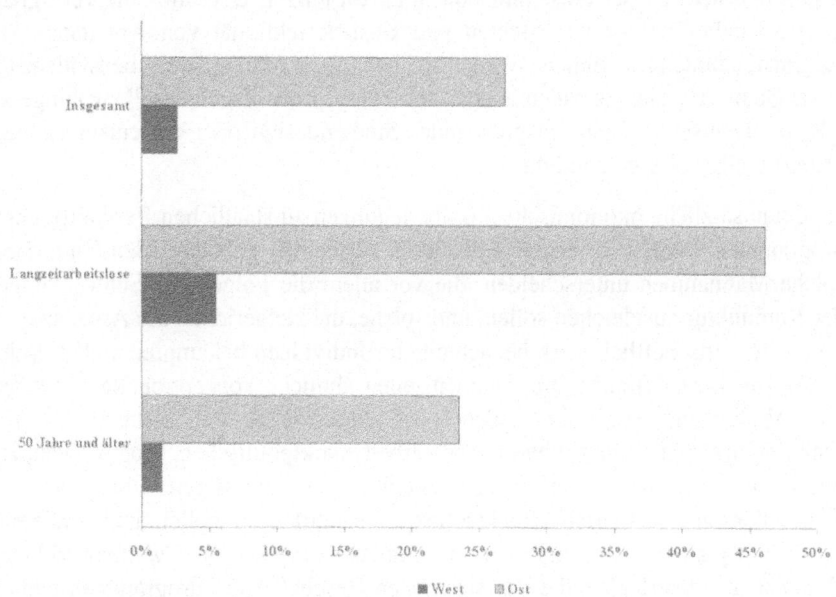

Auffallend ist der verglichen mit Westdeutschland extrem hohe Anteil der
Langzeitarbeitslosen in Ostdeutschland, der durch ABM oder SAM gefördert
wird. Angesichts dieser Zahlen und der hohen Kosten für diese Maßnahmen, auch
für die Verwaltung derselben, kommt folglich der Evaluation von Arbeitsbe-
schaffungs- und Strukturanpassungsmaßnahmen vor allem in Ostdeutschland eine
herausragende Bedeutung zu.

3.2. Empirische Evidenz internationaler Studien

Seit der Zeit der Großen Depression wird die Bereitstellung von Beschäftigungsmöglichkeiten im öffentlichen Sektor häufig als die unausweichliche Lösung für
das Problem einer vermeintlich zu geringen privatwirtschaftlichen Arbeitsnachfrage angesehen. Von ihren Kritikern dagegen wurden staatliche Beschäftigungsprogramme seit jeher kritisch gesehen, vor allem, da nur einem sehr ober-
flächlichen Betrachter entgehen kann, daß durch die „künstliche" Bereitstellung
einer an sich vom Arbeitsmarkt nicht geschaffenen Stelle notwendigerweise
gewisse Verdrängungseffekte entstehen müssen, so daß in einer Netto-Betrach-
tung die vermeintliche „Arbeitsbeschaffung" möglicherweise völlig, sicherlich
aber zu einem erheblichen Teil verpuffen dürfte.

Diese Verdrängungseffekte sind auch das zentrale Thema jeder Übersicht über die empirische Evidenz zu den Effekten von Arbeitsbeschaffungsmaßnahmen. Hinzu treten die administrativen Kosten solcher Programme, die ihre Bilanz noch weiter belasten. Dieser Abschnitt faßt in einem kurzen Überblick die verfügbare internationale Evidenz zu Effekten und Kosteneffektivität von Arbeitsbeschaffungsmaßnahmen zusammen. Wiederum bietet die nordamerikanische Evidenz die beste Quelle für einigermaßen abgesicherte empirische Ergebnisse[18], wohingegen z.B. für Deutschland ein entsprechendes Studiendesign oder ein entsprechender Datenzugang vollkommen fehlt.

Grundsätzliche ökonomische Vorüberlegungen zu staatlichen Beschäftigungsprogrammen werden im ersten Teil dieses Abschnitts geboten. Man kann dabei solche Maßnahmen unterscheiden, die vor allem die Folgen der Schwankungen der Konjunktur ausgleichen sollen, und solche, die zielgerichtet die Arbeitsmarktprobleme wirtschaftlich stark benachteiligter Individuen bekämpfen sollen. Beide Arten von Beschäftigungsprogrammen teilen ähnliche konzeptionelle Probleme. Die Abgrenzung gegenüber solchen (möglicherweise im Verbund mit Beschäftigungsprogrammen eingesetzten) arbeitsmarktpolitischen Programmen, die mit Lohnsubventionen ihren Programmteilnehmern die Bereitstellung von Arbeitsstellen im privatwirtschaftlichen Sektor gewährleisten wollen, ist vor allem in der Arbeitsplatzgarantie, und somit der Ausschaltung jeglicher wettbewerblicher Komponente, begründet, die mit staatlichen Beschäftigungsprogrammen einhergeht.

In den letzten Jahren haben viele Bundesstaaten der USA im Rahmen der sog. Welfare Reform Anstrengungen unternommen, den Bezug von staatlichen Unterstützungszahlungen an eine verpflichtende Arbeitsaufnahme zu koppeln (siehe Kapitel II.2). Viele dieser Programme, sog. workfare programs, verpflichten die Betroffenen zur Arbeitsaufnahme, ohne die Verantwortung für das Finden einer Arbeitsstelle gleichzeitig zu übernehmen. Andere hingegen stellen eine garantierte Arbeitsstelle im öffentlichen Sektor bereit, wohl im Empfinden, daß Arbeitsverpflichtungen zumindest für besonders schwer vermittelbare Arbeitnehmer nur sinnvoll bei gleichzeitiger Bereitstellung von entsprechenden Arbeitsstellen ausgesprochen werden können. In diesem Falle sorgt der Staat demnach nicht nur für eine Ausweitung des Arbeitsangebots, sondern auch eine gleichzeitige Ausweitung der Arbeitsnachfrage. Derartig verpflichtende Programme werden daher ebenfalls in diesem Abschnitt diskutiert.

Ein zweiter Teil arbeitet die verfügbare empirische Evidenz zu staatlichen Beschäftigungsprogrammen auf, bevor abschließend die wirtschaftspolitischen Implikationen der theoretischen und empirischen Forschung zusammengetragen werden.

---

[18]   Einen hervorragenden Überblick gibt der Beitrag von Ellwood und Welty (1999).

3.2.1. Verdrängungseffekte

Bei der Analyse jedes staatlichen Beschäftigungsprogramms steht die Einschätzung der durch dieses Programm ausgelösten Verdrängungseffekte im Mittelpunkt. Unterschiedliche Aspekte ergeben sich dabei bei arbeitsmarktpolitischen Programmen mit einer Verpflichtung zur Arbeitsaufnahme. Eine vollständige Diskussion der entstehenden Verdrängungseffekte erfordert ebenfalls eine Aufbereitung des fundamentalen Abwägungsproblems zwischen Verdrängungseffekten einerseits und Sinnhaftigkeit der geförderten Arbeit andererseits.

a) Verdrängungseffekte in Beschäftigungsprogrammen mit freiwilliger Teilnahme

Es ist keineswegs eine ausgemachte Sache, daß durch die Bereitstellung einer Arbeitsstelle im öffentlichen Sektor in der Tat zusätzliche Arbeit geschaffen wird, zusätzlich zu dem Beschäftigungsniveau, das sich ohne das Beschäftigungsprogramm eingestellt hätte. Wird beispielsweise im Rahmen eines staatlichen Beschäftigungsprogramms einer Organisation ohne Erwerbscharakter die Finanzierung einer neu geschaffenen Arbeitsstelle bzw. die Übernahme der Lohnkosten eines neu eingestellten Arbeitnehmers angeboten, so mag diese Organisation einen anderen Arbeitnehmer, den sie ansonsten eingestellt hätte, nicht einstellen, oder gar ein anderes Arbeitsverhältnis auflösen. Dieses Phänomen wird in der Literatur als public worker substitution bezeichnet und kann im drastischsten Fall zu einem eins-zu-eins-Tausch zwischen beschäftigten Arbeitnehmern führen.

Zusätzlich zu diesen direkten Verdrängungseffekten mag ein staatliches Beschäftigungsprogramm, wie im übrigen in meist weniger drastischer Form jede arbeitsmarktpolitische Maßnahme, indirekte Verdrängungseffekte auf den restlichen Arbeitsmarkt auslösen. Dieses Phänomen des sog. private crowd-out dürfte wahrscheinlich Mitglieder der Zielgruppe, die nicht Programmteilnehmer sind, am härtesten treffen. Die zusätzliche, „künstliche" Arbeitsnachfrage führt in der Tendenz zu einer Anpassung der relativen Löhne der geförderten Zielgruppe nach oben und somit zu einer Reduktion der privatwirtschaftlichen Beschäftigung.

Der tatsächliche Beschäftigungseffekt eines Beschäftigungsprogramms ist um so größer, je geringer die direkte Verdrängung im öffentlichen Sektor, je geringer die Elastizität der Arbeitsnachfrage und je größer die Elastizität des Arbeitsangebots. Die effektive Elastizität des Arbeitsangebots ist hoch, wenn zum gegebenen Lohnsatz das Angebot die Nachfrage drastisch übersteigt. D.h. in einer Zeit hoher Arbeitslosigkeit fällt das Phänomen der indirekten Verdrängungseffekte eventuell nicht sehr ins Gewicht. Andererseits sollte man jedoch nicht außer Acht lassen, daß ein derart simplistisches Modell notwendigerweise nicht erfassen kann, welche adversen Effekte die Teilnahme an einem Beschäftigungsprogramm langfristig für das Humankapital der betroffenen Arbeitnehmer bzw. deren Reputation haben kann.

b) Verdrängungseffekte in Arbeitsmarktprogrammen mit Verpflichtung zur Arbeitsaufnahme

Arbeitsmarktprogramme, die eine Teilnahmeverpflichtung aufweisen und gleichzeitig Arbeitsstellen im öffentlichen Sektor bereitstellen, weiten sowohl die Arbeitsnachfrage als auch das Arbeitsangebot gegenüber einer Situation ohne die staatliche Maßnahme „künstlich" aus. Diese künstliche Ausweitung des Arbeitsangebots sorgt in der Tendenz für eine Angleichung der Löhne der Zielgruppe nach unten und entzieht dem Arbeitsmarkt somit Arbeitnehmer, das Phänomen des sog. private worker crowd-out.

Der Effekt eines verpflichtenden Programms auf den privatwirtschaftlichen Sektor ist gering, wenn sich die Anzahl der zusätzlich bereitgestellten Arbeitsstellen der Ausweitung des Arbeitsangebots nähert. Es ist ebenfalls klar, daß in Zeiten hoher Arbeitslosigkeit, also eines bestehenden Angebotsüberhangs, eine Verpflichtung zur weiteren Arbeitsaufnahme problematisch sein muß.

c) Abwägungs- und Schätzprobleme

Die Einrichtung staatlicher Beschäftigungsprogramme kann offenbar je nach der Art des Programms und der ökonomischen Rahmenbedingungen zu mehreren drastischen Verdrängungsproblemen am Arbeitsmarkt führen. Ein entscheidender Parameter für den Erfolg eines solchen Programms ist dabei das Ausmaß der direkten Verdrängungseffekte, der public worker substitution. Ist diese erheblich, so ist die Anzahl der tatsächlich neu geschaffenen Arbeitsstellen niedrig.

Ein Weg, um diese direkten Verdrängungseffekte gering zu halten, ist, die staatlichen Beschäftigungsprogramme in Bereichen anzusiedeln, die ansonsten nicht zur Bildung einer Arbeitsstelle geführt hätten. Notwendigerweise ist in diesem Falle jedoch der gesellschaftliche Wert des durch die hier beschäftigten Arbeitnehmer erwirtschafteten Produkts niedrig, so daß ein ernsthaftes Abwägungsproblem zwischen der Sinnhaftigkeit der Mittelverwendung auf nutzlose Projekte und einer Vermeidung von direkten Verdrängungseffekten entsteht.

Gegen die Durchführung eines nutzlosen Projekts steht – bei aller Vermeidung von Verdrängungseffekten – ebenfalls die Sorge um die langfristigen Effekte auf die produktive Kapazität und nicht zuletzt auf das Selbstwertgefühl der betroffenen Arbeitnehmer. Es dürfte schwer sein, auf Dauer vor den Programmteilnehmern zu verbergen, daß sie im Rahmen einer Arbeitsbeschaffungsmaßnahme lediglich Tätigkeiten ausführen, die gesellschaftlich eine sehr geringe Wertschätzung genießen.

Direkte und erst recht indirekte Verdrängungseffekte sind nur äußerst schwer empirisch zu ermitteln. Direkte Verdrängungseffekte werden in empirischen Studien in der Regel durch ökonometrische Schätzungen oder auch durch Befragung von Administratoren der Programme erhoben, wobei beide Ansätze möglicherweise problematisch sind. Indirekte Verdrängungseffekte werden häufig nicht weiter problematisiert, was konzeptionell nur dann gerechtfertigt ist, wenn die Elastizität des effektiven Arbeitsangebots tatsächlich sehr groß ist.

Auch die Erhebung der genauen administrativen Kosten von staatlichen Beschäftigungsprogrammen ist problematisch, da wiederum direkte (z.B. die Lohnzahlungen im Rahmen der bereitgestellten Arbeitsplätze) und indirekte (wie etwa Kosten der Planung, Durchführung und Überwachung des Programms) Kostenkomponenten berücksichtigt werden müssen. Als grobe Faustregel zur Abschätzung der entstehenden administrativen Kosten kann man das Argument verwenden, daß solche Programme hohe Verwaltungskosten aufweisen dürften, die für die Teilnehmer langfristig positive Effekte erzielen wollen, z.B. durch Ausbildungsinhalte (siehe auch Kapitel II.1), oder die im Rahmen des Programms ein gesellschaftlich wertgeschätztes Produkt erstellen wollen.

3.2.2. Beschäftigungsprogramme in den USA

Einige der staatlichen Beschäftigungsprogramme, die im Laufe der letzten Jahrzehnte in den USA zum Einsatz kamen, wurden gründlichen Evaluationsstudien unterzogen, im Gegensatz zur Vielzahl europäischer Programme, für die fast keine ernstzunehmenden quantitativen Erkenntnisse vorliegen. Die Betonung der hier angebotenen Übersicht über die US-amerikanische Evidenz liegt auf der Erfassung der direkten und indirekten Verdrängungseffekte von Beschäftigungsprogrammen und auf den entsprechenden Verwaltungskosten.

Dieser Überblick führt zu einigen allgemeinen Schlußfolgerungen. Verdrängungseffekte sind in der Regel offenbar ein ernstzunehmendes Problem für staatliche Beschäftigungsprogramme. Dadurch droht die vermeintliche Schaffung zusätzlicher Arbeitsplätze häufig zu verpuffen. Um direkte Substitutionseffekte möglichst gering zu halten, muß typischerweise erheblicher administrativer Aufwand betrieben werden. Aspekte, die für die Vermeidung von direkten Verdrängungseffekten hilfreich sein können sind (i) eine sorgfältige Auswahl einer klar abgegrenzten Zielgruppe von zu fördernden Arbeitnehmern, die sich ihrerseits vom Kern der Erwerbstätigen deutlich unterscheiden sollte, (ii) die Beschränkung auf kurzfristige, nicht verlängerbare Beschäftigungsverhältnisse, (iii) die Vermeidung einer dauerhaften Zuweisung von Arbeitsstellen im Rahmen dieser Programme an staatliche Einrichtungen oder Organisationen ohne Erwerbscharakter und (iv) die Definition von Tätigkeiten, die sich von den ansonsten durch den öffentlichen Sektor angebotenen Tätigkeiten deutlich unterscheiden.

Indirekte Verdrängungseffekte, die nur äußerst schwer zu quantifizieren sind, werden typischerweise in solchen Programmen eher gering ausfallen, die (i) auf eine Zielgruppe von Arbeitnehmern mit hoher Arbeitslosenquote und -dauer abzielen, (ii) lediglich temporäre Beschäftigungsmöglichkeiten bieten und (iii) niedrige Entlohnung bieten. Auch die langfristigen Effekte auf die ökonomische

Situation der in diesen Programmen geförderten Arbeitnehmer sind nur sehr schwer zu quantifizieren. Nur für solche Programme, die das Sammeln von praktischer Erfahrung und berufliche Ausbildungskomponenten bieten können, besteht eine Aussicht auf langfristig positive Effekte. Dies sind jedoch leider genau jene Maßnahmen, die sowohl teuer zu administrieren als auch durch starke Verdrängungseffekte charakterisiert sind.

- CETA: Die empirische Analyse des Teils des Comprehensive Employment and Training Act (CETA), der aus der Bereitstellung von Arbeitsstellen im öffentlichen Sektor bestand, bietet starke Evidenz für das Vorliegen erheblicher Verdrängungseffekte. Obgleich CETA ursprünglich als Programm zur Bekämpfung struktureller Probleme der Arbeitslosigkeit konzipiert worden war, wurde es bereits ein Jahr nach seiner Einführung, im Jahre 1974, zu einem Programm zum Ausgleich konjunktureller Schwankungen umgewandelt.

- YIEPP: Das Youth Incentive Entitlement Pilot Project (YIEPP) bot Jugendlichen im Alter von 16 bis 19, die in ärmeren Gegenden eine High School besuchten, eine garantierte Teilzeitbeschäftigung während des gesamten Jahres und eine Vollzeitbeschäftigung während der Sommermonate, unter der Bedingung, daß sie die Schule weiter besuchten. Die vorliegende Evidenz legt die Schlußfolgerung nahe, daß rund 40% der eingerichteten Stellen Verdrängungseffekten zum Opfer fielen.

- SYEP: Das Summer Youth Employment Program (SYEP) bot in den siebziger und frühen achtzigern Jahren während der Sommermonate Jugendlichen Vollzeit- und Teilzeitarbeitsstellen. Eine einschlägige empirische Studie von Crane und Ellwood (1984) ermittelte diverse Schätzungen der entstandenen Verdrängungseffekte, die mit einer Bandbreite von 24% bis 47% in etwa die Ergebnisse des YIEPP bestätigten.

- New York City's WEP: New York City's Work Experience Program (WEP) ist ein breit angelegtes Programm, das Sozialhilfeempfänger zur Arbeitsaufnahme verpflichtet. Die Verdrängungseffekte, die im Rahmen dieser Maßnahme ausgelöst wurden, konnten nicht verläßlich quantifiziert werden.

- Milwaukee New Hope: Das Milwaukee New Hope-Programm unterscheidet sich von anderen staatlichen Beschäftigungsprogrammen durch seine ausdrückliche Betonung von Komponenten, die sich langfristig positiv auf die Maßnahmenteilnehmer auswirken sollten. Privatwirtschaftlichen Arbeitgebern wurden Lohnsubventionen als Anreiz der Einstellung von Arbeitnehmern aus der Zielgruppe geboten, aber Arbeitsstellen im öffentlichen Sektor wurden für diejenigen als Ausweichmöglichkeit in sog. Community Service Jobs (CSJ) bereitgehalten, die keinen privaten Arbeitgeber finden konnten. Das New Hope-Programm war als ein sozialwissenschaftliches Experiment konzipiert, um die Effekte dieser Maßnahme sowohl auf Beschäftigung als auch auf

Arbeitseinkommen zu ermitteln, und fand im Vergleich mit anderen staatlichen Beschäftigungsprogrammen relativ erfreuliche Resultate.

3.3. Arbeitsmarktpolitische Implikationen: Arbeitsbeschaffungsmaßnahmen

Es wäre fatal, bei einer Bewertung von Arbeitsbeschaffungsmaßnahmen lediglich die Zahl der neu eingestellten Arbeitnehmer zu berücksichtigen. Statt dessen ist es unerläßlich, die zentrale Frage zu stellen: Wird tatsächlich Arbeit geschaffen oder werden diese Bemühungen gänzlich durch Verdrängungseffekte zunichte gemacht? Verdrängungseffekte nehmen dabei zwei grundsätzliche Formen an. Zum einen werden im öffentlichen Sektor im Vergleich mit einer Situation ohne das arbeitsmarktpolitische Programm Arbeitnehmer, die nicht durch die Maßnahme gefördert werden, nicht eingestellt, um für die Teilnehmer der Arbeitsbeschaffungsmaßnahme Platz zu machen. Noch schwerer zu erfassen als diese Verdrängung im staatlichen Sektor ist, wieviele Arbeitsplätze im privatwirtschaftlichen Bereich verloren gehen, weil die mit den günstigen Arbeitnehmern aus der Arbeitsbeschaffungsmaßnahme ausgestatteten Firmen die entsprechende Leistung günstiger am Markt anbieten können.

Die internationale Evidenz legt nahe, daß Substitutionseffekte durch geeignete Maßnahmen recht gering gehalten werden können, aber das gelingt offenbar nur in Programmen mit hohem administrativen Aufwand und harten Teilnahmebedingungen. Erfolgversprechende Programme sind typischerweise eng auf eine Zielgruppe zugeschnitten, sind grundsätzlich von zeitlich limitierter Natur und zahlen Niedriglöhne. Ähnliche Voraussetzungen müssen erfüllt sein, um Verdrängungseffekte im privatwirtschaftlichen Bereich weitgehend zu vermeiden. Somit können Arbeitsbeschaffungsmaßnahmen nur unter bestimmten Bedingungen eine legitime Rolle im Spektrum arbeitsmarktpolitischer Programme einnehmen, dann jedoch insbesondere als Instrument temporärer Entlastung des Arbeitsmarkts. Insgesamt besteht weitgehende Übereinstimmung in der Literatur, daß Arbeitsbeschaffungsmaßnahmen von allen drei Grundformen direkter staatlicher Eingriffe in den Arbeitsmarkt in der Einschätzung ihrer Leistungsfähigkeit grundsätzlich bei weitem am schlechtesten abschneiden.

Einige entscheidende Beobachtungen zu Arbeitsbeschaffungsmaßnahmen werden im folgenden zusammengefaßt.

• Konzeptionelle Begründung: Aufgrund der zu erwartenden Verdrängungseffekte, aber auch, da die Bereitstellung wettbewerbsfähiger Arbeitsstellen in der Regel dem privatwirtschaftlichen Sektor eher gelingt als der staatlichen Arbeitsverwaltung, lassen sich staatliche Beschäftigungsprogramme konzeptionell nur äußerst schwer rechtfertigen. Nichtsdestoweniger, obwohl das

Potential des Marktes nicht unterschätzt werden sollte, auch eine größere Ausweitung des Arbeitsangebots (beispielsweise bei einer Reform des Systems sozialer Sicherung) in Beschäftigung umzusetzen, so könnte es bei einem Nachlassen der Konjunktur durchaus sein, daß, wenn die Löhne im Niedriglohnsektor nicht rasch auf ein ausgeweitetes Arbeitsangebot reagieren, es unvermeidlich sein könnte, zuweilen zeitlich begrenzte Stellen im öffentlichen Sektor zu schaffen. Allerdings verliert diese Überlegung in dem Augenblick ihre Berechtigung, in dem diese Stellen dauerhafter Natur sind.

- Administrative Komplexität: Gerade im Kontext der Arbeitsbeschaffungsmaßnahmen wäre es fatal, die Kosten des administrativen Apparats aus den Überlegungen herauszulassen. Da die Ausweitung sinnvoller Beschäftigungsmöglichkeiten sicherlich nicht der komparative Vorteil der öffentlichen Hand sein dürfte, scheint es grundsätzlich sehr schwer, ein Arbeitsbeschaffungsprogramm zu entwerfen, das einerseits geringe administrative Komplexität aufweist, aber andererseits so aufgebaut ist, daß nur geringe Verdrängungseffekte befürchtet werden müssen. Andererseits läßt sich aber nur ein Programm rechtfertigen, das solche Verdrängungseffekte weitgehend vermeidet, denn eine solche Maßnahme bindet erhebliche Ressourcen.

- Realistische Erwartungen: Wenn man bedenkt, daß Arbeitsbeschaffungsmaßnahmen das Risiko in sich tragen, daß lediglich ein Austausch von Arbeitnehmern im öffentlichen Sektor vorliegt, ohne jeden Nettozuwachs an Beschäftigung, bzw. daß lediglich der öffentliche Sektor auf Kosten des privatwirtschaftlichen Sektors ausgedehnt wird, dann muß man auch hinsichtlich der Erwartungen an diese Programme realistisch bleiben. Bei der konkreten Ausgestaltung solcher Programme kann man nicht vermeiden, entweder ein Programm mit geringen Verdrängungsproblemen, aber geringer Wertschöpfung und vernachlässigbarer Auswirkung auf die wirtschaftliche Situation der Teilnehmer anzubieten, oder ein Programm, das erhebliche Kosten aufwirft und von Verdrängungsproblemen geplagt wird. Bestenfalls kann man also davon ausgehen, daß das Potential dieser Art des Arbeitsmarkteingriffs recht beschränkt ist.

- Verdrängungseffekte: Um sich dem Ziel geringer Verdrängungseffekte zu nähern, können Arbeitsbeschaffungsprogramme in der Regel nicht umhin, ihr Augenmerk auf solche Arbeitnehmer zu richten, die sich vom Rest der Arbeitnehmer deutlich unterscheiden, und diesen solche temporären Positionen anzubieten, die sich wiederum von den Beschäftigungsmöglichkeiten anderer Arbeitnehmer des öffentlichen Sektors abheben. Auch die Verdrängung im privatwirtschaftlichen Bereich sollte eher gering sein, wenn man als Zielgruppe Arbeitnehmer mit hoher Arbeitslosigkeitsrate wählt, besser sogar noch Langzeitarbeitslose, und wenn die Stellen temporärer Natur sind. Diese Einschränkungen bedeuten natürlich andererseits, daß es kaum gelingen wird, die wirtschaftliche Situation der Zielgruppe entscheidend zu verbessern – als Instrument der dauerhaften Rückführung Arbeitsloser in den ersten Arbeitsmarkt sind daher Arbeitsbeschaffungsprogramme weitgehend ungeeignet.

- Wertschöpfung: Da das oberste Ziel einer konzeptionell vertretbaren Arbeitsbeschaffungsmaßnahme die zielgerichtete, temporäre Entlastung solcher Arbeitnehmer ist, die ansonsten in diesem Augenblick keine Stelle im privatwirtschaftlichen Bereich finden würden, scheint das Thema der in diesen Stellen erzielten Wertschöpfung eher zweitrangig zu sein. Solche Programme, die eine hohe Wertschöpfung erzielen, fallen leider auch eher dem Problem der Verdrängung anheim. Somit sind Arbeitsbeschaffungsmaßnahmen auch als Instrument der kostengünstigen Bereitstellung für die Gesellschaft wertvoller, aber auf dem Markt nicht gehandelter Güter und Dienstleistungen weitgehend ungeeignet.

- Die Notwendigkeit zur Evaluation: Obwohl sie politisch so überaus relevant sind und teilweise bedeutende Anteile des öffentlichen Budgets für sich in Anspruch nehmen, wurden Arbeitsbeschaffungsmaßnahmen nur äußerst selten einer wissenschaftlichen Evaluation unterzogen. Demnach besteht hier ein großes Forschungsdefizit. Nicht nur drohen öffentliche und private Initiativen durch diese Programme verdrängt zu werden, so daß es recht unwahrscheinlich ist, daß solche Programme in der Tat Stellen „schaffen", auch scheint es kaum denkbar, daß diese Maßnahmen humankapitalerhaltend bzw. gar -fördernd wirken können. In jedem Fall dürften die administrativen Kosten solcher Programme ebenfalls sehr hoch sein. Angesichts der hier angeführten Probleme dieses arbeitsmarktpolitischen Instruments ist die ausstehende Forschungsfrage eher die nach der genauen Höhe des angerichteten Schadens, denn die Frage nach etwaigen positiven Effekten.

Wenn man bedenkt, daß die konzeptionellen Probleme dieser Programme von Beginn an recht offensichtlich gewesen sind, sie aber dennoch in vielen Volkswirtschaften eine lange Tradition aufweisen, dann ist es schon äußerst dramatisch, daß bislang so wenige quantitative Erkenntnisse über sie gesammelt werden konnten. Während Ausbildungsmaßnahmen und Anreizprogramme recht gut erforscht sind, und hinsichtlich dieser Programme beispielsweise in den USA auch eine gewisse Kommunikation zwischen politischen Entscheidungsträgern und Forschern herrscht, kann nichts dergleichen zu Arbeitsbeschaffungsprogrammen gesagt werden. Die Schwächen von Beschäftigungsprogrammen, die einer unaufgeklärten Öffentlichkeit als Entlastung des Arbeitsmarkts präsentiert werden können, die jedoch nach allen vorliegenden Erkenntnissen ein äußerst fragwürdiges arbeitsmarktpolitisches Instrument darstellen, sind wohl zu offensichtlich, um zuzulassen, daß sie auch noch mit dem Urteil unabhängiger Wissenschaftler konfrontiert werden.

Daher gibt es nur einen einzigen vernünftigen Weg des Umgangs mit dieser Art Programm: Jedes weitere Programm sollte unbedingt durch eine entsprechende wissenschaftliche Studie begleitet werden, wobei erhöhtes Augenmerk auf Fragen der Substitution im öffentlichen Sektor, der Verdrängung privater Aktivität und der administrativen Kosten gelegt werden sollte. Sollten jedoch in dieser zukünftigen Forschung keine dramatisch gegenläufigen Erkenntnisse erzielt werden, so scheint es eine äußerst sichere Position, davon auszugehen, daß Arbeitsbeschaffung im öffentlichen Sektor kein vielversprechender Ansatz zur Lösung der Arbeitsmarktprobleme wirtschaftlich benachteiligter Arbeitnehmer sein kann. Die Forderung nach wissenschaftlicher Begleitung ist somit die Forderung nach einer Quantifizierung der Verschwendung von Steuermitteln, der nach allen verfügbaren Erkenntnissen sobald als möglich Einhalt geboten werden sollte.

4. Sonstige Maßnahmen aktiver Arbeitsmarktpolitik

Neben den oben aufgeführten Maßnahmen aktiver Arbeitsmarktpolitik finden sich im SGB III noch einige weitere Instrumente, deren quantitative Bedeutung allerdings eher gering ist. Hierzu zählen die Unterstützung von Beratung und Vermittlung (§§ 45-47 SGB III), die Mobilitätshilfen bei Aufnahme einer Beschäftigung (§§53-55 SGB III), sowie die Zuschüsse zu Sozialplanmaßnahmen (§§ 254- 259 SGB III). Die Gesamtausgaben in Deutschland 1998 betrugen für die Unterstützung von Beratung und Vermittlung etwas mehr als 46 Mio. DM, für die Mobilitätshilfen etwas mehr als 51 Mio. DM und für die Sozialplanmaßnahmen etwas mehr als 14 Mio. DM.

Schließlich wurde mit dem Arbeitsförderungsreformgesetz als ein neues Instrument die sog. „freie Förderung" in das SGB III eingeführt. Paragraph 10, SGB III sieht vor, daß die Arbeitsämter bis zu zehn Prozent ihrer im Eingliederungstitel enthaltenen Mittel für über gesetzliche Regelungen hinausgehende Erweiterungen der Ermessensleistungen der aktiven Arbeitsmarktpolitik verwenden dürfen. Hierbei ist die Aufstockung von gesetzlichen Leistungen nicht erlaubt, allerdings ist eine, ansonsten verbotene, Projektförderung zulässig. Die Idee hierbei ist es, den Arbeitsämtern die Möglichkeit zu einer flexibleren Ausgestaltung ihrer arbeitsmarktpolitischen Instrumente, sowie zu einer besseren Anpassung derselben auf die lokalen Arbeitsmarktgegebenheiten einzuräumen.

Die Gesamtausgaben im Rahmen der freien Förderung beliefen sich 1998 in Deutschland auf etwa 551 Mio. DM bzw. 2,2% des Eingliederungstitels, davon entfielen etwa 225 Mio. DM auf Westdeutschland und 327 Mio. DM auf Ostdeutschland. Es sind keine Informationen darüber verfügbar, wofür genau diese Mittel verwendet wurden und wie viele Arbeitnehmer, über welchen Zeitraum davon durchschnittlich betroffen waren. Der gesetzlich eingeräumte Spielraum der freien Förderung wurde im ersten Jahr der Gültigkeit jedenfalls nur teilweise ausgeschöpft.

III. Europäische Erfahrungen und Handlungs-empfehlungen für Deutschland

1. Empirische Evidenz: Europa

Programme aktiver Arbeitsmarktpolitik zur Bekämpfung von Arbeitslosigkeit sind ein eher junges Phänomen in Europa – nach Jahrzehnten wirtschaftlicher Prosperität begann sich hohe Arbeitslosigkeit erst in den achtziger und neunziger Jahren des letzten Jahrhunderts zu einem alle europäischen Staaten nahezu ausnahmslos umfassenden Problem zu entwickeln. Auch die ehemals kommunistischen Länder Mittel- und Osteuropas hatten vor dem Zusammenbruch der sozialistischen Regimes um 1990 wenig Probleme mit offener Arbeitslosigkeit großen Ausmaßes. In jüngerer Zeit jedoch hat sich die Situation dramatisch gewandelt. In Westeuropa hat beständiges und – zuletzt unterstützt durch das starke Wachstum der US-amerikanischen Wirtschaft – auch recht hohes Wachstum nichts daran geändert, daß viele Arbeitnehmer in Problemgruppen des Arbeitsmarktes – beispielsweise ungelernte erwachsene Arbeitnehmer, Jugendliche ohne Schulabschluß oder Einwanderer der ersten bzw. zweiten Generation – dauerhafte Schwierigkeiten haben, sich erfolgreich in den ersten Arbeitsmarkt zu integrieren.

Daher ist in Europa erst seit ungefähr 10 bis 20 Jahren der Kampf gegen hohe Arbeitslosigkeit, oft vor allem hohe Jugendarbeitslosigkeit, eines der wichtigsten politischen Themen. Heutzutage geben alle westeuropäischen Staaten einen nicht vernachlässigbaren Teil ihres Etats für Maßnahmen aktiver Arbeitsmarktpolitik aus (vgl. Martin 2000 für einen Überblick).

In den Transformationsökonomien Zentral- und Osteuropas ist es ebenfalls für solche Arbeitnehmer, die nicht über "modernes" Humankapital verfügen, äußerst schwierig, im Strukturwandel von einer auf große landwirtschaftliche und verarbeitende Betriebe ausgerichteten, zentral gelenkten Wirtschaft hin zu einer modernen marktorientierten Wirtschaft mit bedeutendem Dienstleistungssektor Arbeitslosigkeit zu vermeiden bzw. aus der Arbeitslosigkeit zu entkommen. Als Reaktion auf diese Problematik kopierten die ehemals sozialistischen Staaten Mittel- und Osteuropas viele Elemente ihrer Sozialversicherungssysteme von den westlichen Ländern, obwohl die Effektivität vieler Programme bei weitem nicht gesichert ist.

So gibt es verständlicherweise eine starke Nachfrage nach einem besseren Verständnis europäischer Arbeitsmärkte sowie des Einflusses von Arbeitsmarktprogrammen auf die Teilnehmer im speziellen und die Arbeitsmärkte im ganzen. Eine Nachfrage, die sich in einer wachsenden Zahl wissenschaftlicher Evaluationsstudien mit modernem, dem heutigen Kenntnisstand angemessenen Studiendesign, aber vor allem in vielen innovativen Demonstrationsprogrammen unterschiedlichsten Zuschnitts niederschlägt. Besonders erfreulich ist dabei, daß in manchen Fällen (z.B. Großbritannien, Niederlande, Schweiz, aber leider noch nicht in Deutschland) eine enge Zusammenarbeit zwischen Politik, Wissenschaft und Arbeitsverwaltung zu beobachten ist, die in der Regel bereits in der Planungsphase vor der eigentlichen Implementierung der Maßnahme beginnt. Auch wenn randomisierte Experimente leider noch die Ausnahme darstellen, wird durch diese Kommunikation sowohl die Güte der Evaluierungsbemühungen (bsw. durch verbesserten Zugang zu benötigtem Datenmaterial) als auch die Gestaltung der Programmkomponenten positiv beeinflußt.

Dieser Abschnitt gibt daher eine Übersicht der empirischen Evidenz zur Effektivität von Arbeitsmarktprogrammen, so wie sie von Wissenschaftlern in verschiedenen europäischen Ländern – inklusive Deutschland – in jüngster Zeit erfaßt wurde. Im Versuch, wirtschaftspolitische Lehren aus der gesammelten Evidenz zu ziehen, muß natürlich berücksichtigt werden, daß die nationalen Arbeitsmärkte (und z.T. auch die Ausgestaltung der Programme) sehr unterschiedlich sind, und es letztlich nicht vollständig geklärt werden kann, was und wieviel das eine Land von Erfahrungen des anderen Landes lernen kann. Gerade im Hinblick auf ein enger zusammenrückendes Europa ist es aber dennoch imperativ, Evidenz aus anderen europäischen Staaten zu sammeln – und es ist durchaus möglich, einige vorläufige Schlußfolgerungen aus der· vorhandenen empirischen Erfahrung zu ziehen. Diese Möglichkeit erwächst nicht zuletzt auch – trotz des weitgehenden Fehlens sozialwissenschaftlicher Experimente – aus jüngsten Fortschritten in den Methoden zur nicht-experimentellen Evaluation (vgl. z.B. Heckman et al. 1999) sowie deren zunehmend präziseren Anwendung.

Wir werden in einem ersten Schritt die zentralen Schlußfolgerungen europaweit – insofern man diese schlüssig ziehen kann – zusammenfassend darstellen, und im Anschluß daran die einzelnen Programmtypen – Förderung von Humankapital, Bereitstellung finanzieller Anreize sowie Beschäfigungsprogramme des öffentlichen Sektors – anhand ausgewählter Studien vertiefend analysieren.

1.1. Zusammenfassende Darstellung aktueller Erfahrungen mit Arbeitsmarktprogrammen in Europa

Tabelle 3.1 enthält eine geographisch geordnete Aufstellung aktueller europäischer Studien zur Evaluation der Effektivität von Arbeitsmarktprogrammen. Diese Übersicht erlaubt bereits einige grundlegende Schlußfolgerungen. Zum einen stellt man unmittelbar fest, daß es von Land zu Land offenbar sehr unterschiedliche Programme gibt, auch wenn diese Zusammenstellung jeweils nur jene Programme aufführt, die einer Evaluationsstudie unterzogen wurden. Trotz ihrer

Unterschiedlichkeit lassen sich die Programme der Tabelle 3.1 sinnvoll in die beiden groben Kategorien "Ausbildungs-" und "Subventionsprogramme" einordnen.

Die Zielgruppe setzt sich in der Regel – wenig überraschend – aus Arbeitslosen zusammen, wobei diese entweder bereits Arbeitslosenunterstützung erhalten (in den meisten Fällen) oder zumindest zum Erhalt von Arbeitslosenunterstützung berechtigt sind. Die meisten Programme, insbesondere in den nordeuropäischen Ländern, zielen mit ihren Inhalten auf die Verbesserung der Situation junger Arbeitsloser. "Jung" impliziert in der Regel ein Alter von 30 Jahren oder weniger. Einige wenige der Programme machen in ihrer Zielausrichtung feinere Abstimmungen, wie z.B. jenes in der Studie von van den Berg und van der Klaauw (2000), die eine Maßnahme des Typs "Beratung und Beobachtung" (vgl. den nächsten Abschnitt) evaluieren, wobei diese Maßnahme auf diejenigen Arbeitslosen gerichtet ist, die sich durch "relativ gute Arbeitsmarktchancen" auszeichnen.

Die Studie von van den Berg und van der Klaauw (2000) ist auch die einzige Studie in diesem Überblick, die auf einem sozialwissenschaftlichen Experiment beruht. Mit der einzig weiteren Ausnahme des "natürlichen Experiments" in der Studie von Carling et al. (1999) basieren alle anderen Untersuchungen auf nichtexperimentellen Daten. Bei den Ergebnisvariablen konzentrieren sich die europäischen Studien fast ausschließlich auf Indikatoren der Beschäftigung, also entweder Beschäftigungs-/Arbeitslosigkeitsraten oder Beschäftigungs-/Arbeitslosigkeitsdauer bzw. Übergangsraten vom jeweils einen Zustand in den anderen. Dies ist ein bemerkenswerter und grundsätzlicher Unterschied zur Evaluationskultur in den Vereinigten Staaten – dort steht als Ergebnisvariable das Einkommen im Vordergrund.

Der Grund dieser unterschiedlichen Ausrichtung liegt in der Tatsache, daß US-amerikanische Arbeitsmarktprogramme explizit darauf zielen, Einkommensungleichheiten zu reduzieren, indem sie das individuelle Humankapital der ökonomisch Benachteiligten erhöhen und somit auch deren Einkommen. Daher fokussieren US-amerikanische Studien auf den Einkommenseffekten einer Maßnahme. Die europäische Beschäftigungspolitik dagegen sieht ihr Ziel eher in der Reduzierung von Arbeitslosigkeit durch die Erhöhung individueller Beschäftigungschancen. Konsequenterweise werden daher primär die Auswirkungen einer Maßnahme auf die Beschäftigung analysiert, und nur wenige europäische Studien berücksichtigen Einkommenseffekte (in unserem Überblick z.B. Bell et al. 1999, Larsson 2000, Lechner 1999).

Tabelle 3.1: Überblick über aktuelle europäische Evaluationsstudien

Studie	Land	Programm	Zielgruppe	Studientyp	Zeitraum	Ergebnisvariable	Schätzmethode	Ergebnisse	Bemerkungen
Carling et al. (1999)	Schweden	Kürzung der Arbeitslosenunterstützungsrate (80 auf 75%)	Arbeitslose mit Arbeitslosenversicherung	"Natürliches Experiment"	1994-1997	Übergangsrate zu Arbeitslosigkeit	Differenz-in-Differenzen	Erhöhung der Übergangswahrscheinlichkeit ~10%	- Maßnahme nur aufgrund v. Budgetkürzung - Selektion
Larsson (2000)	Schweden	2 Programme: "Youth Practice" und Arbeitsmarktausbildung	Junge Arbeitslose	nicht-experimentell	1991-1997	Jahreseinkommen, Wiedereinstellungswahrscheinlichkeit, Wahrscheinlichkeit fortdauernder Ausbildung	Matching, OLS, Probit	Beide Programme: kurzfristig 0 bis -, langfr. 0 bis leicht +; "youth practice" besser als Arbeitsmarktausbildung	- Heterogenitätsprobleme
Jensen, Jensen et al. (1999)	Dänemark	Jugendarbeitslosigkeitsprogramm	arbeitslose, schlecht ausgebildete Jugendl.	nicht-experimentell	1996	Arbeitslosigkeitsdauer	Verweildauer	Signif. Anstieg Übergangsrate U → S, schwächer U → E	U → S relevante Frage?
Rosholm (1999)	Dänemark	Beschäftigungssubvention (öffentlicher und privater Sektor)	Arbeitslose (berechtigt zum Erhalt von Arbeitslosenunterstützung)	nicht-experimentell	1983-1990	Übergangsrate zu Arbeitslosigkeit, Übergangsrate zu Beschäftigung	Verweildauer	Privater Sektor: U → E im allg. +, E → U stark -, Öffentl. Sektor: U → E hauptsl. -, E → U stark -	- AÜ erneuert - Selektion? - 50% verbleiben in subv. Firma - Stigmatisierung (Öffentl. Sektor)
Bell et al. (1999)	England	zeitweilige Lohnsubvention, Ausbildung ("New Deal")	junge Arbeitslose	nicht-experimentell	1997-1998	Produktivität =Lohn	Trendberein. Differenz-in-Differenzen	Produktivitätszuwachs relativ gering (im Verh. zur Höhe der Subvention)	Komplementäre Methode: ex ante Modell des Arb.marktgleichgew.

Tabelle 3.1. [Fortsetzung-1]: Überblick über aktuelle europäische Evaluationsstudien

Studie	Land	Programm	Zielgruppe	Studientyp	Zeitraum	Ergebnisvariable	Schätzmethode	Ergebnisse	Bemerkungen
Van den Berg, van der Klaauw (2000)	Niederlande	Beratung & Beobachtung	AÜ-Empfänger (mit relativ guten Arbeitsmarktchancen)	Sozialwissenschaftliches Experiment	1998-1999	Übergangsrate zu Arbeitslosigkeit	Verweildauer, Modelle beschr. abh. Variablen	Kein sign. Effekt auf individuelle Übergangsrate U → E (dennoch: Programm kosteneffizient)	Wahl der Zielgruppe?
Brodaty et al. (1999)	Frankreich	Jugendarbeitslosigkeitsprogramme: „workplace" Ausbildung (Priv. Sektor), „workfare" Programm (Offentl. Sektor)	"Die am stärksten benachteiligten und schlechtest ausgebildeten jungen Arbeitnehmer"	nicht-experimentell	1986-1988	Arbeitsmarktstatus	Matching (Multiple Programme)	on-the-job Ausbildung im privaten Sector + (=höherer Anteil an Berufsausbildung und spezifischer Weiterbildung)	
Lechner (1999)	Deutschland	Aus- und Weiterbildung	Ostdeutsche Arbeitnehmer	nicht-experimentell	1990-1994	Beschäftigungswahrscheinlichkt., Einkommen, Berufsaussichten	Matching	kurzfristig –, langfristig 0, "Resourcenverschwendung"	- kurzfr. eingeführt - Hauptziel: Verringerung der off. Arbeitslosenrate
Hujer, Wellner (2000)	Deutschland	Ausbildung	Ostdeutsche Arbeitnehmer	nicht-experimentell	1990-1993	Dauer von Arbeitslosigkeit und Beschäftigung	Matching, Verweildauer	Arbeitslosigkeitsdauer 0, Beschäftigunsdauer 0	Vergleichsgruppe?
Profit, Tschernig (1998)	Deutschland		Fragebogen an Arbeitsökonomen darüber, welche Maßnahme am sinnvollsten ist					Keine Einzelmaßnahme, sondern versch.: +: Investitionen in Bildung und Ausbildung im allgemeinen, Berufsausbildung und Qualifikation im besonderen, Anreize (striktere AÜ Regulierung) –: ABM im öffentlichen Sektor, Subventionen für Niedriglohnbereich	

Tabelle 3.1. [Fortsetzung-2]: Überblick über aktuelle europäische Evaluationsstudien

Studie	Land	Programm	Zielgruppe	Studientyp	Zeitraum	Ergebnisvariable	Schätzmethode	Ergebnisse	Bemerkungen
Zweimüller, Winter-Ebmer (1996)	Österreich	Ausbildung	Arbeitslose	nicht-experimentell	~1980-1988	Beschäftigungsstabilität	Probit Selektion	stark +	
Lalive et al. (2000)	Schweiz	Erhalt von AÜ abhängig von Programmteilnahme	arbeitslose AÜ-Empfänger	nicht-experimentell	1997-1999	Arbeitslosigkeitsdauer	Verweildauer	Arbeitslosigkeitsdauer: Männer ↑, Frauen ↓	
Gerfin, Lechner (2000)	Schweiz	Ausbildung (5 Typen), Beschäftigungsprogramme (privater + öffentl. Sektor), zeitweilige Lohnsubvention	arbeitslose AÜ-Empfänger	nicht-experimentell	1997-1998	Beschäftigung	Matching (Multiple Programme)	Zeitweilige Lohnsubvention ++, Beschäftigungsprogramme –, Ausbildung untersch.	Hervorragende Datengrundlage
Kluve et al. (1999)	Polen	Ausbildung, IW (Lohnsubventionen privater Sektor), PW (ABM öffentlicher Sektor)	Arbeitslose	nicht-experimentell	1992-1996	Beschäftigungsrate, Arbeitslosigkeitsrate	Matching	Ausbildung: Männer & Frauen +, IW: Frauen 0, Männer –, PW: Männer –	IW und PW erneuern AÜ-Berechtigung
Van Ours (2000)	Slovakei	Ausbildung, SPJ ("Sozial zweckmäßige Jobs"), PUJ ("Öffentlich nützliche Jobs")	Arbeitslose	nicht-experimentell	1993-1998	Rate der erfolgreichen Stellensuche	Verweildauer	kurzfristig: subventionierte Jobs +, langfristig: subventionierte Jobs –, Ausbildung +	Ausbildung: umgekehrte Kausalität

Die Titelzeilen der Spalten 1-9 sind selbsterklärend. "Bemerkungen" bezieht sich auf Besonderheiten der Studie, des analysierten Programms oder des Ergebnisses. Diese werden im dazugehörenden Textabschnitt ausführlich erläutert. "AÜ" steht für Arbeitslosenunterstützung. "E" steht für Arbeitsmarktstatus "Beschäftigt" (="employed"), "U" steht für Arbeitsmarktstatus "Arbeitslos" (="unemployed"), "S" bedeutet "Schule" (="schooling"). Die Kategorisierung der Schätzmethode ist vereinfacht dargestellt – für methodologische Details zu den Studien vgl. Kluve und Schmidt (2000).

Das methodologische Vorgehen ist in europäischen Evaluationsuntersuchungen typischerweise von zwei vorherrschenden Ansätzen geprägt: Verweildauermodellen und "Matching"-Methoden. Während der erste Ansatz sich in der Ergebnisvariable stärker auf die Länge von Beschäftigungs- bzw. Arbeitslosigkeitsphasen und die respektiven Übergangsraten konzentriert, betont der zweite Ansatz vornehmlich die Konstruktion einer "vergleichbaren Vergleichsgruppe", wobei sich als Ergebnisvariable dann in der Regel Beschäftigungs- bzw. Arbeitslosigkeitsraten anbieten. Insofern stehen sich beide Vorgehensweisen nicht etwa konträr gegenüber, sondern stellen vielmehr nuancierte Sichtweisen der gleichen Problemstellung dar. Im Detail zeigt sich ein grundsätzlicher Unterschied der beiden Methoden hauptsächlich in den zugrundeliegenden Annahmen bezüglich des Selektionsprozesses: Entweder man modelliert den Selektionsprozess explizit und integriert nicht-beobachtbare Heterogenität anhand bestimmter Annahmen über die funktionale Form (Verweildauermodelle) oder man "matched" – also ordnet Individuen unter der Annahme bedingter Unabhängigkeit einander zu – und nimmt an, man habe alle relevanten Variablen berücksichtigt und die Selektion beruhe nur auf beobachtbaren Faktoren. Beide Ansätze haben ihre Vor- und Nachteile[19]. Es gibt allerdings durchaus bestimmte Datensituationen, in denen die eine Methode deutlich praktikabler erscheint als die andere (wie z.B. "Matching" im Falle von Gerfin und Lechner 2000).

Insgesamt bestätigen viele der vorliegenden europäischen Ergebnisse die Evidenz aus Nordamerika (siehe Kapitel II). Darüber hinaus stellt man eine überraschende Übereinstimmung mit jenen (theoretischen/intuitiven) Antworten fest, die Arbeitsökonomen auf den Fragebogen von Profit und Tschernig (1998) gegeben haben. Vor allem Ausbildungsprogramme scheinen diejenigen Maßnahmen zu sein, die am ehesten die (Wieder-) Beschäftigungswahrscheinlichkeit eines Arbeitslosen positiv beeinflussen können. Natürlich gilt dieses Ergebnis nicht für ausnahmslos alle Ausbildungsmaßnahmen (vgl. Gerfin und Lechner 2000), aber angesichts der Tatsache, daß sowohl Arbeitsbeschaffungsmaßnahmen als auch Beschäftigungssubventionen im öffentlichen Sektor fast immer scheitern (vgl. z.B. Rosholm 1999, Brodaty et al. 1999, Kluve et al. 1999) – im besonderen wenn sie ohnehin nur darauf abzielen, die Programmteilnehmer aus der Arbeitslosenstatistik herauszuhalten (Lechner 1999) – ist dies ein recht robustes Resultat. Darüber hinaus ist allgemein festzuhalten, daß Programme im privaten Sektor deutlich erfolgversprechender zu sein scheinen als Programme des öffentlichen Sektors.

Soweit zu den allgemeinen Schlußfolgerungen. In der Detailbetrachtung erachten wir drei Resultate für bemerkenswert: Erstens, der stark positive Effekt der temporären Lohnsubvention in der Schweiz, einer Maßnahme, die Arbeitssuchende ermutigen soll, Jobangebote anzunehmen, in denen sie weniger verdienen als

---

[19]   Für eine umfassende Diskussion vgl. z.B. van den Berg (2000) sowie Heckman et al. (1999).

ihre Arbeitslosenunterstützung, indem die Differenz durch zusätzliche Zahlungen ausgeglichen wird. Da das durch die Maßnahme generierte Einkommen höher ist als die Arbeitslosenunterstützung im Falle des Verbleibens in Arbeitslosigkeit, und da die zusätzlichen Zahlungen geringer sind als die zu zahlende Arbeitslosenunterstützung, ist dieses Verfahren sowohl für den Arbeitslosen als auch für das Arbeitsamt finanziell attraktiv. Dies scheint ein vielversprechendes alternatives Programm aktiver Arbeitsmarktpolitik zu sein, und es wäre sicherlich interessant zu sehen, ob andere Länder ähnliche Erfahrungen mit dieser Maßnahme machen.

Zweitens erscheint ein Ansatz der "Beratung und Beobachtung", wie ihn van den Berg und van der Klaauw (2000) untersuchen, sinnvoll. Zwar zeigen ihre Ergebnisse keinen signifikant positiven Effekt, dies scheint aber eher daran zu liegen, daß die Zielgruppe der Maßnahme ungeschickt gewählt war: Sind es doch wahrscheinlich nicht diejenigen Arbeitslosen mit "relativ guten Arbeitsmarktchancen", die am meisten von einer grundlegenden Führung durch "Beratung und Beobachtung" bei der Arbeitssuche profitieren. Unter der Annahme der sorgfältigen Auswahl der Zielgruppe läßt sich daher vermuten, daß "Beratung und Beobachtung" eine sinnvolle, erfolgversprechende sowie administrativ und finanziell mit relativ geringem Aufwand verbundene alternative oder zumindest ergänzende Maßnahme zu anderen Arbeitsmarktprogrammen darstellt.

Als drittes Detailresultat möchten wir festhalten, daß es in einer ganzen Reihe von Fällen eine enge Korrelation zwischen der jeweiligen Regelung der Arbeitslosenunterstützung und den Programmeffekten zu geben scheint. So bleibt es einerseits im Hinblick auf eine strengere Regulierung zweifelhaft, ob irgendwelche positiven Effekte tatsächlich durch eine Maßnahme hervorgerufen werden können, zu deren Teilnahme Individuen durch striktere Regulierung der Arbeitslosenunterstützung gezwungen wurden (vgl. Lalive et al. 2000). Darüber hinaus ist es für den Erfolg eines Programms anscheinend ebenfalls keineswegs förderlich, wenn an der Maßnahme viele Arbeitslose teilnehmen, deren Arbeitslosenunterstützung zuvor abgelaufen ist, und die allein durch die Teilnahme an dem Programm wieder zum Erhalt von Arbeitslosenunterstützung berechtigt werden (vgl. Rosholm 1999, Kluve et al. 1999).

1.2. Europäische Evidenz am Beispiel von Einzelstudien

Der folgende Abschnitt betrachtet einige ausgewählte Studien in größerem Detail[20]. Diese nähere Betrachtung ist hierbei nach Programmtyp geordnet. Es gehen vor allem diejenigen der oben aufgelisteten Studien ein, die sich durch hohe Relevanz – z.B. solides methodisches Vorgehen oder aufschlussreiches Ergebnis –

---

[20] Für eine Detaildiskussion aller in Tabelle 3.1 aufgeführten Studien vgl. Kluve und Schmidt (2000).

auszeichnen. Mit der Ausnahme des sozialwissenschaftlichen Experimentes in der Studie von van den Berg und van der Klaauw (2000) sind alle anderen betrachteten Untersuchungen nicht-experimenteller Natur.

a) Ausbildungsprogramme

Zweimüller und Winter-Ebmer (1996):

Die Studie von Zweimüller und Winter-Ebmer (1996) evaluiert das Berufsausbildungsprogramm in Österreich. Dem österreichischen Sozialministerium zufolge hat dieses Programm eine Vielzahl von Zielen. Diese reichen von Vermeidung zukünftiger Arbeitslosigkeit über Vermittlung von Fähigkeiten angesichts des Strukturwandels bis hin zur gezielten Unterstützung von Problemgruppen wie jungen, behinderten und Langzeit-Arbeitslosen. Dementsprechend heterogen zeigen sich die einzelnen Programme. Dazu zählen allgemeine Maßnahmen, die einem Verlust von Fähigkeiten entgegenwirken sollen, die neue Fertigkeiten vermitteln sollen, die Arbeitsmoral und Arbeitsmarktbindung erhalten oder wiederherstellen oder einfach nur bei der Arbeitssuche helfen sollen, aber auch spezifischere Kurse wie Ausbildung zu bestimmten Berufen oder für bestimmte Tätigkeiten bei bestimmten Firmen.

Zweimüller und Winter-Ebmer (1996) identifizieren zwei Variablen, anhand derer sie die Effekte des Programms auf die Stabilität der Beschäftigung modellieren möchten: Zum einen die Wiederbeschäftigungswahrscheinlichkeit, d.h. die Dauer der Arbeitslosigkeit nach Eintritt in das Programm. Diese Variable erfaßt die kurzfristigen Effekte der Maßnahme. Zum anderen die Beschäftigungsstabilität nach Beendigung der Teilnahme. Dies erfaßt die langfristigen Effekte der Maßnahme.

Die Messung der ersten Variablen ist nach Aussage der Verfasser jedoch problematisch. Unter der Annahme negativer Verweildauerabhängigkeit der Arbeitslosigkeitsphasen würde ein Vergleich der Übergangsraten der Teilnehmer (berechnet aus der Länge dieser Phasen nach Beendigung des Programms) mit denen der Vergleichsgruppe (berechnet aus fortlaufenden Phasen, da diese ja nicht an dem Programm teilnehmen) die Ergebnisse zugunsten positiver Teilnahmeeffekte verzerren – selbst wenn es keine systematischen Unterschiede in unbeobachtbaren Variablen zwischen beiden Gruppen gibt. Daher konzentrieren sich Zweimüller und Winter-Ebmer (1996) in ihrer Analyse auf die zweite Variable.

Dabei definieren sie die Beschäftigungserfahrung im Anschluß an die Programmteilnahme als dichotome Variable: Die Arbeitsmarktgeschichte einer Person gilt als "instabil" wenn diese innerhalb einer bestimmten vorgegebenen "Risikoperiode" wieder arbeitslos wird, und als "stabil" wenn dieser Fall nicht eintritt. Laut Zweimüller und Winter-Ebmer (1996) liegt der Hauptvorteil dieses Vorgehens darin, daß es ihnen ermöglicht, das Problem der Stichprobenselektion auf einfache Weise zu lösen. Das Problem reduziert sich auf die simultane Bestimmung zweier [0,1] Ereignisse: Programmteilnahme und Beschäftigungsstabilität.

Unter Berücksichtigung der selektiven Natur der Programmteilnahme finden Zweimüller und Winter-Ebmer (1996) in ihrer empirischen Analyse, daß Berufsausbildungsprogramme in Österreich einen stark positiven Effekt auf die Beschäftigungsgeschichte der Teilnehmer hat. Die Autoren charakterisieren österreichische Arbeitsmarktpolitik als "Aufholstrategie": (i) die benachteiligten und weniger motivierten unter den Arbeitslosen werden bei der Teilnahmeentscheidung bevorzugt, und (ii) die Programmteilnahme erhöht die Beschäftigungsstabilität nachdrücklich.

Brodaty, Crépon, und Fougère (1999):

Brodaty et al. (1999) untersuchen die gleiche Fragestellung auf Basis der gleichen Daten wie eine vorangegangene Studie von Bonnal et al. (1997), verwenden allerdings ein anderes Schätzverfahren: Matching Methoden anstatt Verweildaueranalyse. Beide Analysen befassen sich mit dem Effekt von Maßnahmen aktiver Beschäftigungspolitik, die in Frankreich in den achtziger Jahren zur Verbesserung der Arbeitsmarktchancen der "am stärksten benachteiligten und schlechtest ausgebildeten jungen Arbeitnehmer" eingeführt wurde, auf die Beschäftigungswahrscheinlichkeit im Anschluß an die Programmteilnahme.

Es werden zwei Maßnahmen untersucht: Zum einen ein "Workplace" Programm aus wechselweise Arbeit und Ausbildung in privaten Firmen. Dies beinhaltet Lehre, Weiterbildung, "Anpassungsverträge" und "Kurse zur Vorbereitung auf das Arbeitsleben". Zweitens, das "Workfare" Programm im öffentlichen Sektor. Dies beinhaltet gemeinnützige Jobs sowie "Kurse für die 16- bis 25-jährigen". In diesem Programm ist der Anteil an allgemeiner und spezieller beruflicher Ausbildung generell geringer als im "Workplace" Programm.

Während Bonnal et al. (1997) an der Beschäftigungsdauer nach Programmteilnahme interessiert sind, konzentrieren sich Brodaty et al. (1999) auf den Beschäftigungsstatus. In ihrer Evaluation der Maßnahme kommen dennoch beide zu den gleichen Ergebnissen: (i) Die beiden Programme haben unterschiedliche Effekte für unterschiedliche Teilnehmer. So erhöht das "Workplace" Programm im privaten Sektor die Übergangsrate von Arbeitslosigkeit zu Beschäftigung für junge schlecht ausgebildete Männer. Gleichzeitig hat es keine signifikanten Effekte für bereits besser ausgebildete junge Männer. Das "Workfare" Programm des öffentlichen Sektors hat dagegen keinen positiven Einfluß auf die Übergangsrate von Arbeitslosigkeit zu Beschäftigung für die schlechtest ausgebildeten Jugendlichen, und gar einen negativen Effekt auf diese Übergangsrate für jene Jugendliche, die bereits einen Berufsabschluß besitzen. Diese Untergruppe – so befürchten die Autoren – könnte durch die Programmteilnahme gar stigmatisiert werden.

(ii) Die Teilnahme an den Programmen ist stark selektiv. Zum einen hängt sie von dem Arbeitsmarktstatus vor Programmeintritt ab, und zum anderen von dem Niveau der vorher erzielten beruflichen Ausbildung. So nehmen schlechter ausgebildete Jugendliche mit geringerer Wahrscheinlichkeit teil als besser ausgebildete Jugendliche. (iii) Die Dauer der Arbeitslosenunterstützung scheint die Teilnahme nicht zu beeinflussen: Die schlechtest ausgebildeten Jugendlichen nehmen auch dann mit hoher Intensität am Programm teil, wenn sie noch Arbeitslosenunterstützung erhalten.

Insgesamt kommen beide Studien zu dem Schluß, daß im allgemeinen Programme des privaten Sektors bessere Resultate aufweisen als Programme des öffentlichen Sektors. Dies liegt nach Ansicht der Autoren bei den untersuchten Programmen vornehmlich daran, daß die Programme des privaten Sektors die Elemente beruflicher Ausbildung wesentlich stärker betonen.

b) Anreizprogramme

Gerfin und Lechner (2000):

Diese ökonometrische Evaluation von aktiver Arbeitsmarktpolitik in der Schweiz wurde im Rahmen eines Forschungsprogramms der Schweizer Regierung durchgeführt. Dies impliziert eine enge Zusammenarbeit zwischen politischen Entscheidungsträgern einerseits und unabhängiger Wissenschaft andererseits. Gerfin und Lechner (2000) stehen daher ungewöhnlich informative Daten aus der offiziellen Beschäftigten- und Sozialversicherungsstatistik zur Verfügung. Die verwendeten Daten bestehen aus einer Stichprobe von 25.000 Beobachtungen mit Informationen über individuelle Arbeitsmarktgeschichten und Einkommen, die bis zu 10 Jahre vor die aktuelle Arbeitsmarktphase zurückreichen. Darüber hinaus beinhalten die Daten eine Vielzahl sozioökonomischer Charakteristika, regionale Informationen, subjektive Beurteilungen der Mitarbeiter des Arbeitsamtes, eventuell vom Arbeitsamt auferlegte Sanktionen sowie Informationen über vorangegangene und erwünschte Art der Beschäftigung. Die Zuversicht der Autoren scheint berechtigt, daß bei Kontrolle für all diese Fülle an Information nur wenig nicht-beobachtbare Heterogenität übrig bleibt, die systematisch mit Programmteilnahme oder Ergebnisvariable korreliert sein könnte.

Neben diversen Ausbildungsmaßnahmen sowie Beschäftigungsprogrammen untersucht die Studie eine Maßnahme der temporären Beschäftigung mit Lohnsubvention, oder kürzer formuliert temporäre Lohnsubvention. Der Unterschied zu einem Beschäftigungsprogramm liegt hierbei darin, daß jene außerhalb des "regulären" Arbeitsmarktes stattfindet, während die temporäre Lohnsubvention ein normaler Job sein muß. Das Ziel dieser Maßnahme ist es, beschäftigungssuchende Arbeitslose zu ermutigen, eine Stelle anzutreten, deren Entlohnung geringer ist als ihre Arbeitslosenunterstützung, und die Differenz durch Zusatzzahlungen zu (über)kompensieren. Da somit das erzielbare Einkommen höher ist als die Arbeitslosenunterstützung, und da die Zusatzzahlung geringer ist als die Arbeitslosenunterstützung, ist die Maßnahme sowohl für den Jobsuchenden als auch für das Arbeitsamt finanziell attraktiv.

Die Evaluationsstrategie der Studie folgt einer Matching Methode basierend auf der individuellen Partizipationswahrscheinlichkeit unter Berücksichtigung aller (insgesamt 9) sich gegenseitig ausschließenden "Programmzustände". Diese sind einer von fünf möglichen Ausbildungskursen (Elementar, Sprachkurs, Computerkurs, Berufliche Weiterbildung, andere), eines von zwei Beschäftigungsprogrammen (Privater oder Öffentlicher Sektor), temporäre Lohnsubvention, oder Nichtteilnahme. Als Ergebnisvariable untersuchen Gerfin und Lechner (2000) die individuelle Beschäftigungssituation nach der Maßnahme. Die Resultate zeigen daß für die jeweiligen Teilnehmer die temporäre Lohnsubvention allen anderen Programmen überlegen ist, mit einem durchschnittlichen Zuwachs von 6 bis 20 Prozentpunkten. Tatsächlich ist die temporäre Lohnsubvention das einzige Programm, daß die Nichtteilnahme dominiert, so daß Gerfin und Lechner (2000) dieses Programm als das effektivste ausweisen.

Ein interessanter Aspekt an dieser Studie ist sicherlich vor allem die hervorragende Datenbasis. Daß dieses Element von solcher Bedeutung ist zeigt, wie Kooperation von Politik und Wissenschaft dazu beitragen kann, durch gute Datenqualität eine solide Evaluationsstudie zu ermöglichen. Zum Ergebnis des stark positiven Effekts der temporären Lohnsubvention ist noch festzuhalten, daß diese Maßnahme potentiell negative Anreizeffekte sowohl durch Unterbieten des Tariflohns als auch durch Umgehen des Kündigungsschutzes hervorrufen kann.

Kluve, Lehmann und Schmidt (1999):

In dieser Studie untersuchen Kluve et al. (1999) die Effektivität aktiver Arbeitsmarktpolitik in Polen. Polen hatte – ähnlich wie die meisten anderen ehemals sozialistischen Staaten Mittel- und Osteuropas – im Verlauf der neunziger Jahre angesichts nachhaltig hoher Arbeitslosenzahlen eine breite Palette aktiver Beschäftigungsprogramme eingeführt. Diese beinhalten: (i) Ausbildungsmaßnahmen, (ii) Anreizschemata, hier: Lohnsubventionen an Arbeitgeber des privaten Sektors, und (iii) Arbeitsbeschaffungsmaßnahmen im öffentlichen Sektor.

Im Rahmen der Anreizschemata (ii) werden Lohnsubventionen an Arbeitgeber des privaten Sektors gezahlt, damit diese für eine Dauer von sechs Monaten Arbeitslose beschäftigen, in der Hoffnung, dies möge dem Kontakt zwischen Arbeitgeber und Arbeitsuchendem so förderlich sein, daß die Beschäftigung über die Dauer der Lohnsubvention hinaus verlängert wird. Kluve et al. (1999) untersuchen diese Fragestellung unter Verwendung eines Panel-Datensatzes (Polish Labour Force Survey PLFS), der für einen Zeitraum von knapp fünf Jahren detaillierte Informationen über den monatlichen Beschäftigungsstatus einer Person enthält. Anhand von Matching Methoden schätzen die Autoren die individuellen kurzfristigen (9 Monate) sowie mittelfristigen (18 Monate) Programmeffekte auf Beschäftigungsrate sowie Arbeitslosigkeitsrate nach Beendigung der Teilnahme.

Während sich für die polnischen Ausbildungsprogramme ein klar positives Bild sowohl für männliche als auch für weibliche Teilnehmer zeichnen läßt, zeigt das Anreizprogramm für Frauen keinen meßbaren Effekt. Für Männer hat die Teilnahme an einer solchen Maßnahme gar signifikante und stark negative Effekte auf ihre Beschäftigungswahrscheinlichkeit. Kluve et al. (1999) führen dies vor allem auf die spezifischen Regularien dieser Maßnahme im polnischen Fall zurück: Da eine Teilnahme an einem Anreizprogramm (und dies gilt nicht für ein Ausbildungsprogramm!) zum erneuten Erhalt von Arbeitslosenunterstützung für ein weiteres Jahr berechtigt, ist es in Polen der Fall, daß viele Arbeitslose nach Ablauf ihrer Arbeitslosenunterstützung an einem Anreizprogramm teilnehmen, nur um danach für ein weiteres Jahr Arbeitslosenunterstützung beziehen zu können. Offensichtlich wird dieses Vorgehen von Mitarbeitern der Arbeitsämter unterstützt. Es liegt also offenbar kaum der Versuch vor, den Teilnehmern des Programms durch die Maßnahme wirklich zu helfen und ihre Beschäftungsaussichten zu verbessern.

c) Arbeitsbeschaffungsmaßnahmen und sonstige Maßnahmen

Die beiden im vorigen Abschnitt erläuterten Studien – Gerfin und Lechner (2000) sowie Kluve et al. (1999) – untersuchen ebenfalls jeweils Beschäftigungsprogramme im öffentlichen Sektor. Beide kommen zu klar negativen Effekten dieser Maßnahmen auf die langfristigen Beschäftigungsaussichten der Teilnehmer nach Ablauf des Beschäftigungsprogramms.

Van den Berg und van der Klaauw (2000):

Unter Verwendung von Daten aus einem sozialwissenschaftlichen Experiment untersuchen van den Berg und van der Klaauw (2000) den Effekt von "Counseling and Monitoring" (C&M, "Beratung und Beobachtung") auf die individuelle Übergangsrate von Arbeitslosigkeit zu Beschäftigung. C&M wird von lokalen Arbeitsämtern geleistet und besteht aus monatlichen Treffen zwischen einem Mitarbeiter und dem Arbeitslosen für eine Dauer von 6 Monaten. Die Teilnehmer des Experiments waren ausschließlich Personen mit "relativ guten Arbeitsmarktchancen", d.h. Typ I in einer vierstufigen Kategorisierung[21] der (Wieder-) Beschäftigungswahrscheinlichkeit von Arbeitslosen. Während der monatlichen Tref-

---

[21] Als Indikatoren für die "Arbeitsmarktchancen" einer Person werden einerseits objektive Charakteristika wie Arbeitserfahrung, Alter oder Ausbildungsstand verwendet, sowie andererseits subjektive Größen wie erwartetes Verhalten bei der Stellensuche oder Flexibilität. Dies unterliegt der Einschätzung des Betreuenden beim Arbeitsamt.

fen wird die bisherige Arbeitssuche besprochen und bewertet sowie ein Plan für die weitere Arbeitssuche entworfen.

Das Experiment wurde in Rotterdam und Eindhoven durchgeführt, der zweit- bzw. fünftgrößten Stadt der Niederlande. Die Arbeitsämter der beiden Städte sind nach Ansicht von van den Berg und van der Klaauw (2000) relativ groß (d.h. große Zugangsraten zu Arbeitslosenunterstützung) und bieten C&M von hoher Qualität. Die Teilnehmer des Experiments wurden zufällig der Teilnehmergruppe oder der Kontrollgruppe zugeteilt. Keiner wußte im vorhinein von dem Experiment, und normalerweise hätten alle C&M erhalten. Es hat sich jedoch keine Person in der Kontrollgruppe darüber beschwert, kein C&M geboten zu bekommen. Diese Konstellation gewährleistet, daß es keine nicht-zufällige Selektion in die (Nicht-)teilnahme gibt, und daß die Teilnehmer das Experiment nicht abbrechen können, außer sie beenden den Bezug von Arbeitslosenunterstützung.

Die empirischen Ergebnisse zeigen, daß C&M keinen signifikanten Effekt auf die individuelle Übergangsrate von Arbeitslosigkeit zu Beschäftigung hat. Die Autoren nennen zwei mögliche Gründe für dieses Resultat: Erstens könnte vielleicht die Zielgruppe derjenigen Arbeitslosen, die gute Jobchancen haben, ungeeignet sein, und zweitens könnte das Programm vielleicht keine ausreichende Unterstützung bieten. Besonders die erste Begründung scheint einleuchtend: Die Arbeitslosen vom Typ I profitieren gerade deswegen nicht von C&M, weil sie diejenigen sind, die am ehesten auch "alleine" erfolgreich bei der Jobsuche sein können, und daher die monatlichen Treffen nicht benötigen. Andererseits sind sie nach Ansicht der Autoren aber vielleicht doch diejenigen, die bereits ausreichend Humankapital besitzen und vor allem Hilfe speziell bei der Jobsuche benötigen, während für Arbeitslose Typ II bis IV C&M vielleicht auch nicht hilfreich ist, da sich diese primär Humankapital aneignen müßten.

Profit und Tschernig (1998):

Die Komplexität des Problems der Arbeitslosigkeit macht es eher unwahrschein- lich, daß sich Arbeitsmarktexperten einstimmig auf eine bestimmte Liste an Maß- nahmen einigen könnten, die nach Ansicht aller den richtigen Weg aus dem Di- lemma weisen. Jeder Experte würde sicherlich seinen eigenen "policy mix" zur Bekämpfung von Arbeitslosigkeit anbieten. Trotz dieses naturgemäßen Mangels an Einstimmigkeit ist es auf der Suche nach Lösungen aber vielversprechend, aus heterogenen individuellen Empfehlungen allgemeine Folgerungen und Überein- stimmungen zu extrahieren. Dies ist genau der ungewöhnliche und innovative An- satz der Studie von Profit und Tschernig (1998). Bei einer Konferenz, zu der eine Vielzahl führender Ökonomen Deutschlands anwesend war, sammelten und ana- lysierten die Autoren eine Umfrage über Meinungen und Wünsche zu Maßnahmen aktiver Beschäftigungspolitik. Und auch wenn die selbst-selektierte Natur der Be- fragten offensichtlich ist, so sind die Ergebnisse dennoch äußerst aufschlußreich.

Die Experten scheinen nicht daran zu glauben, daß eine einzelne spezifische Maßnahme geeignet sein könnte, daß Arbeitslosigkeitsproblem zu lösen. Eher denkt man an eine Vielzahl von Maßnahmen, darunter verstärkte Investitionen in Bildung und Ausbildung im allgemeinen sowie Aus- und Weiterbildungsprogramme im speziellen. Unter den Favoriten befinden sich auch Anreizprogramme, allerdings eher jenes Typs, der stärker restringiert, wie z.B. strengere Verwaltung von Arbeitslosenunterstützung, genauere Beobachtung von Arbeitslosen und eine Reduzierung des Arbeitslosenunterstützungsniveaus. Subventionen für den Niedriglohnbereich oder für die Unterstützung von Selbständigkeit werden nicht favorisiert. Arbeitsbeschaffungsmaßnahmen sind ebenso nicht in der Liste der begrüßenswerten Maßnahmen enthalten.

Wenig begeistert zeigen sich die Experten von allgemein starker Einwirkung auf individuelle Entscheidungen, wie zentralisierte Lohnverhandlungen, Regulierungen der Wochenarbeitszeit oder Vermeidung von Überstunden. Generell lehnen sie eine Ausdehnung der Aktivitäten der öffentlichen Hand sowohl durch expansive Geld- als auch Steuerpolitik ab. Dafür befürworten die Ökonomen die Deregulierung vieler Aspekte, wie z.B. die Deregulierung kleinerer Unternehmen oder der Teilzeitarbeit. Natürlich ist die vorhandene Evidenz in Deutschland zu diesen Vorstellungen der Experten äußerst rar, da systematische wissenschaftliche Evaluation solcher Maßnahmen – vielleicht gar anhand sozialwissenschaftlicher Experimente – noch aussteht. Im Vergleich zu der bereits vorhandenen Evidenz im europäischen Überblick läßt sich aber dennoch vorläufig festhalten, daß die Expertenmeinung mit den gesammelten Erfahrungen durchaus übereinzustimmen scheint.

2. Arbeitsmarktpolitische Handlungsempfehlungen

Die Sichtung und Auswertung der empirischen Evidenz, sowohl hinsichtlich der Struktur der Probleme des deutschen Arbeitsmarktes als auch der internationalen Erfahrungen mit diversen Arbeitsmarktprogrammen, die theoretische Analyse des Niedriglohnsektors, der ökonomischen Mechanismen hinter der Wirkung arbeitsmarktpolitischer Maßnahmen und des Evaluationsproblems, und die systematische Aufbereitung und Einordnung der Instrumente aktiver Arbeitsmarktpolitik in Deutschland und ihre kritische Diskussion im Lichte internationaler Erkenntnisse hatten allesamt zum Ziel, die Formulierung von Handlungsempfehlungen für eine effektivere und effizientere Arbeitsmarktpolitik vorzubereiten.

Trotz des hier vollzogenen Zusammenspiels von institutioneller und theoretischer Analyse mit empirischen Erkenntnissen fehlt im Augenblick der zentrale Baustein für endgültige Handlungsempfehlungen – eine umfassende empirische Evidenz über die Wirkung und Kosteneffizienz diverser arbeitsmarktpolitischer Maßnahmen in Deutschland (siehe Tabelle 3.2, Seite 135). Welche Maßnahmen in welchem Umfang wirken, ist letztlich eine empirische Frage, deren Beantwortung durch theoretische Vorüberlegungen zwar gut vorbereitet, aber nie hinreichend erfolgen kann. Handlungsempfehlungen setzen aber die Existenz abgesicherter Erkenntnisse voraus, können also nicht aus wirtschaftstheoretischen Modellen oder durch theoriegestützte Plausibilitätsüberlegungen gewonnen werden.

Theoretische Überlegungen bilden lediglich den Ausgangspunkt für eine strukturierte und allgemein nachvollziehbare Analyse ökonomischer Phänomene und liefern letztlich nur Hypothesen, die es hinsichtlich ihres Erklärungsgehalts gegenüber der Realität zu beurteilen gilt. Konkurrierende Modelle des Arbeitsmarktes liefern darüber hinaus konkurrierende Hypothesen, so daß auf deren Basis allein keine eindeutigen Handlungsempfehlungen möglich sind.

Eine Änderung ist jedoch nicht durch rasche Aktionen zu erzwingen. Im Gegenteil, ihre Ermittlung setzt mehrere wissenschaftliche Studien über einen hinreichend langen Zeitraum voraus. Diese empirischen Studien wiederum hängen entscheidend von der Existenz ausreichenden und qualitativ hochwertigen Datenmaterials ab. Bedauerlicherweise war bislang weder eine Evaluation arbeitsmarktpolitischer Eingriffe, die modernen wissenschaftlichen Ansprüchen genügt – schon gar nicht im Hinblick auf langfristige Wirkungen – noch die Bereitstellung und Öffnung hinreichenden Datenmaterials eine Priorität in Deutschland. Dementsprechend können genaue und durch empirische Erkenntnisse untermauerte Handlungsempfehlungen im Augenblick noch nicht ausgesprochen werden.

Tabelle 3.2: Maßnahmen aktiver Arbeitsmarktpolitik in Deutschland –
Synoptische Zusammenfassung

Maßnahme	Definition der Zugangs-voraussetzungen	Begrenzung der An-spruchsdauer	Zielgruppen-fokussierung	Administrative Komplexität
Förderung der Aus- und Weiterbildung	Komplex durch Aus-nahmeregelungen und viele unbestimmte Rechtsbegriffe	Ungenügend wegen sog. ergänzender För-derung und weiterer Ausnahmeregelungen	Niedrig	Relativ hoch
Trainingsmaß-nahmen	Verbesserungsfähig	Klar und ohne Aus-nahmen	Verbesse-rungsfähig	Relativ niedrig
Eingliederungs-zuschuß	Komplex wegen unbe-stimmter Rechtsbegriffe	Ungenügend wegen unbestimmter Aus-nahmeregelungen	Verbesse-rungsfähig	Relativ hoch
Einstellungszuschuß bei Neugründungen	Komplex wegen Anfor-derungen an Arbeitgeber und Arbeitnehmer	Klar und ohne Aus-nahmen	Verbesse-rungsfähig	Relativ niedrig
Eingliederungs-vertrag	Klar und einfach	Klar und ohne Aus-nahmen	Verbesse-rungsfähig	Niedrig
Förderung der Auf-nahme einer selb-ständigen Tätigkeit	Klar und einfach	Klar und ohne Aus-nahmen	Verbesse-rungsfähig durch Zulas-sung von län-geren Vorbe-reitungskursen	Niedrig
Arbeitsbeschaffungs- und Strukturanpas-sungsmaßnahmen	Praktisch nicht vorhanden	Ungenügend wegen zahlreicher Ausnahme- und Sonderregelungen	Praktisch nicht vorhan-den	Extrem hoch

Eine ausführlichere Analyse der einzelnen Maßnahmen hinsichtlich der angesprochenen Kriterien findet sich in Kapitel II dieses Gutachtens, vgl. S. 43 ff.

Nun will jedoch die wirtschaftspolitische Praxis verständlicherweise nicht mehrere Jahre auf empirisch abgesicherte Handlungsempfehlungen durch die Wissenschaft warten und kann dies angesichts des drängenden Problems der hohen Arbeitslosigkeit auch gar nicht. Darüber hinaus ist es aus der Sicht einer verantwortungsbewußten wissenschaftlichen Forschung auch nicht sinnvoll, beispielsweise die Arbeitsämter bei der Umsetzung arbeitsmarktpolitischer Maßnahmen alleine zu lassen und das Ergebnis dieses Tuns dann im Nachhinein wissenschaftlich zu evaluieren.

Vielmehr muß der Prozeß der Umsetzung wirtschaftspolitischer Zielvorgaben in praktische Handlungen und die Begutachtung derselben durch empirische, wissenschaftliche Studien Hand in Hand gehen. Eine verstärkte Kooperation zwischen Wissenschaft und Arbeitsverwaltung ist daher dringend geboten. Die Kooperation auf breiter Ebene ist keineswegs durch eine punktuelle Kooperation in einzelnen Projekten zu ersetzen, sondern erfordert ein radikales Umdenken vor allem in Politik und Verwaltung und die Öffnung gegenüber konstruktiver Kritik.

Der Umstand, daß die für Deutschland vorhandene empirische Evidenz dürftig, die internationale, vor allem nordamerikanische, Forschung jedoch sehr viel weiter fortgeschritten ist, legt den Schluß nahe, Handlungsempfehlungen für die Gegenwart aus den Erkenntnissen der internationalen Forschung abzuleiten. Dies ist jedoch, wie schon in Kapitel I. dargelegt, alles andere als einfach und angesichts der gesellschaftlichen und institutionellen Unterschiede auch nicht einfach möglich.

Wir schlagen deshalb vor, die Erfahrungen und Erkenntnisse der internationalen Evaluationsforschung zum Ausgangspunkt für eine Neugestaltung des Designs der Maßnahmen aktiver Arbeitsmarktpolitik in Deutschland zu nehmen und diese dann zeitnah und umfassend zu evaluieren. Im folgenden legen wir einen „Aktionsplan für eine effektivere und effizientere aktive Arbeitsmarktpolitik" vor. Wir sind uns dabei sehr wohl bewußt, daß bei der Umsetzung vielfältige Interessenlagen berührt sind und deshalb bei seiner Realisierung vielfältige Widerstände zu überwinden sein werden.

2.1. Aktionsplan für eine effektivere und effizientere aktive Arbeitsmarktpolitik

Unser Vorschlag für eine kooperative Zusammenarbeit zwischen Wissenschaft und Praxis hat das Ziel, die aktive Arbeitsmarktpolitik in Deutschland effektiver und effizienter zu gestalten. Er könnte in vier Phasen erfolgen, in denen eine enge Zusammenarbeit aller Beteiligten aus Wissenschaft und Praxis notwendig ist. Im folgenden werden diese vier Phasen zunächst kurz beschrieben und ein Versuch unternommen, den Aktionsplan insgesamt in einen größeren Rahmen einzubetten. Daran anschließend werden die einzelnen Elemente des Aktionsplanes in ihren jeweiligen Details dargestellt.

Kurzbeschreibung der einzelnen Phasen:

Phase 1:   Verbesserung der institutionellen Ausgestaltung der Maßnahmen aktiver Arbeitsmarktpolitik

Phase 2:   Simultane Durchführung folgender vier Teilprojekte mit dem Ziel, abgesicherte Erkenntnisse für Deutschland zu gewinnen:

    a. Design eines ersten Maßnahmekatalogs auf Basis der empirischen internationalen Evidenz

    b. Aufbau eines Monitoringsystems durch die lokalen Arbeitsämter, mit dem Ziel einer zeitnahen Erfassung aller notwendigen Daten

    c. Schritthaltende wissenschaftliche Evaluierung der Effektivität und Effizienz dieser Maßnahmen

    d. Prozeßanalyse auf Basis der Ergebnisse der Evaluationsstudien

Phase 3:   Sammlung und Auswertung der in Phase 2 gewonnenen Erkenntnisse im Hinblick auf Handlungsempfehlungen für eine revidierte rationale Arbeitsmarktpolitik

Phase 4:   Überarbeitung der Ausgestaltung der institutionellen Rahmenbedingungen und/oder des Designs des Maßnahmekatalogs auf Basis der Handlungsempfehlungen aus Phase 3 und Fortsetzung des Prozesses

Diese vier Phasen des Aktionsplanes können nicht losgelöst von den allgemeinen arbeitsmarktpolitischen Zielvorgaben gesehen werden. Darüber hinaus müssen sie durch wissenschaftliche Begleitforschung ergänzt werden, die sich beispielsweise der Verbesserung der empirischen Methoden zur Evaluierung staatlicher Eingriffe oder den Ursachen und Konsequenzen der Arbeitslosigkeit widmet.

In Übersicht 3.1 wird versucht, die übergeordnete Einbettung und die einzelnen Elemente des Aktionsplanes zu visualisieren.

Übersicht 3.1: Aktionsplan für eine effektivere und effizientere aktive Arbeitsmarktpolitik in Deutschland – Ein Vorschlag für eine Kooperation zwischen
Wissenschaft und Praxis

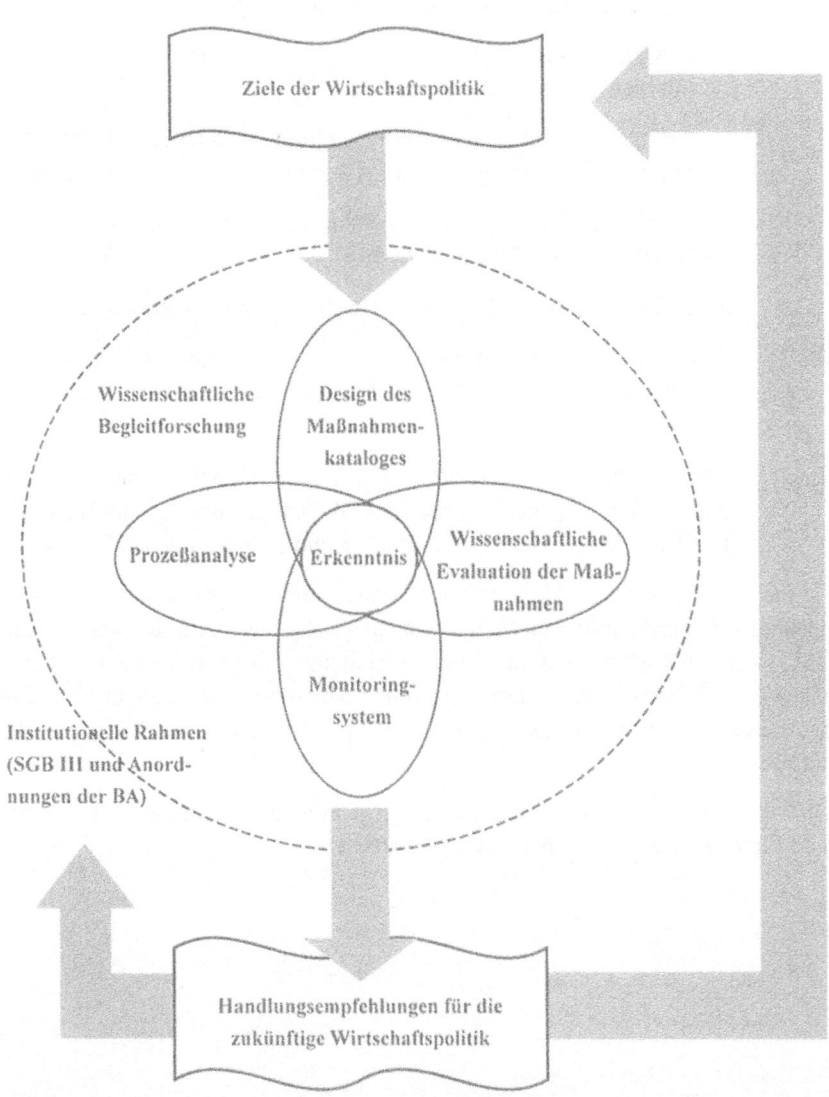

Erläuterungen zu den einzelnen Phasen:

Zu Phase 1: Institutionelle Ausgestaltung

Die Neuregelung der institutionellen Ausgestaltung der Maßnahmen sollte sich von den Kriterien Einfachheit, Nachvollziehbarkeit und zeitliche Begrenzung leiten lassen. Bestimmte Neuregelungen der Maßnahmen sind durch die im SGB III enthaltenen Anordnungsermächtigungen für die Bundesanstalt für Arbeit möglich. Hierzu zählen die nähere Regelung im SGB III enthaltener, unbestimmter Rechtsbegriffe. Diese Möglichkeit sollte im Sinne der Verbesserung der Situation alsbald umfassend und rasch genutzt werden, jedoch nicht derart, daß weitere unbestimmte Rechtsbegriffe eingeführt werden, die den administrativen Aufwand und die Komplexität der dadurch notwendigen Ermessensentscheidungen noch zusätzlich erhöhen. Dieser Fehler wurde leider bei den bereits existierenden Anordnungen, beispielsweise zur Förderung der beruflichen Weiterbildung, begangen. Als Beispiele für sinnvolle Ergänzungen zu den Regelungen des SGB III auf dem Anordnungswege böten sich beispielsweise folgende Vorschläge an:

1. Für FbW-Maßnahmen sollte die erfolgreiche Teilnahme an bestimmten Trainingsmaßnahmen als individuelles Eignungskriterium der Teilnahmewilligen zwingend vorgeschrieben werden. Der Erfolg der Teilnahme ließe sich hierbei etwa in Form einer Abschlußprüfung im Anschluß an die Trainingsmaßnahme beurteilen.

2. Für die Gewährung von Eingliederungszuschüssen für Arbeitnehmer, bei denen im Sinne von § 218 SGB III die Notwendigkeit zu einer „besonderen Einarbeitung" besteht, sollte diese Notwendigkeit einzig an der Dauer der Arbeitslosigkeit festgemacht werden. Sinnvoll wäre etwa, diese Notwendigkeit ab einer Dauer von sechs Monaten Arbeitslosigkeit anzuerkennen.

3. Für die nähere Regelung der „besonders schweren Vermittelbarkeit", die im Sinne von § 222, (1) SGB III eine Verlängerung der Förderungsdauer von Eingliederungszuschüssen ermöglicht, böte sich als Kriterium das gleichzeitige Vorliegen von Langzeitarbeitslosigkeit zusammen mit mindestens einem weiteren Vermittlungserschwernis (z.B. alt, jung und ohne Schul- oder Ausbildungsabschluß, behindert, Berufsrückkehrerin, Vorstrafe o.ä.) an.

Für weitere sinnvolle Änderungen von im SGB III enthaltenen konkreten Regelungen bedarf es jedoch einer Gesetzesänderung. Im Zuge einer solchen Gesetzesänderung böten sich einige schon in Kapitel II erwähnte, dringend gebotene, Korrekturen von in sich widersprüchlichen Regelungen an. Als Beispiele zu nennen wären etwa der Ausschluß der Anerkennung von Weiterbildungsmaßnahmen, die auf eine selbständige Tätigkeit abzielen, oder die Streichung des Förderungsausschlusses bei Trainingsmaßnahmen, die auf eine Anstellung bei einem Arbeitgeber abzielen, der dem Arbeitslosen bereits eine Beschäftigung angeboten hat.

Darüber hinaus wäre es im Sinne einer höheren Transparenz und Zielgruppen-fokussierung der Maßnahmen unerläßlich, die zahlreichen Ausnahmeregelungen bei beinahe allen Maßnahmen zu reduzieren. Als Beispiele hierfür wäre die unter-schiedliche Förderungshöhe bei der Gewährung von Eingliederungszuschüssen zu sehen. Eine Änderung, die sich an der deutlich einfacheren Gewährung der Ein-stellungszuschüsse bei Neugründungen orientiert, wäre in jedem Falle begrüßens-wert. Ausnahmeregelungen, die auf derart unbestimmten Rechtsbegriffen be-stehen, daß sie auch auf dem Anordnungswege nicht konkreter bestimmt werden können, wie beispielsweise das „besondere arbeitsmarktpolitische Interesse" in § 95, (2) SGB III, sollten ersatzlos gestrichen werden.

Ersatzlos gestrichen werden sollten des weiteren, wie schon in Kapitel II aus-geführt, die Regelungen zu Arbeitsbeschaffungs- und Strukturanpassungsmaß-nahmen. Neu in den Katalog der Maßnahmen aktiver Arbeitsmarktpolitik aufge-nommen werden sollte dagegen explizit die Möglichkeit, Trainingsmaßnahmen und berufsbegleitende Weiterbildungsmaßnahmen mit Eingliederungs- oder Ein-stellungszuschüssen zu kombinieren (vgl. hierzu auch unten, Phase 2a)).

Die übergeordneten Ziele bei Änderungen oder Ergänzungen des SGB III in welcher Form auch immer, sei es im Wege von Anordnungen oder formellen Ge-setzesänderungen, sollten eine Verringerung der administrativen Komplexität und eine Erhöhung der Zielgruppenfokussierung sein. Es sollte also eine Reduzierung der notwendigen Ermessensentscheidungen durch die Arbeitsamtsmitarbeiter und eine Erhöhung der Transparenz in der Umsetzung der Maßnahmen im Vorder-grund stehen.

Zu Phase 2: Simultane Durchführung der vier Teilprojekte

Zu a) Design des ersten Maßnahmekatalogs:

Die nordamerikanische und in weiten Teilen auch die europäische Evidenz legen den Schluß nahe, daß eine Mischung aus direkten, zielgruppenfokussierten tem-porären Lohnsubventionen flankiert von geeigneten Ausbildungsmaßnahmen eine erfolgversprechende Maßnahmenkombination mit Aussicht auf Kosteneffizienz darstellt. Dabei sind wir uns der Gefahr möglicher unerwünschter Nebeneffekte dieser Maßnahmenkombination durchaus bewußt. Die Möglichkeit, daß Maß-nahmen aktiver Arbeitsmarktpolitik durch Mitnahme- oder Verdrängungseffekte begleitet werden, ist, obwohl zumeist im Zusammenhang mit diesen diskutiert, je-doch keineswegs exklusiv auf Lohnsubventionen begrenzt, sondern gilt in ver-gleichbarer Art und Weise für sämtliche Maßnahmen. Die internationale Literatur legt zwar den Schluß nahe, daß solche Effekte durch geeignete Regelungen durch-aus begrenzt werden können. Gleichwohl muß für Deutschland festgestellt wer-den, daß abgesicherte Erkenntnis zu solchen unerwünschten Nebeneffekten prak-tisch nicht existiert. Die empirische Substanz dieser theoretischen Möglichkeit kann somit für Deutschland ohne den Versuch, diese Maßnahmen zu implementieren und sie hierzu begleitend wissenschaftlich zu erforschen, nicht beurteilt werden. Aus diesem Grund sieht der von uns vorgeschlagene Aktionsplan eine umfassende wissenschaftliche Begleitforschung sowie ein fortlaufende Überprüfung der Wirkung der durchgeführten Maßnahmen vor.

Wenn das Ziel aktiver Arbeitsmarktpolitik in der Bundesrepublik Deutschland also in der Tat die möglichst rasche Wiedereingliederung arbeitsloser Arbeitnehmer in eine dauerhafte Beschäftigung ist, dann sollte u.a. sehr viel stärker von dem Instrument der Eingliederungszuschüsse Gebrauch gemacht werden als bisher. Diese Zuschüsse können und sollten sinnvoll flankiert werden durch kurze Trainingsmaßnahmen und bei einem klar erkennbaren Bedarf auch durch Weiterbildungsmaßnahmen. Abgeschafft werden sollte der vor allem in Ostdeutschland exzessive Gebrauch von Arbeitsbeschaffungs- und Strukturanpassungsmaßnahmen. Für einen konkreten ersten Maßnahmekatalog ergäbe sich daher folgende Kombination von Instrumenten:

Vorrang der Beratung und Vermittlung in den ersten Monaten der Arbeitslosigkeit. Daran anschließend:

1. Versuch, mit Hilfe von Eingliederungszuschüssen kombiniert mit Trainingsmaßnahmen den Arbeitslosen wieder in eine reguläre Beschäftigung zu bringen. On-the-job-Training ist dabei besonders wirkungsvoll. "Weiterbildungs-Urlaubsvertretungen" (Job-Rotationsmodelle) sind nützliche Ansätze, um einen drohenden Humankapitalverlust der Arbeitslosen auszugleichen.

2. Ab etwa sechs Monaten Arbeitslosigkeitsdauer: Versuch, mittels Eingliederungsverträgen ein informelles Beschäftigungsverhältnis herzustellen; diese können ebenfalls mit Trainingsmaßnahmen oder in Form eines Teilzeitbeschäftigungsverhältnisses mit Weiterbildungsmaßnahmen kombiniert werden.

3. Nur dann, wenn mittels Lohnsubventionen kein Beschäftigungsverhältnis entstanden ist, sollten Vollzeitweiterbildungsmaßnahmen zum Einsatz kommen. Allerdings sollten der Zugang zu diesen Maßnahmen durch zusätzliche Zugangsvoraussetzungen (bestimmte Vorqualifikationen, Eignungstests oder Trainingsmaßnahmen) beschränkt werden, um zu gewährleisten, daß durch die Auswahl des geförderten Personenkreises zumindest die prinzipielle Aussicht auf einen Erfolg dieser Maßnahmen besteht. Weiterbildungsprogramme, die ohne hinreichende Vorbereitung der Teilnehmer aufgenommen wurden, haben sich weitgehend als wirkungslos erwiesen.

4. Auch bei lang anhaltender Arbeitslosigkeit und dem gleichzeitigen Vorliegen eines weiteren Eingliederungserschwernisses (z.B. alt, jung und ohne Schul- oder Ausbildungsabschluß, behindert, Berufsrückkehrerin, Vorstrafe, Gesundheitsprobleme oder ähnlichem) lehnen wir die Bereitstellung von Mitteln für Arbeitsbeschaffungsmaßnahmen ab, insbesondere aber für zeitlich nicht begrenzte Maßnahmen.

5. Wir befürworten die Aufrechterhaltung der Möglichkeit, Überbrückungsgeld bei Aufnahme einer selbständigen Tätigkeit zu gewähren, wie auch die Gewährung eines Einstellungszuschusses bei Neugründungen. Diese Maßnahmen sollten ergänzt werden, indem man im Gegensatz zur geltenden Regelung Arbeitslosen, die bereit sind, eine selbständige Tätigkeit aufzunehmen, die Möglichkeit einräumt, an einer längeren Weiterbildungsmaßnahme teilzunehmen, die ihnen grundlegende kaufmännische oder ähnliche, die selbständige Tätigkeit vorbereitende, Kenntnisse vermittelt.

6. Bei allen Maßnahmen ist eine gegenüber der bisherigen Praxis und den bisherigen personellen Möglichkeiten deutlich verstärkte Begleitung und Betreuung der Arbeitslosen notwendig mit dem Ziel, eine Analyse der Schwierigkeiten oder Fehler bei der Beschäftigungssuche zu betreiben und hierfür ausreichende Verbesserungsvorschläge zu unterbreiten. Die hierzu notwendigen personellen Kapazitäten bei Arbeitsamtsmitarbeitern können geschaffen werden, indem der im Augenblick erhebliche administrative Aufwand bei der Implementierung und Verwaltung der Maßnahmen reduziert wird.

7. Erfolgreiche Programme sind kurze Programme. Wer angebotene Programme nicht annimmt oder immer wieder in die Arbeitslosigkeit zurückfällt, sollte Kürzungen der Arbeitslosenunterstützung oder der Arbeitslosenhilfe erhalten können, wenn nicht besondere Gründe vorliegen.

Zu b) Aufbau eines Monitoringsystem:

Die lokalen Arbeitsämter sollten bei der Verteilung des ihnen aus dem Eingliederungstitel zugewiesenen Budgets auf die einzelnen Maßnahmen, sowie bei der praktischen Implementierung der Maßnahmen verstärkt mit lokalen Arbeitgebern, benachbarten Arbeitsämtern oder Arbeitsämtern mit ähnlicher Arbeitslosigkeitsstruktur zusammenarbeiten. Das Ziel hierbei ist der Aufbau eines lokalen Monitoringsystems, das die Bereitstellung und den Verlauf der einzelnen Maßnahmen überwachen, die für die Evaluation und Prozeßanalyse notwendigen Daten liefern und von allen Beteiligten die Erfahrungen und Probleme mit den Maßnahmen ermitteln soll. Das bislang angestrebte Monitoringinstrument der sog. Eingliederungsbilanzen kann diese Aufgaben in keiner Weise erfüllen, da es an der eigentlichen Grundfrage des tatsächlichen Effekts von Maßnahmen vorbeigeht. Das angestrebte Monitoringsystem dagegen dient einer schritthaltenden Überwachung der Maßnahmen und soll ein frühes Eingreifen bei Problemen ermöglichen.

Zu c) Wissenschaftliche Evaluierung:

Ohne wissenschaftliche Evaluation können selbst wirksame und kosteneffiziente Maßnahmen nicht als solche erkannt, unangemessene Maßnahmen nicht als unwirksam enttarnt werden. Die Implementierung und Evaluation sollte daher in einem Atemzug geplant und durchgeführt werden. Dabei sollten parallel zwei Wege beschritten werden. Erstens sollten die politischen Widerstände gegen sozialwissenschaftliche Experimente überwunden werden. Letztlich geben häufig nur experimentelle Studien die Gelegenheit zu einer konzeptionell überzeugenden und alle methodischen Zweifel beseitigenden Evaluation. Insbesondere werden Teilnehmer und Mitglieder der Kontrollgruppe in Experimenten nicht zuletzt zum gleichen Zeitpunkt und in der gleichen Region untersucht, was bei nicht-experimentellen Evaluationsstudien oft nicht zu gewährleisten ist.

Zweitens sollte eine solide, nicht-experimentelle Evaluation jede der Maßnahmen begleiten, nicht nur als wissenschaftliche Ergänzung der experimentellen Evidenz, sondern auch mit dem primären Ziel der Modellierung des Verhaltens von Arbeitnehmern und Behörden und der Wirksamkeit der Eingriffe außerhalb des spezifischen Kontextes der untersuchten Maßnahme. Daher sollte auf Basis der durch das Monitoringsystem gewonnenen Informationen möglichst zeitnah eine umfassende wissenschaftliche Evaluierung durch externe Experten stattfinden. Entscheidendes Element zur Qualitätssicherung ist dabei die kompromißlose und universelle Öffnung des Datenmaterials gegenüber der Wissenschaft.

Zu d) Prozeßanalyse:

Da Evaluierungsstudien lediglich den durchschnittlichen Effekt einer Maßnahmen über eventuell heterogene regionale Arbeitsmärkte hinweg ermitteln können und die Ursachen für Erfolg oder Mißerfolg von Maßnahmen in einzelnen Arbeitsamtsbezirken dadurch nicht zu Tage treten, ist ergänzend zu wissenschaftlichen Evaluierungsstudien auch eine sorgfältige Prozeßanalyse, basierend auf den Ergebnissen wissenschaftlicher Evaluierungsstudien, notwendig. Diese Prozeßanalyse dient u.a. dem Zweck, regionale Unterschiede im Erfolg oder Mißerfolg einzelner Maßnahmen sowie deren Bestimmungsgründe zu ermitteln und die Arbeitsverwaltung in Fragen der Implementierung zu unterstützen.

Zu Phase 3: Sammlung und Auswertung der gewonnen Erkenntnisse

Sobald die Erkenntnisse aus der wissenschaftlichen Evaluierung und der Prozeßanalyse vorhanden sind, sollten diese in einer gemeinsamen Anstrengung aller Beteiligten für Handlungsempfehlungen für eine revidierte rationale Arbeitsmarktpolitik ausgewertet werden. Gedacht ist hierbei an eine Zusammenarbeit von wissenschaftlichen Ratgebern mit allen Beteiligten aus Politik, Arbeitsverwaltung, Arbeitgebern und Arbeitnehmern. Bei der Auswahl der wissenschaftlichen Ratgeber sollte mehr als bisher die wissenschaftliche Expertise und weniger die Zugehörigkeit zu verwaltungsnahen Institutionen oder die Erfahrungen aus traditionellen Evaluationsstudien herangezogen werden. Natürlich folgt aus einer solchen

Einbindung keine tagespolitische Verantwortung für die Wissenschaft, mit der sie überfordert wäre.

Zu Phase 4: Überarbeitung

Diese Handlungsempfehlungen wiederum müssen anschließend in eine Überarbeitung der institutionellen Ausgestaltung und/oder des Designs des ersten Maßnahmekatalogs münden und der Prozess der kooperativen Implementierung und Evaluierung der Maßnahmen sollte sodann fortgesetzt werden.

3. Schlußfolgerungen

1. Das Problem der Arbeitslosigkeit in Deutschland

Das Problem der Arbeitslosigkeit in der Bundesrepublik Deutschland besteht nicht allein und noch nicht einmal hauptsächlich in der bloßen Größenordnung von derzeit knapp 4 Mio. arbeitslos gemeldeten Menschen. Ein genauerer Blick sowohl auf die Struktur der Arbeitslosigkeit als auch auf die im Laufe eines Jahres auf dem Arbeitsmarkt stattfindenden Prozesse offenbart, daß das Problem der Wiedereingliederung arbeitsloser Arbeitnehmer durch ein komplexes Zusammenspiel mehrerer unterschiedlicher Wiedereingliederungshemmnisse bedingt wird. Die sich in aggregierten Arbeitslosenraten verbergende Heterogenität verbietet somit eine einfache monokausale Erklärung der Ursachen von Beschäftigungslosigkeit und verdeutlicht, daß sich die Erwartungen an die Wirkung aktiver Arbeitsmarktpolitik in einem realistischen Rahmen bewegen müssen. Die Komplexität des Problems der Arbeitslosigkeit, für die bis zum heutigen Tage noch keine wirklich abgesicherte Erkenntnis bezüglich Ursache und Wirkung gewonnen werden konnte, macht deshalb dringend weitere Forschungsanstrengungen notwendig.

2. Evidenz für Deutschland

Abgesicherte Erkenntnisse hinsichtlich der Wirksamkeit und Kosteneffizienz aktiver Arbeitsmarktpolitik in Deutschland sind bis zum heutigen Tage nur äußerst spärlich vorhanden. Die konkrete Ausgestaltung des § 11 SGB III sowie das aktuelle Beispiel der geplanten Job Rotation macht deutlich, daß von vielen Administratoren aktiver Arbeitsmarktpolitik eine wissenschaftlichen Ansprüchen genügende Evaluation mit arbeitsamtsinternen buchhalterischen Ansätzen, wie zum Beispiel der Eingliederungsbilanz der Arbeitsämter, verwechselt oder aber mit diversen Formen von Entlastungsrechnungen gleichgesetzt wird. Diese sind allesamt in keinster Weise geeignet, Aufschluß über die Effektivität oder gar Effizienz der eingesetzten Mittel zu geben. Zu abgesicherten Erkenntnissen über die Effektivität und Effizienz aktiver Arbeitsmarktpolitik in Deutschland kann ausschließlich durch umfassende wissenschaftliche Evaluationsstudien gelangt werden. Solche Studien setzen allerdings zwingend die Bereitstellung von für die Forschung frei zugänglichen Daten voraus.

3. Standards wissenschaftlicher Evaluation

Eine wissenschaftlichen Ansprüchen genügende Evaluation von Maßnahmen aktiver Arbeitsmarktpolitik erfordert unabhängig von der konkreten Natur der arbeitsmarktpolitischen Maßnahme, daß für wohldefinierte Beobachtungseinheiten

die zu beobachtenden relevanten Zielgrößen nach der Durchführung der Maßnahme mit den Ergebnissen einer Vergleichssituation (der kontrafaktischen Situation) konfrontiert werden. Welche Beobachtungseinheiten und Zielgrößen in einer
solchen Analyse relevant sind, wird maßgeblich durch die Art der Maßnahme und
der Daten bestimmt, die für die Analyse zur Verfügung stehen. Die entscheidende
Frage bei der Bewertung eines arbeitsmarktpolitischen Programms ist, ob die
durch die Maßnahme betroffenen Arbeitnehmer im Durchschnitt aufgrund der
Maßnahme Arbeitsmarktergebnisse erzielt haben, die sie ansonsten nicht erreicht
hätten.

Sollte sich anhand des Vergleichs der tatsächlichen und der als Vergleichssituation konstruierten kontrafaktischen Situation ein merklicher Effekt der Maßnahme feststellen lassen, so ist damit lediglich eine erste Voraussetzung für das
Vorliegen eines erfolgreichen Programms erfüllt. Ein Programm, das nur sehr bescheidene Änderungen der Situation hervorrufen kann, darf nicht sehr kostenintensiv sein, wenn es ein ernsthafter Kandidat für eine dauerhaft implementierte
Maßnahme sein soll. Um herauszufinden, inwieweit sich die Durchführung des
Programms tatsächlich lohnt, ist daher ein weiterer Vergleich erforderlich, der diesen ermittelten Effekt mit den entstehenden Kosten – direkten wie indirekten –
konfrontiert. Im allgemeinen erfordern die hohen Kosten arbeitsmarktpolitischer
Eingriffe auch Wirkungen beträchtlichen Ausmaßes, soll ihr Einsatz gesellschaftlich gerechtfertigt sein.

Der Prozeß wissenschaftlicher Evaluation kann hierbei nicht losgelöst vom
Design und der Implementierung der Maßnahmen gesehen werden, sondern muß
mit diesen Hand in Hand gehen. Die internationalen, vor allem nordamerikanischen, Erfahrungen mit der Evaluation staatlicher Eingriffe legen eindeutig den
Schluß nahe, daß eine von Beginn an von allen Beteiligten gemeinsam sorgfältig
geplante und partnerschaftlich umgesetzte experimentelle Evaluation solcher
Maßnahmen einer nicht-experimentellen Begutachtung durch die Wissenschaft im
nachhinein in allen Belangen überlegen ist.

4. Die institutionelle Ausgestaltung aktiver Arbeitsmarktpolitik in Deutschland

Die Analyse der institutionellen Ausgestaltung der Maßnahmen aktiver Arbeitsmarktpolitik in Deutschland macht deutlich, daß die administrative Komplexität
einiger Maßnahmen, vor allem aber die von Arbeitsbeschaffungs- und Strukturanpassungsmaßnahmen, ein nur schwerlich zu überbietendes Ausmaß erreicht hat.
Gleichzeitig offenbart die Zielgruppenfokussierung einiger Maßnahmen deutliche
Mängel. Die internationalen Erfahrungen mit aktiver Arbeitsmarktpolitik sprechen
jedoch vor allem in dieser Hinsicht eine deutliche Sprache. Erfolgversprechende
Maßnahmen, die eine Aussicht auf Kosteneffizienz haben sollen, setzen einen
transparenten, von allen Beteiligten nachvollziehbaren, zeitlich begrenzten und auf
eine klar definierte Zielgruppe ausgerichteten Einsatz staatlicher Mittel voraus.

Die Notwendigkeit zu umfangreichen Ermessensentscheidungen und Verwaltungsleistungen seitens der Administratoren der Maßnahmen, wie sie etwa durch Normen zu Regelfällen, Ausnahmen, besonderen Ausnahmen und Sonderregelungen für Ostdeutschland im Bereich von Arbeitsbeschaffungsmaßnahmen notwendig werden, stehen in deutlichem Gegensatz zu diesen Forderungen und binden darüber hinaus substantielle Mittel in den Arbeitsämtern vor Ort.

5. Internationale Evidenz zur Effektivität einzelner Maßnahmen

Die internationale und mit Abstrichen auch die europäische Evidenz zu Maßnahmen aktiver Arbeitsmarktpolitik legt, trotz eingeschränkter Übertragbarkeit ihrer Erkenntnisse auf den deutschen Arbeitsmarkt, den Schluß nahe, daß vor allem direkte Lohnsubventionen an den Arbeitgeber kombiniert mit zielgerichteten berufsbegleitenden Aus- und Weiterbildungsmaßnahmen a priori als erfolgversprechend und mit Aussicht auf Kosteneffizienz angesehen werden können. Es ist äußerst zweifelhaft, ob von Arbeitsbeschaffungs- und Strukturanpassungsmaßnahmen auch nur in geringster Weise eine Stabilisierung von Langzeitarbeitslosen im Sinne einer vorsichtigen Heranführung dieser Personengruppe an die Aufnahme einer geregelten Beschäftigung erwartet werden kann. Hierüber hinausgehende Wirkungen solcher Maßnahmen sind, insbesondere dann, wenn man die gesetzlichen Forderungen zur Zusätzlichkeit der geleisteten Arbeiten ernst nimmt, auf keinen Fall zu erwarten. Angesichts der hohen Kosten von Arbeitsbeschaffungs- und Strukturanpassungsmaßnahmen ist der im günstigsten Fall bescheidene Effekt jedoch mit Sicherheit zu wenig, um eine Kosteneffizienz dieser Maßnahmen zu gewährleisten.

6. Vorschläge für eine effektivere und effizientere Arbeitsmarktpolitik in Deutschland

Der von uns vorgeschlagene, partnerschaftliche Aktionsplan für eine effektivere und effizientere Arbeitsmarktpolitik in Deutschland stellt einen umfassenden Ansatz hin zu einer rationaleren Arbeitsmarktpolitik dar. Sein zentrales Element ist eine integrative und kooperative Ausgestaltung, Umsetzung und Evaluation der Maßnahmen aktiver Arbeitsmarktpolitik. Dies zielt auf die Aufhebung der bislang in Deutschland üblichen Trennung von Design und Umsetzung der Maßnahmen durch Politik/Administration einerseits und ihrer Begutachtung durch die Wissenschaft andererseits ab. Darüber hinaus soll durch einen beständig fortlaufenden Prozeß von Design-Umsetzung-Evaluation erreicht werden, daß die aus der Evaluation der Maßnahmen gewonnen Erkenntnisse möglichst zeitnah in konkrete Veränderungen der Arbeitsmarktpolitik umgesetzt werden. Dieser Weg ist sicher unbequem, berührt vielfältige Interessenlagen und dürfte mit allerlei Widerständen zu kämpfen haben. Gleichwohl ist er unerläßlich und der einzig gangbare Weg, will man den arbeitslosen Menschen in Deutschland in der Tat eine ernstzunehmende Perspektive auf eine Wiedereingliederung in den Arbeitsmarkt geben.

IV. Literaturverzeichnis

Blank, Rebecca M., David Card und Philip K. Robins (1999), Financial Incentives for Increasing Work and Income Among Low-Income Families, in: Blank, Rebecca M. und David Card (Hrsg.) Finding Jobs: Work and Welfare Reform.

Bell, Brian, Richard Blundell und John van Reenen (1999), Getting the Unemployed Back to Work: The Role of Targeted Wage Subsidies, Institute for Fiscal Studies Working Paper No. 99-12, London.

Bonin, Holger und Klaus F. Zimmermann (2001), The Post-Unification German Labor Market, in: Regina T. Riphahn, Dennis J. Snower und Klaus F. Zimmermann (Hrsg.), Employment Policy in Transition. The Lessons of German Integration for the Labor Market, Springer-Verlag, Heidelberg.

Bonnal, Liliane, Denis Fougère und Anne Sérandon (1997), Evaluating the Impact of French Employment Policies on Individual Labour Market Histories, Review of Economic Studies 64, 683-713.

Brodaty, Thomas, Bruno Crépon und Denis Fougère (1999), Using Matching Estimators to Evaluate Alternative Youth Employment Programs: Evidence from France, 1986-1988, mimeo., CREST, Paris.

Calmfors, Lars (1994), Active Labor Market Policy and Unemployment - A Framework for the Analysis of Crucial Design Features, OECD Labor Market and Social Policy Occasional Papers No. 15, Paris.

Card, David und Philip K. Robins (1996), Do Financial Incentives Encourage Welfare Participants to Work: Initial 18-Month Findings from the Self-Sufficiency Project, Vancouver, BC: Social Research Demonstration Corporation.

Card, David, Philip K. Robins und Winston Lin (1998), Would Financial Incentives for Leaving Welfare Lead Some People to Stay on Welfare Longer? An Experimental Evaluation of 'Entry Effects' in the Self-Sufficiency Project, NBER Working Paper 6449.

Card, David Philip K. Robins und Charles Michalopoulos (1999), Measuring Wage Growth Among Former Welfare Recipients, UC Berkeley Center for Labor Economics Working Paper No. 20.

Carling, Kenneth, Bertil Holmlund und Altin Vejsiu (1999), Do Benefit Cuts Boost Job Findings? Swedish Findings from the 1990s, Uppsala University, Dept. of Economics Working Paper 1999-20.

Dickert-Conlin, Stacy und Douglas Holtz-Eakin (1999), Employee-Based versus Employer-Based Subsidies to Low-Wage Workers: A Public Finance Perspective, in: Blank, Rebecca M. und David Card (Hrsg.) Finding Jobs: Work and Welfare Reform.

Eissa, Nada und Jeffrey Liebman (1996), Labor Supply Response to the Earned Income Tax Credit, Quarterly Journal of Economics 111, 605-637.

Ellwood, David T. und Elisabeth D. Welty (1999), Public Service Employment and Mandatory Work: A Policy Whose Time Has Come and Gone and Come Again?, in: Blank, Rebecca M. und David Card (Hrsg.) Finding Jobs: Work and Welfare Reform.

Fertig, Michael und Christoph M. Schmidt (2000), Discretionary Measures of Active Labor Market Policy, erscheint in Schmollers Jahrbuch.

Fougère, Denis, Francis Kramarz und Thierry Magnac (2000), Youth employment policies in France, European Economic Review 44, Papers & Proceedings, 928-942.

Friedlander, Daniel, David H. Greenberg und Philip K. Robins (1997), Evaluating Government Training Programs for the Economically Disadvantaged, Journal of Economic Literature, 35, 1809-1855.

Gerfin, Michael und Michael Lechner (2000), Microeconometric Evaluation of the Active Labour Market Policy in Switzerland, IZA Discussion Paper No. 154, Bonn.

Heckman, James J., Robert J. LaLonde und Jeffrey A. Smith (1999), The Economics and Econometrics of Active Labor Market Programs, in: Ashenfelter, Orley und David Card (Hrsg.) Handbook of Labor Economics, vol. III, Amsterdam et al.: North-Holland, 1865-2097.

Hujer, Reinhard und Marc Wellner (2000), The Effects of Public Sector Sponsored Training on Individual Employment Performance in East Germany, IZA Discussion Paper No. 141, Bonn.

Jensen, Peter (1999), The Danish Youth Unemployment Programme, mimeo., Center for Labour Market and Social Research, Aarhus.

Jensen, Peter, Michael Svarer Nielsen und Michael Rosholm (1999), The Effects of Benefits, Incentives, and Sanctions on Youth Unemployment, Working Paper 99-05, Center for Labour Market and Social Research, Aarhus.

Kaldor, Nicholas (1936), Wage Subsidies as a Remedy for Unemployment, Journal of Political Economy 44, 721-742.

Katz, Lawrence (1998), Wage Subsidies for the Disadvantaged, in: Freeman, Richard B. and Peter Gottschalk (Hrsg.) Generating Jobs: How to Increase Demand for Less-Skilled Workers, New York: Russell Sage Foundation.

Kluve, Jochen, Hartmut Lehmann und Christoph M. Schmidt (1999), Active Labor Market Policies in Poland: Human Capital Enhancement, Stigmatization, or Benefit Churning, Journal of Comparative Economics 27, 61-89.

Kluve, Jochen und Christoph M. Schmidt (2000), Can Training and Incentives Combat European Unemployment? Evidence from Recent Evaluation Studies, mimeo, University of Heidelberg.

Lalive, Rafael, Josef Zweimüller und Jan C. van Ours (2000), The Impact of Active Labor Market Programs and Benefit Entitlement Rules on the Duration of Unemployment, University of Zurich, IEW Working Paper No. 41.

Larsson, Laura (2000), Evaluation of Swedish youth labour market programmes, Uppsala University, Dept. of Economics Working Paper 2000-6.

Lechner, Michael (1999), An Evaluation of Public Sector Sponsored Continuous Vocational Training Programs in East Germany, Discussion Paper 99-01, University of St. Gallen.

Martin, John P. (2000), What works among Active Labour Market Policies: Evidence from OECD countries' experiences, OECD Economic Studies No. 30, Paris.

Phelps, Edmund S. (1994), Low-Wage Employment Subsidies versus the Welfare State, American Economic Review (Papers and Proceedings) 84, 54-58.

Profit, Stefan und Rolf Tschernig (1998), Germany's Labor Market Problems: What to Do and What Not to Do? A Survey Among Experts, ifo Studien 44, 307-325.

Rosenbaum, Paul R. (1995), Observational Studies, Berlin et al.: Springer-Verlag.

Rosholm, Michael (1999), Evaluating Subsidized Employment Programmes in the Private and Public Sector, mimeo, Center for Labour Market and Social Research, Aarhus.

Schmidt, Christoph M. (1998-Ees), Persistence and the German Unemployment Problem: Empirical Evidence on German Labor Market Flows, IZA Discussion Paper No. 31, erschienen in: Economie et Statistique.

Schmidt, Christoph M. (1999-Kww), Knowing What Works: The Case for Rigorous Program Evaluation, IZA Discussion Paper No. 77.

Schmidt, Christoph M. (2000-DIW), Arbeitsmarktpolitische Maßnahmen und ihre Evaluierung: Eine Bestandsaufnahme, Vierteljahreshefte zur Wirtschaftsforschung 69, 425-437.

Schmidt, Christoph M. (2000-Exp), Do we Need Social Experiments?, mimeo., Universität Heidelberg.

Schmidt, Christoph M. (2000-Het), The Heterogeneity and Cyclical Sensitivity of Unemployment: An Exploration of German Labor Market Flows, ifo Studien 46, 73-98.

Schmidt, Christoph M. (2000-US), Training, Incentives, and Employment Programs: The North American Experience, mimeo. Universität Heidelberg.

Schmidt, Christoph M. und Jochen Kluve (2000), Das Vergleichbare vergleichen, Universitas 55, 1203-1208.

Snower, Dennis J. (1994), Converting Unemployment Benefits into Employment Subsidies, American Economic Review (Papers and Proceedings) 84, 65-70.

Stanley, Marcus, Larry Katz und Alan B. Krueger (1998), Impacts of Employment and Training Programs: The American Experience, Background Paper prepared for the British Chancellor of the Exchequer for the 1998 G-8 Meeting.

Van den Berg, Gerard J. (2000), Duration Models: Specification, Identification, and Multiple Durations, in: Heckman, James J. and Edward Leamer (Hrsg.), Handbook of Econometrics, Volume V, North-Holland.

Van den Berg, Gerard J. und Bas van der Klaauw (2000), Counseling and Monitoring of Unemployed Workers: Theory and Evidence from a Social Experiment, mimeo., Free University of Amsterdam.

Van Ours, Jan C. (2000), Do Active Labour Market Policies Help Unemployed Workers to Find and Keep Regular Jobs?, Tilburg University, CentER Working Paper 00-10.

Zimmermann, Klaus F., Regina T. Riphahn und Anja Thalmaier (1999), Schaffung von Arbeitsplätzen für Geringqualifizierte, IZA Research Report No. 2, Bonn.

Zweimüller, Josef und Rudolf Winter-Ebmer (1996), Manpower Training Programmes and Employment Stability, Economica 63, 113-130.

V. Verzeichnis der Übersichten und Tabellen

1. Übersichten

2. Tabellen

VI. Autorenverzeichnis

Prof. Dr. Christoph M. Schmidt

Universität Heidelberg, IZA Bonn und CEPR London

Christoph M. Schmidt, geb. 1962, studierte Volkswirtschaftslehre an der Universität Mannheim (Diplom-Volkswirt 1987), wurde an der Princeton University promoviert (MA 1989, Ph.D. 1991) und habilitierte sich 1995 an der Universität München. Seit 1995 ist er Ordinarius für Ökonometrie an der Universität Heidelberg. Während seiner Ausbildung wurde er durch eine Princeton University Fellowship (1987-1990), die Alfred P. Sloan Doctoral Dissertation Fellowship (1990-1991) und ein Habilitandenstipendium der Deutschen Forschungsgemeinschaft DFG (1992-1995) ausgezeichnet. Von 1992 bis 1996 war er zunächst Research Affiliate, seit 1996 ist er Research Fellow des Centre for Economic Policy Research (CEPR) in London, seit 1998 ist er Research Fellow des IZA in Bonn. Seine Forschungsinteressen liegen in der Angewandten Ökonometrie, insbesondere in arbeits- und bevölkerungsökonomischen Fragestellungen. Christoph Schmidt ist Mitherausgeber des Journal of Population Economics und hat in referierten Fachzeitschriften wie dem Review of Economics and Statistics, The Quarterly Review of Economics and Finance, Empirical Economics, Journal of Comparative Economics, Allgemeines Statistisches Archiv, International Journal of Epidemiology und dem Journal of Public Economics publiziert.

Prof. Dr. Klaus F. Zimmermann

IZA Bonn, Universität Bonn, DIW Berlin und CEPR London

Klaus F. Zimmermann, geb. 1952, studierte Volkswirtschaftslehre und Statistik an der Universität Mannheim, wo er als Diplom-Volkswirt abschloß, promovierte und habilitierte. Von 1989-1998 war er Ordinarius für Volkswirtschaftslehre, insbesondere Wirtschaftstheorie an der Universität München und Direktor von SELAPO, des Münchener Forschungszentrums für Human Resources, sowie 1993 bis 1995 Dekan der Volkswirtschaftlichen Fakultät Münchens. Seit 1998 ist er Professor für Wirtschaftliche Staatswissenschaften der Universität Bonn und Direktor des Instituts zur Zukunft der Arbeit (IZA Bonn), wie auch seit 2000 Präsident des Deutschen Instituts für Wirtschaftsforschung (DIW Berlin). Seit 1991 ist Zimmermann auch Programmdirektor am Centre for Economic Policy Research (CEPR) in London, zunächst für "Human Resources", dann ab 1998 für "Labour Economics".

Klaus F. Zimmermann war 1986 CORE Research Fellow (Université Catholique de Louvain, Louvain-la-Neuve, Belgien) und Research Fellow am Wissenschaftszentrum Berlin. 1987 war er Visiting Associate Professor an der University of Pennsylvania, Philadelphia, USA, 1988-1989 Heisenberg-Fellow und hielt 1994 die Picard-Vorlesung am Dartmouth College, USA. 1989 war er Gastprofessor an den Universitäten Dortmund und München, 1991 an der Humboldt Universität zu Berlin, 1995 an der Kyoto Universität in Japan, 1997 am Dartmouth College, USA und 1998 an der Universität München. 1998 wurde er mit dem Distinguished John G. Diefenbaker Award des Canada Council for the Arts ausgezeichnet.

Neben zahlreichen Verpflichtungen im Wissenschaftsmanagment ist Klaus F. Zimmermann seit 1988 Editor-in-Chief des Journal of Population Economics, der international führenden Zeitschrift für Bevölkerungsökonomie. Er war von 1995-1998 Managing Editor von Economic Policy, der Zeitschrift für europäische Wirtschaftspolitik. Zusätzlich ist er auch Mitherausgeber folgender Zeitschriften: Recherches Economiques de Louvain (seit 1991), Journal of Applied Econometrics (seit 1992), Labour Economics (1992-2000), European Economic Review (1993-1998), International Journal of Manpower (seit 1998), Economic Bulletin (seit 2000) und dem DIW-Wochenbericht (seit 2000).

Die wissenschaftlichen Schwerpunkte von Klaus F. Zimmermann liegen im Bereich der Arbeitsökonomie, Bevölkerungsökonomie, Migration, Industrieökonomie und Ökonometrie. Er ist Autor oder Herausgeber von 24 Büchern und über 150 Aufsätzen in Fachzeitschriften und Sammelbänden, darunter: American Economic Review, Econometrica, Journal of Applied Econometrics, Journal of Human Resources, Public Choice, Sociological Methods and Research, Review of Economics and Statistics, Applied Economics, Kyklos, Journal of Mathematical Sociology, Economics Letters, Journal of Population Economics, Journal of Public Economics, Journal of Economic Surveys, International Journal of Industrial Organization, Open Economies Review, Politica Internationale, Quality & Quantity, Recherches Economiques de Louvain, u.a.

Dipl.-Volkswirt Michael Fertig

Universität Heidelberg und IZA Bonn

Michael Fertig, geb. 1970, studierte Wirtschaftswissenschaften an der Universität Heidelberg, wo er 1997 sein Studium als Diplom-Volkswirt abschloß. Seit August 1997 promoviert er an der Universität Heidelberg unter der Betreuung von Prof. Dr. Christoph M. Schmidt. Zu seinen Forschungsschwerpunkten zählt die angewandte Ökonometrie im Bereich der Internationalen Migration und die Programmevaluation unter besonderer Berücksichtigung der aktiven Arbeitsmarktpolitik. Michael Fertig hat in Empirical Economics, in Schmollers Jahrbuch und in mehreren Sammelbänden publiziert. Seit November 2000 ist er Research Affiliate des IZA.

Dipl.-Volkswirt Jochen Kluve

Universität Heidelberg und IZA Bonn

Jochen Kluve, geb. 1972, studierte Wirtschaftswissenschaften an der Universität Heidelberg, wo er 1997 sein Studium als Diplom-Volkswirt abschloß. Von 1997 bis 1998 studierte er am Trinity College der Universität Dublin (M.Litt. 1999) und promoviert seit November 1998 an der Universität Heidelberg unter der Betreuung von Prof. Dr. Christoph M. Schmidt. Für Studium und Promotion wurde er durch ein Stipendium des Cusanuswerks ausgezeichnet. Zu seinen Forschungsschwerpunkten gehört die empirische Arbeit im Bereich der Evaluation aktiver Arbeitsmarktpolitik und die Modellierung kausaler Prozesse. Jochen Kluve hat u.a. im Journal of Comparative Economics und in Universitas publiziert. Seit März 2000 ist er Research Affiliate des IZA.

VII. Indices

1. Sachindex

2. Autorenindex

The manufacturer's authorised representative in the EU is Springer
Nature Customer Service Centre GmbH, Europaplatz 3, 69115 Heidelberg,
Germany. If you have any concerns regarding our products, please
contact ProductSafety@springernature.com

Printed and bound by CPI Group (UK) Ltd, Croydon, CR0 4YY
27/04/2026
02097644-0003